秘境探検

西表島踏破行

安間繁樹
YASUMA Shigeki

あっぷる出版社

ピナイサーラの滝右岸から
ピナイサーラの滝を眺める

仲間第一支流

ヒナイ第1支流，F01

トイミャーバラ川，F01

干潮時の船浦湾．ヤエヤマヒルギが広がる

ユナラ川，滝F06よりサバ崎方面を望む

干潮に向かうシクブァンの浜

赤離半島

浦内の高台より，中央の海岸がトゥドゥマリ（現在の月が浜），（1974年）

大富林道（工事中止となった縦貫道路）（1975年）

大原の集落（1978年）

岩倉沢より東島峠方面を眺める（1973年）

上原の集落（1983年）

秘境探検

西表島踏破行

西表島の河川と山の詳細

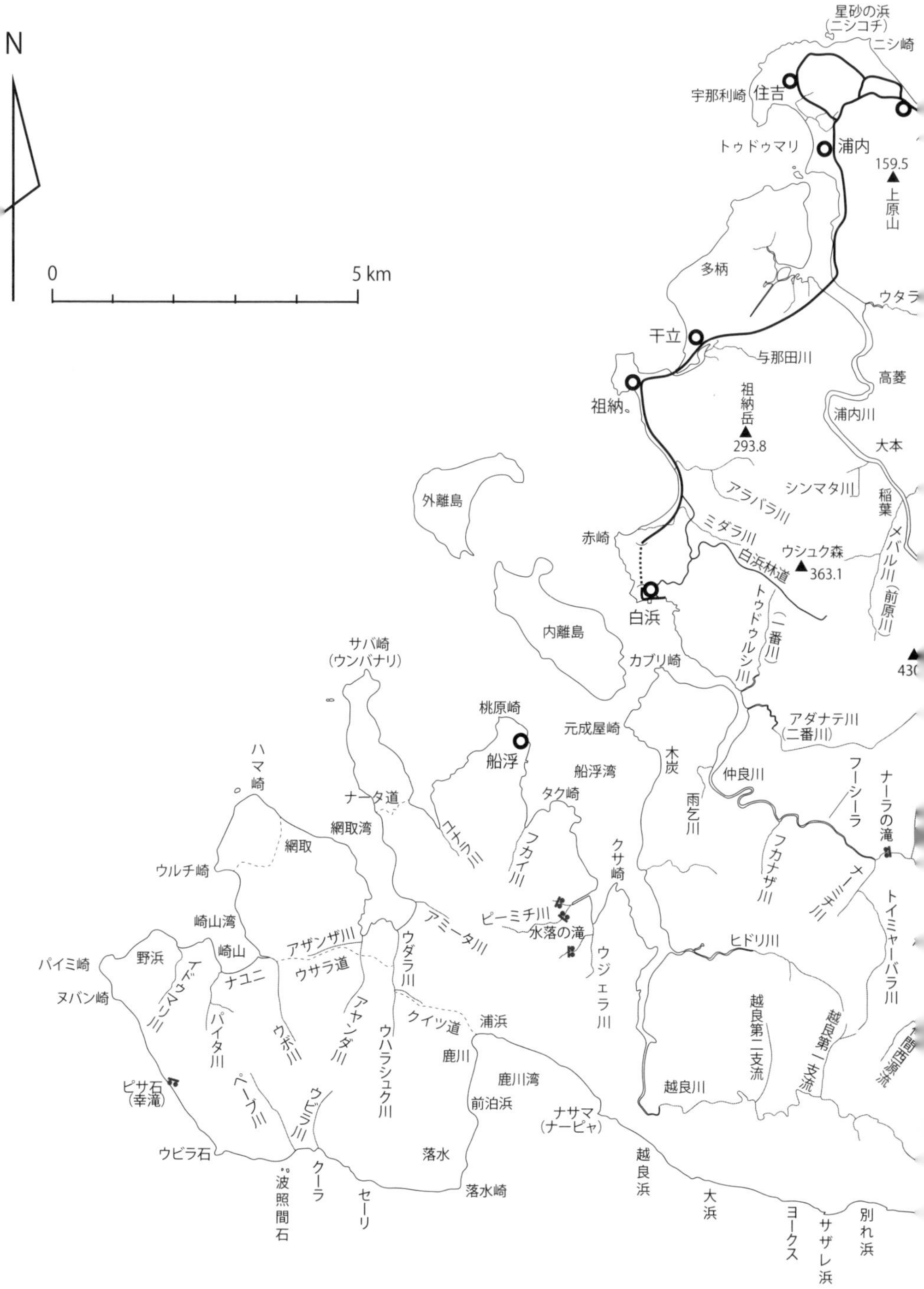

N
0
5 km
星砂の浜
（ニシコチ）
ニシ崎
宇那利崎
住吉
トゥドゥマリ
浦内
159.5
上原山
多柄
ウタラ
干立
与那田川
高菱
祖納
祖納岳
293.8
浦内川
大本
外離島
シンマタ川
アラバラ川
稲葉
赤崎
ミダラ川
ウシュク森
363.1
白浜林道
メバル川（前原川）
白浜
トゥドゥルシ川
（一番川）
内離島
カブリ崎
430
サバ崎
（ウンバナリ）
桃原崎
元成屋崎
アダナテ川
（二番川）
船浮
船浮湾
木炭
仲良川
フーシーラ
ナーラの滝
ハマ崎
ナータ道
タク崎
雨乞川
網取湾
網取
ウルチ崎
フカイ川
クサ崎
フカナザ川
ナーミチ川
トイミャーバラ川
崎山湾
ピーミチ川
水落の滝
アミータ川
崎山
アザンザ川
ウダラ川
ヒドリ川
野浜
パイミ崎
イドゥマリ川
ナユニ
ウサラ道
ウジェラ川
ヌバン崎
パイタ川
ウボ川
アヤンダ川
クイツ道
浦浜
越良第二支流
越良第一支流
ウハラシュク川
鹿川
ピサ石
（幸滝）
ペーブ川
鹿川湾
越良川
前泊浜
ウビラ川
ナサマ
（ナーピャ）
ウビラ石
落水
波照間石
クーラ
セーリ
落水崎
越良浜
大浜
ヨークス
サザレ浜
別れ浜

まえがき

最初に西表島へ行ったのは一九六五年、ちょうど二十歳の夏だった。未知のヤマネコ発見というニュースがきっかけだった。滞在中、海岸沿いに歩いて島をほぼ一周した。まったく情報がなかったから、ほとんど探検のようなものだった。この経験から西表島の自然に限りない魅力を感じ、その後は毎年島を訪ねた。学生の身であるから、せいぜい夏休みを利用して年に一回だけの旅であった。目的としては、様々な生き物や植物を見てみたいということだが、実際に山へ入ると歩くばかりで、生き物の観察などあまりしていなかった。

そんな山歩きだったが、当時あった浦内川沿いの横断山道や、白浜と大富を結ぶ山岳地帯の横断山道を歩いたりした。また、古見岳や御座岳にも登った。いつも一人だった。行ってみたいという強い気持ちは自分だけのものだったから、誰かを誘おうと思ったことはなかった。

その後、一九七〇年代は約三年間、西表島で生活した。イリオモテヤマネコの生態研究のためだった。この期間は、生き物や植物をじっくり観察することが多かった。しかし、たまに来訪者があり、案内がてら横断山道を歩いたりした。古見岳、テドウ山にも登った。

一九八五年、初めてボルネオ島へ行った。翌一九八六年から二一世紀初頭まで多くの期間をボルネオ島で過ごした。自分の研究と、途上国の研究者を育てる仕事だった。熱帯降雨林に分け入る時は、西表島での体験がどれほど役に立ったことだろうか。西表島ぬきでは、ボルネオ島で納得のいく研究成果が得られなかったはずだ。一方この間、西表島を訪ねる機会は数回のみだった。

二〇〇〇年を過ぎると、日本とボルネオでの生活が半々となり、これを機に西表島訪問を再開した。若い頃に歩いた西表島の山や沢を歩きなおしてみたいと思った。最初は、単なる「青春への懐古」だったかもしれない。ところが、いざ山歩きを再開すると、新たな好奇心が湧いてきた。西表島と関わりをもってから今日まで六〇年が経つ。その間に自動車道が開通し、農道も次々と整備された。一方、建築材や舟材を探すための山道、村と村を結んでいた山道は使われなくなり、森に消えていった。

西表島は決して大きな島ではない。「前人未踏」の地域もない。おそらく、ほとんどの沢や稜線が、一度は道として使われたことがあるに違いない。そこを歩くことで森林を眺め、岩肌をしっかりと見つめて自然の移り変わりを想像する。さらには、「この滝をどうやって越えたのだろう」「峠から海を見て何を思ったのだろうか」と、かつてそこを通ったであろう先人たちに想いを馳せるのも楽しいことだと思うようになった。

本著に登場する沢や山歩きは、すべて六〇歳以降のものだが、一貫して単独行である。ルートによって重複する部分もあるが、GPSを用いて滝や特徴のある地形の位置を正確に記録するよう努めた。テントも持ち歩かず、浜でも岩の上でもそのまま寝ていた若い頃と違って、今は野営であっても快適な夜を過ごしたいと思うようになった。そのため装備は増え、歩く速度も遅くなる。体力的な衰えもある。八〇歳を区切りとして、これまでのやり方を一段落させ、その後は、新たな方法で西表島の山と沢歩きに挑戦していきたい。

秘境探検 西表島踏破行 目次

まえがき 5

第1章 西表島の道
島と道の移り変わり 14
琉球国時代から第二次世界大戦終了までの道 14
第二次世界大戦後の道 22
一九六五年から沖縄の日本復帰頃の道 24
「西表縦貫道路」の着工と中止 29
沖縄の日本復帰から現在まで 34

第2章 東海岸
ボーラ沢 44
ボーラ沢遡上 44
仲間第一支流 51

仲間第一支流下降（ボーラ沢遡上より続く） 53
仲間北西源流 57
仲間北西源流遡上 57
仲間川感潮域両岸 61
仲間川南岸（右岸）を遡る 65
仲間川北岸（左岸）を下る 70
後湊川（シイミナト川・シンミナト川） 76
後湊川渓流域遡上（仲間川北岸を下るより続く） 78
赤井田川（アカイダ川） 80
赤井田川下降（後湊川渓流遡上より続く） 81
前良第一支流 87
前良第一支流遡上 87

第3章　西海岸

トイミャーバラ川下流域 96
トイミャーバラ川下流域を下降（仲間北西源流遡上より続く） 96
仲良川感潮域南岸（左岸） 100
仲良川感潮域南岸を歩く（トイミャーバラ川下流域を下降より続く） 102

ヒドリ川（日取川）　109
ヒドリ川を歩く（カブリ崎からヒドリ川河口へより続く）　111
浦内源流南沢　123
浦内源流南沢下降（前良第一支流遡上より続く）　125
ヒナイ第一支流　130
ヒナイ第一支流遡上　132
カンナバラ沢　136
カンナバラ沢下降（ヒナイ第一支流を遡上より続く）　136
板敷第三支流　140
板敷第三支流遡上（バラ沢下降より続く）　141
ピナイサーラの滝右岸を歩く　144

第4章　崎山半島

アヤンダ川　152
アヤンダ川遡上　152
ウビラ川　157
ウビラ川下降（アヤンダ川遡上より続く）　159
ペーブ川　162

ペーブ川遡上（ウビラ川下降より続く） 162
パイタ川 166
パイタ川下（ペーブ川遡上より続く） 169
ウルチ道 172
崎山湾から網取へ（パイタ川下降より続く） 173
フカイ川 175
フカイ川遡上 175
ユナラ川 180
ユナラ川への分水嶺を歩く（フカイ川遡上より続く） 181
ユナラ川下降 182

第5章 海岸線

東南海岸線 190
南風見田の浜から大原へ 190
西海岸線中部北半分 202
浦内川から干立へ 204
西海岸線中部南半分 210
石垣金星さんの霊前で焼香 210

祖納から白浜へ 215
西海岸線南部 220
カブリ崎からヒドリ川河口へ 222
ヒドリ川河口から白浜への帰路（ヒドリ川を歩くより続く） 227
網取湾西海岸線 231
網取からウダラ浜へ（崎山湾から網取へより続く） 234
東および北海岸線 243
大富から上原へ 243

山地や森のこと

装備について 291
足回り 291
服装 293
運搬用具 293
身の回り品 294
野営用具 294
炊事用具 295
記録用具 295

食糧 296

あとがき 300
行動記録 303
西表島の沢一覧 314
参考文献 317

第1章　西表島の道

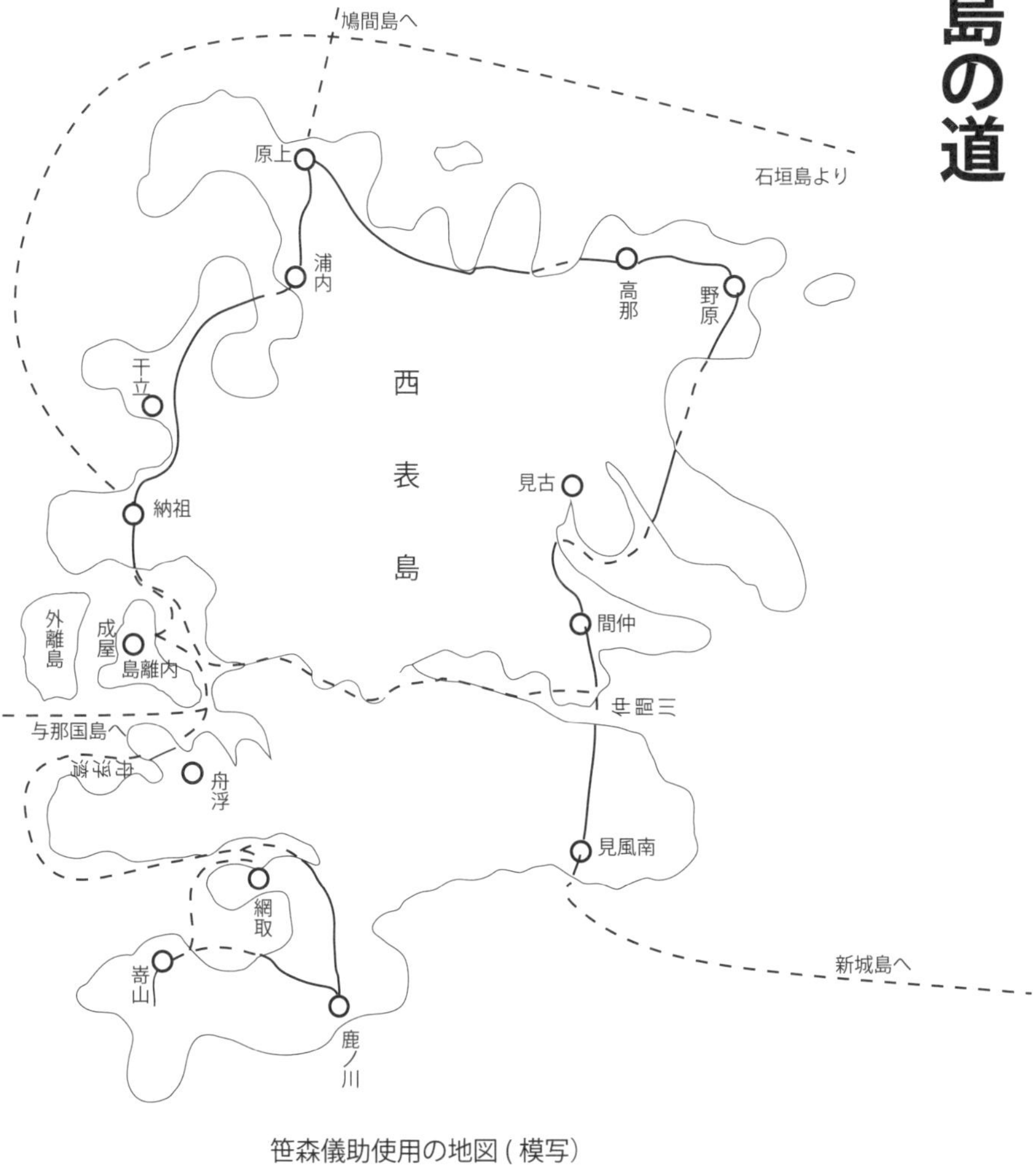

笹森儀助使用の地図（模写）

島と道の移り変わり

石垣島の白保竿根田原《しらほさおねたはら》洞穴から、約二万七千年前の人骨化石が出土している。後期更新世（旧石器時代）に石垣島にヒトが存在したという証拠だ。当時、石垣島と西表島は陸続きだったようだ。そうでなくても、ヒトは舟で海を渡ることができた。その当時、西表島にもヒトがいたのだろう。ただし、西表島で発見された最古の遺跡である「仲間第二遺跡」は、約四〇〇〇年前のものといわれている。仲間川の北岸、仲間橋のたもとに位置している。

人は生きていくために山野に出て狩猟をしたり、果実や木の実を採集したりしていた。海や川に下りて魚や貝も捕っていただろう。何度も同じところを行き来するうちに、地面が踏み固められて「道」になった。定住生活になってからは、隣家との往来、集落間での往来が頻繁になり、もっと幅がある鮮明な道になっていった。

しかし、そのような道も、人が去り集落がなくなると、それと共に消えてしまう。そんなことが、西表島では、少なくとも四〇〇〇年、あるいは二万七千年前から今までの間、繰り返されてきた。もし、すべての道を一枚の地図に描くことができたら、たくさんの線が交わり、重なり合い、島の歴史は一本の筋ではなく、網目になって浮かび上がってくることだろう。

琉球国時代から第二次世界大戦終了までの道

一九八九（平成元）年一一月二三から二六日の四日間、石垣市民会館において「八重山古地図展」が開催された。当時、私はボルネオ島で生活していたので展示会場へ行くことができなかったが、会場で販売された小冊子『八重山古地図展』は石垣市の一般書店で販売され、ずっと後になって、これを入手することができた。

小冊子にある地図は、ほとんどが明治中期の手描きによる村絵図だが、西表島に関するものだけでも五七点が収録されている。島あるいは集落の鳥瞰図に留まらず、村の詳細を描きいれた地図もある。個々の屋敷だけでなく、井戸、御嶽《うたき》、抱護林、田畑、道、橋、村番所、鍛冶屋、学校、製糖小屋、水塘《すいとう》、村境などが含まれている。このうち、あまり馴染みのない「御嶽」は、琉球神道の拝所、神社のこと。「うたき」はいわば沖縄の標準語。西表島では「うがん」とか「おん」と呼んでいる。「水塘」は人工的な池、ため池のことだ。

村絵図には村落内の道だけでなく、村から他の村へ通じる道も描かれており、説明書きがある。例えば西表島の南東部にあった南風見村の図には、「鹿川へノ道」および「仲間へノ道」といった具合だ。すべての村の地図にも同様の道と説明がある。

江戸時代、幕府は諸国の主要大名に命じて国ごとの絵図である国絵図と郷帳を作成させた。絵図の作成は慶長、正保と続いて行なわれた。

実測に基づく西表島の地図は、一六四六（正保三）年に作成された「幕府撰国絵図 琉球并諸島図」（Ｐ17）が最初のものであるようだ。江戸幕府の命を受けた薩摩の鬼塚源太左衛門、大脇民部左衛門が現地で測量、作成したもので、全てカラーで描かれている。原図は大きなものらしいが、小冊子では八重山諸島全体が縮小された形でＡ４版に収められている。そのため、地名などは判読できないものが多い。それでも、「琉球并諸島図」に、西表島に道があったことがはっきりと示されている。

その後、幕府は国絵図の修正を命じ、一七〇二（元禄一五）年には「幕府撰元禄国絵図」（Ｐ18）が完成した。一里を六寸とする縮尺（約二一、六〇〇分の一）で、海岸線と河川の河口域、村落と道路が描かれ、さらに、街道には一里毎の地点が黒丸で表示されている。元禄国絵図は、正保国絵図を大幅に改良したもので、現在の地図と照らし合わせてみても遜色のない出来栄えである。内閣文庫所蔵の原図の先島諸島のものは二六一センチ×五九〇センチの大きなものだそうだ。

一七二七（享保一二）年に書かれた『八重山島由来記』には、西表島の宿道についての記載がある。それによると起点は東部の古見村で、終点は西部の西表村の祖納となっており、古見から北まわりのコースを「古見島北堅道」、南周りのルートを「古見島南堅道」と称している。北堅道は現在の北岸道路と重なっている。南堅道も古見から現在の豊原である南風見村までは概ね重なっている。すなわち古見を出発し、前良橋を渡り、現在の大富である仲間村へ出る。仲間川は舟で渡り、南風見村に至る。

南風見村から祖納へ行くのには二つのルートがあった。一つは海上の道で、南風見村の浜を舟で出発し、海岸沿いに鹿川村、ヌバン崎を回って崎山村、網取村、船浮村、内離島にあった成屋村を経て祖納の前泊浜に到達するというものだった。

もう一つは陸上の道である。南風見村から鹿川村、崎山村、網取村まで通じていた。しかし、砂浜と岩石帯だけの海岸伝いの道だから、満潮になると足跡も何もすべて消えてしまった。それは当時も今も同じだ。鹿川村からは「クイラ越地」、「ウハラ越地」、「ウサラ道」など、崎山、網取、船浮へ通じる山道があったが、船浮と祖納の間は舟が必要だった。宿道に関する詳細は、『沖縄県歴史の道調査報告書 七 八重山諸島の道』に書かれている。

一八三八（天保九）年になると、さらに「幕府撰天保国絵図」が完成したが、西表島に関しては、「幕府撰元禄国絵図」とほとんど変わっていない。

正保、元禄、天保の国絵図を通して、西表島南東部に村落の印があり「崎枝村」と書かれている。「崎枝村」は確かに存在した村である。しかしながら、地図上では位置を違えて記載している。

他の文献を当たってみると、崎枝村は、古見村から分村した小さな村だったようだ。一六五一（慶安四）年の八重山人口調査表には、人口一六人と記録されている。崎枝村は後に仲間村と改称されたことがわかっている。村は現在の大富集落の位置、つまり仲間川の北側にあり、一九〇〇（明治三三）年に廃村となるまで続いた。つまり、江戸時代の国絵図にある崎枝村の位置は誤りで、ナイセ崎の付け根に記されるべきであった。そ

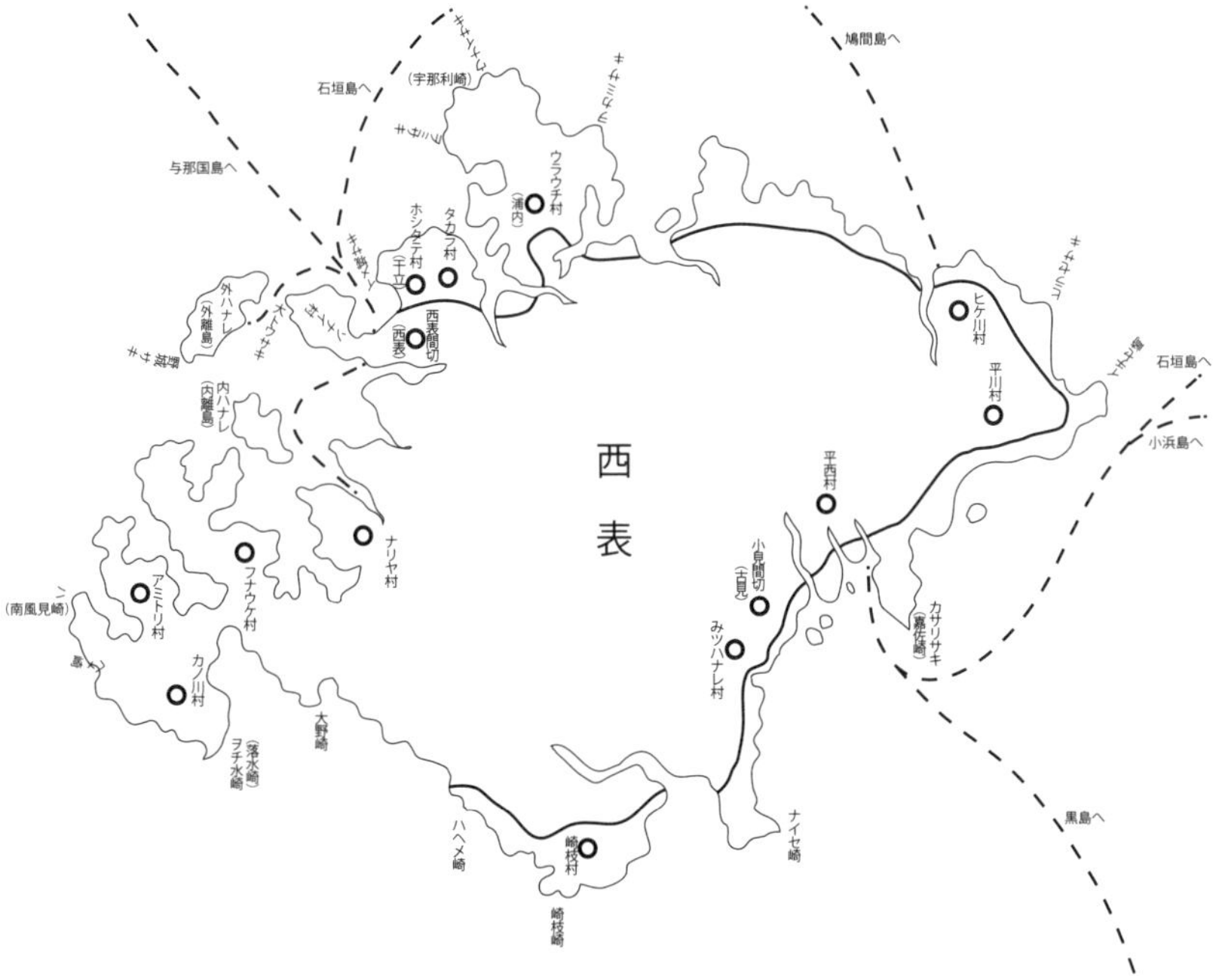

「幕府撰正保国絵図 琉球并諸島図」より模写

実測に基づく最初の西表島の地図 .1646（正保 3）年 , 江戸幕府の命を受けた薩摩の鬼塚源太左右衛門 , 大脇民部左衛門が現地で測量 , 作成したものといわれる .

実線　――――――　地図上にある道
地名　古地図上で解読できた村名または地名
(･･･) は現存する村名または地名で , 古地図上にもあるもの

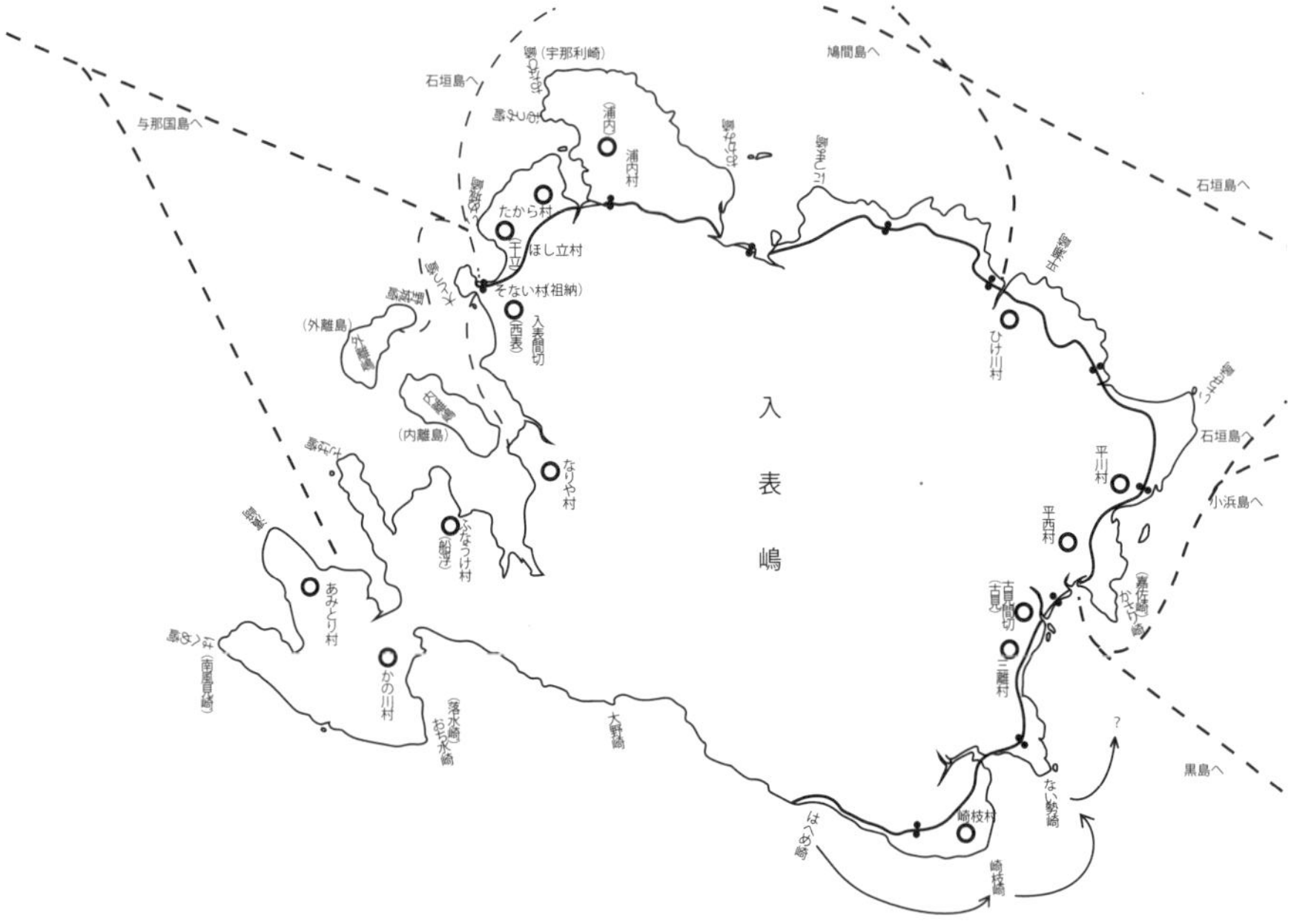

「幕府撰元禄国絵図 琉球国先島諸島」より模写

1702(元禄 15) 年，薩摩藩が作成．国立公文書館内閣文庫所蔵．1646 年の絵地図に比べ，格段に実際に近い．

実線 ―――――　地図上にある道　⁝印　一里塚
地名　古地図上で解読できた村名または地名
(･･･) は現存する村名または地名で，古地図上にもあるものしてナイセ崎と記されている岬こそが、崎枝崎である。後に、崎枝村が仲間村と改称されたことに伴い、崎枝崎は仲間崎と呼ばれるようになった。現在も同名で呼ばれている。では、古地図にあるナイセ崎とは、どこのことなのだろうか。残念ながら、それを知る文献が見当たらない。

古地図上の崎枝村は、現在の豊原集落がある場所である。ここには、一七三四（享保一九）年になって南風見村が創建され、一九二〇（大正九）年まで存続した。南東の先端部がハヘメ崎（南風見崎）で、現在もこの名前が使われている。ちなみに、西表島南西端の岬も同名の南風見崎である。「幕府撰元禄国絵図」と「幕府撰天保国絵図」は、現在、インターネット上の「国立公文書館デジタルアーカイブ」で閲覧することができる。

青森県弘前の士族であった笹森儀助は一八九三（明治二六）年、南嶋探験の一環として、当時西表島にあったすべての村を訪ねている。地図には当時の道が描かれているが、笹森は自分の移動ルートや簡単なメモを地図上に加筆している。地図にある村名は廃村を含めて現在とまったく同じである。地図上の岬名は一八七七（明治一〇）年頃に描かれた別の地図から私が引用したものである。その地図は、誰が作ったのか不明なのだが、大浜信賢氏は著書『八重山の人頭税』の中で、「おそらく当時の蔵元役人等が、薩摩の丈量竿を使った検地（測量）と製図方法を使って完成させたもの」と、推定している。残念ながら、八重山諸島全体図のうち西表島は島の東海岸があるのみで、西表島の中央部から西海岸、鳩間島、与那国島、仲の御神島は消失している。原図は、琉球大学図書館の宮良殿内文庫に所蔵されているそうだ。

一つ意外に思ったことがある。笹森が持参した地図には村と道が描かれており、当時としては実用的なものだったのだろう。ところが、西表島全体は正保年間に逆戻りしたような、変形した形で描かれている。三年前の一八九〇（明治二三）年には現在とほとんど変わらない地図が完成していたというのに、どうして、最新の地図を持参しなかったのだろうか。

これまでに述べた西表島に関する地図は、いずれも、人頭税制度下という特殊な時代に描かれたものである。

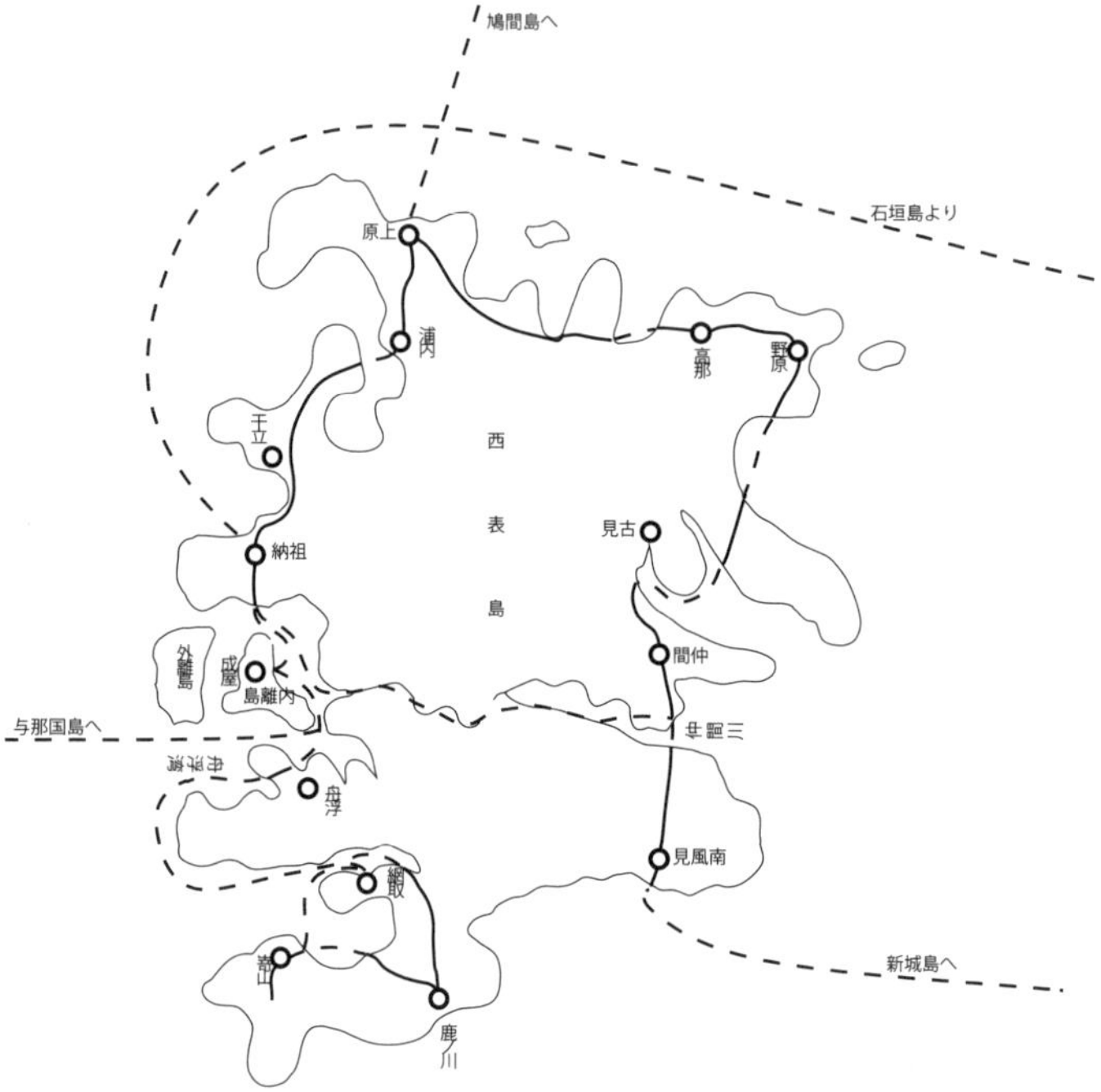

笹森儀助使用の地図 (模写)
1893(明治 26) 年 , 西表島での行動を記録した地図 .　既存の地図を持参したものと思われ , 実在した道が描かれている . 地図には笹森の移動ルートが破線で示されている .

人頭税というのは、宮古・八重山諸島のみに課せられた税制度である。一六〇九（慶長一四）年、薩摩藩が琉球を征服した。薩摩藩は検地などの結果、琉球国王の禄高を八万九千八十六石と定め、それを基準に薩摩藩への米約八千石の他、芭蕉布、唐芋、牛皮などを年貢として上納することを命じた。これに対処するために琉球王府は全琉球の村から年貢を徴収したが、宮古・八重山諸島のみこの税体系から切り離し、一六三七（寛永一四）年、人頭税という別の制度を採用した。人頭税は相当の重税であり、それまでの稲作ではとうてい賄えるものではなかった。そこで、八重山では稲作に適した土地があった西表島・石垣島へ、政策による移民が計られた。近接した波照間島、小浜島、黒島、鳩間島などからの移民である。こうして、西表島では南風見、与那良、野原、高那、船浦、上原、多柄といった新村が創建された。

人頭税制度は一八七二（明治五）年の琉球処分、さらに一八七九（明治一二）年の廃藩置県により沖縄県が誕生した後も続き、一九〇三（明治三六）年になってようやく廃止された。この二五〇年以上もの長い時代、西表島には現在と同じくらいの数の村があり、村があれば、当然、村と村を結ぶ道があったはずである。部分的には石を敷いた舗道もあった。役人が馬に乗って通ることもあったが、ほとんどは人一人が歩ける程度の細道だったようだ。私は一九七四年当時、大原で生活していたが、大家である古波蔵さん家族は新城島の出身であり、おばあちゃんは明治生まれだった。一九四一（昭和一六）年に新城島から大原へ移住した後、おばあちゃんは友達と連れ立って一日がかりで与那良、野原あたりまで行くことがあったそうだ。廃村となって久しい村を訪ね、御嶽を巡っては祈祷をしたのである。古見からは「殿様道」を歩いた。カサ半島にあった山越えの小道である。要所要所に石が敷き詰めてあったそうだ。「殿様」とは当時の役人のことである。

人頭税制度が廃止されたのは明治時代の末になってからだが、この頃には居住の自由が認められるようになり、それにより村の人口が急激に減少した。かつては七〇〇名を数える時代もあった高那、南風見、仲間、旧上原などが、明治三〇年代から大正時代にかけて廃村になった。自由に居住場所を選べるようになると、多くの人々は生まれ故郷あるいは親や祖父母たちが生まれた島へ移住した。マラリアの蔓延など、西表島での生活が厳しすぎたからであろう。

南風見が廃村となったのは一九二〇年。以降、東海岸では一九四一（昭和一六）年に大原集落が創建されるまで、唯一古見集落だけが存続していた。この間に、村と村を結んでいた道のすべてが消滅してしまう。古見の集落も、大原の創建に前後して廃村となる。

一方、西海岸では祖納、干立、崎山半島の船浮、網取、崎山が存続。また、炭鉱開発にともない、一九二二（大正一一）年の白浜をはじめ、上原、中野の前身である仲野、浦内が二〇世紀前半に創建された。さらに、第二次大戦中後期になると、日本軍は船浮要塞、祖納や外離島の軍施設建設のために軍隊を送り込んできた。このような経緯があって、道は単に村と村を結ぶだけではなく、使役の牛車や荷馬車、自動車が走行できるように拡幅されていった。依然として浦内川には橋がなかったが、東海岸に比べたら、西海岸の道路事情は格段によかった。

第二次世界大戦後の道

一九四五年、第二次世界大戦が終了。日本の敗戦により、一九四六年から北緯三〇度以南の南西諸島がアメリカ軍占領行政下に置かれ、沖縄民政府が設立された。翌年には、沖縄県の支庁であった宮古、八重山が宮古群島政府、八重山群島政府として独立したが、一九五二年のサンフランシスコ講和条約の発効により、沖縄は琉球政府として再び一つにまとまった。この間、一九四八年には、西表島を含む竹富村が竹富町に昇格した。

道路に関していえば、西表島東部地区では、一九五七（昭和三二）年、古見から北海岸のフネラ（船良）川まで道路が開通した。これは「オグデン道路」と呼ばれているが、これにより南東部の豊原からフネラまで一本の道路で繋がり、琉球政府道に指定された。野原崎にある碑は、一九六二年、米軍工作隊が軍事演習の一環として延長十六キロメートルのオグデン道路を改修したことを記念するものである。開通当時、大きな河川に橋はなく、どうも、干潟やマングローブの中に鉄板を敷いて軍用車を通していたようだ。事実、後良川の現在の橋のすぐ下流には長さ四メートル、幅六〇センチくらいの厚い鉄板が連続して敷かれていた。現在でも探せば見つけることができるだろう。一九五五年には仲間川、前良川、後良川に、米軍工兵隊により鉄橋が架けられた。道路建設と前後して一九四七年由布、一九五二年大富、一九五三年豊原、一九五四年古見に新しい村が創建された。

西部地区においては、一九四八年に崎山が廃村となったが、同年、宮古からの計画移民により住吉集落が創建。一九四九年船浦、一九五〇年中野と、新しい村が創設されていった。開発と道の関連をみると、一九四七年、宮古群島政府が西表島に原生林調査団を派遣した。これは、戦災復興資材を求めてのことである。同年、米軍木材伐採隊が仲良川上流に駐屯、戦災復興資材の搬出にあたった。同様の事業は東部地区にもあった。一九五三年になると、八重山開発株式会社が白浜を拠点として、自然林伐採とリュウキュウマツを用いた造林事業を開始した。こういったことが重なり、西表島山中には、木材搬出用の林道を含めて、たくさんの道ができた。

一九五一年に干立の与那田川、祖納の美田良川に橋が架けられた。ただし、最大の浦内川の橋が完成したのは、ずっと後の一九七〇年になってからだ。それ以前は、小さな渡し舟があるだけで、行き来できるのは人のみだった。つまり、同じ西部といっても、船浦・上原と、祖納・白浜の二地区に分断されていたのである。

西表島の幹線道路は、一九七二（昭和四七）年、沖縄の日本復帰とともに「沖縄県道二一五号白浜南風見線」となった。しかし、まだ東部地区と西部地区の道路は繋がっておらず、一九七七年の北岸道路完成により、ようやく現在ある一本の自動車道路となったわけである。総延長五四キロメートル。北岸道路の建設と並行して、道路の拡幅と舗装工事、遊歩道などの整備も進んだ。さらに、一九八六年には、大原郵便局前の交差点に竹富町内初の信号機が設置され、一九九三年には、祖納―白浜間に西表トンネルが開通した。

一九六五年から沖縄の日本復帰頃の道

私が初めて西表島へ渡った一九六五年、道路は一九五三年の開通当時とほとんど変わっていないと聞いた。もちろん未舗装で、大型自動車がやっと通れるくらいの狭い道だった。橋は鉄骨を組んだもので、上に自動車の幅に合わせて二枚の板が平行に並べてあるだけだった。足下には川面が見えていた。子どもや高所恐怖症の人だったら、渡るときにちょっとした覚悟が必要な橋だった。

豊原から古見までは、大雨さえ降らなければ車の通行も心配なかったが、古見から先、特に相良から由布島への山越えは、危険な悪路だった。水牛車なら通ることができたかもしれないが、自動車では、好天の日でさえ往来は無理だと思われるほど荒れていた。急坂もあるし、幾本もの小さな沢が道路を横断し、深い溝ができていた。当時、与那良一帯では由布の人たちがパイナップルを栽培していた。収穫した果実はすべて大富にあるパイン缶詰工場へ搬入するのだが、自動車道を利用するのではなく、すべて船を使っていた。私は見ていないが、ベトナム戦争の真っただ中にあり、南東部の佐久田原では米軍の落下傘部隊の演習があったり、北東部の高那では同じく米軍の上陸演習があったそうだ。そんな時、軍用のトラックやジープが、この道を走っていたのだろう。

東部地区の自動車道路は、船良川の手前で浜に滑り降りるようにして終わっていた。船良川に橋はなく、その先の道もなかった。私は、ここから西部地区の船浦まで海岸線を辿って歩いて行った。

船良川から先の工事は一九六九年に始まり、通称、北岸道路と呼ばれた。北岸道路は一九七五年末の時点で、東部からは由珍川を渡って五〇〇メートルほど進んだ赤離に続く半島の付根まで伸び、西部からは船浦川河口から始まった海中道路がまっすぐ東に伸び、船浦湾を三分の二程横切った所までできていた。その後、残す十数キロも工事は順調に進み、一九七六年には車の行き来が可能となった。そして、翌一九七七年、式典が挙行され、正式開通した。

一九六五年当時、西部地区では、船浦川の河口近くから道路がはじまっていた。現在の海中道路の起点あたりだ。浦内川までと、干立から白浜まで道路があった。そのうち、船浦から浦内集落までの間は東部地区の道路と大差ないが、多少幅が広く、整備されていた。この区間に限ってスクールバスが通っていた。上原小学校と船浦中学校の生徒が利用できる専用バスで、確か軍用のモスグリーンに塗装されたままのボンネットバスだった。ボンネットバスとは、運転席より前にエンジンがある構造のバスで、当時の大型車は、日本中どこへ行っても、このタイプの車だった。

浦内集落の一番はずれにはアイスキャンデーを売っている店があった。村ではここ一軒だけで、自家発電のようだった。集落を出ると急に道幅が狭くなり、水牛車がやっとすれ違えるくらいの道が、浦内川まで続いていた。道が浦内川沿いに出ると、赤土に黒いものが混じるようになった。手に取ってみると、どうも石炭のようだ。終戦当時、近くには炭坑があったし、戦後しばらくの間、ここで採炭した企業があった。

浦内川に橋はなく、人は渡し舟で行き来していた。渡船場は、現在観光ボートの発着場となっている場所だ。道の脇に番小屋があった。チガヤで屋根を葺き、壁はホウライチクで編んであった。浦内川は大きな川で、幅は二五〇メートルほど。干潮時でさえも一部が深く、歩いて渡ることができない。そのため渡し舟があったのだが、公営で、誰でも料金なしで利用することができた。

南岸はマングローブの沼地で、くるぶしまで泥にもぐってしまう。ただ、確かにここが道であったということは、数十メートルごとに建てられた電話線用の柱でわかる。左手にはすぐ近くに山が迫っており、道はそれに沿って進むのであるが、稲葉への分岐点あたりからは水牛車が通れる道幅となり、干立へ向かっていた。

干立、祖納の集落を抜けると、しばらくは海岸沿いの道が続いた。当時、干立は「星立」、祖納は「租納」の漢字を当てていた。

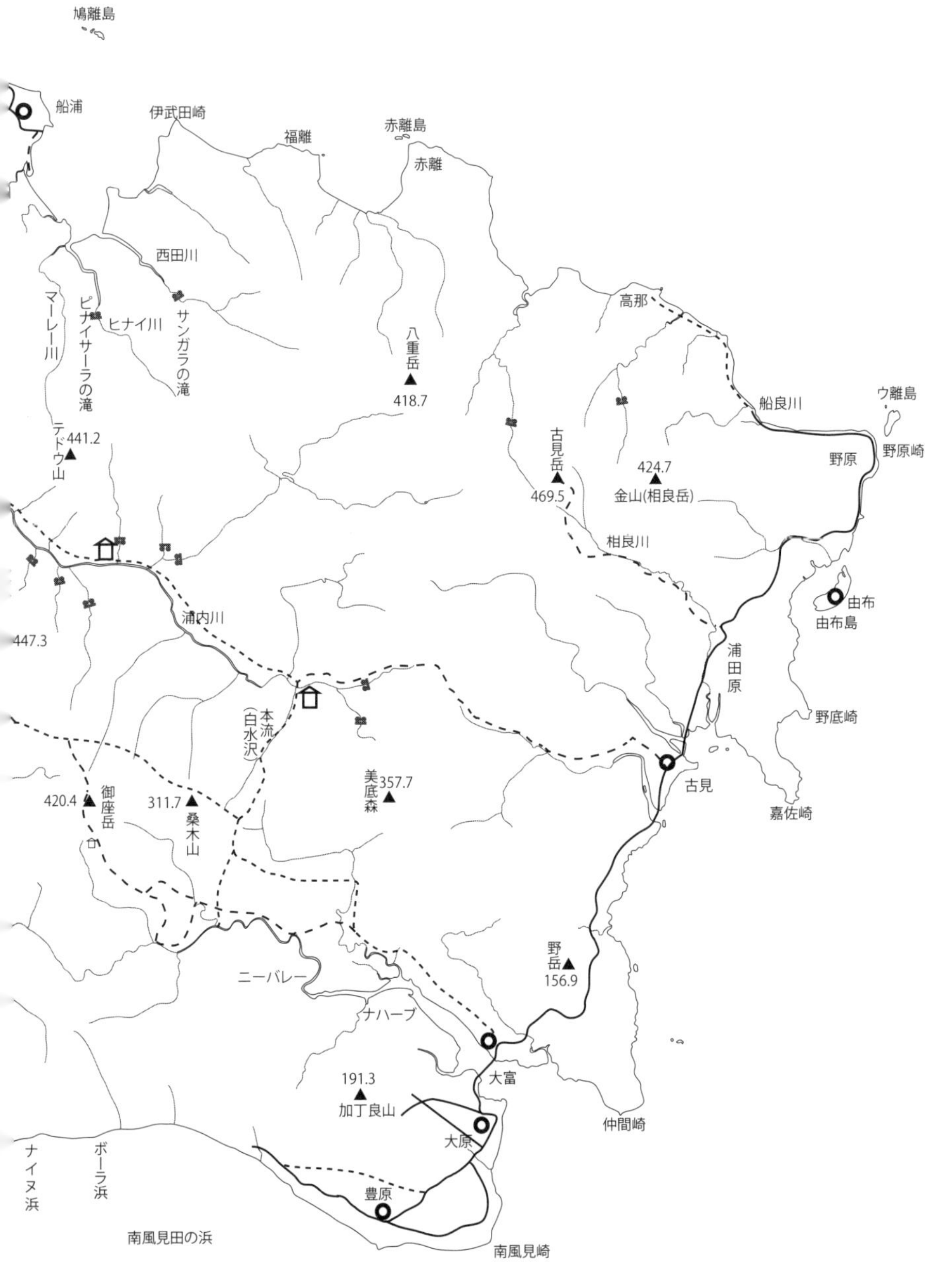

鳩離島
船浦
伊武田崎
福離
赤離島
赤離
西田川
マーレー川
ピナイサーラの滝
ヒナイ川
サンガラの滝
八重岳
418.7
高那
船良川
ウ離島
野原崎
野原
古見岳
469.5
424.7
金山(相良岳)
相良川
テドウ山
441.2
浦内川
447.3
由布
由布島
浦田原
野底崎
本流(白水沢)
美底森
357.7
古見
嘉佐崎
御座岳
420.4
311.7
桑木山
野岳
156.9
ニーバレー
ナハーブ
大富
191.3
加丁良山
大原
仲間崎
ナイヌ浜
ボーラ浜
豊原
南風見田の浜
南風見崎

1965-1968 頃の道路・山道

最も多くの山道があり，しかも鮮明だった時期．東西を結ぶ自動車道はなかった．

野原崎にある碑

古見の集落（1979年）

大富林道（1977年）

浦内橋（1970年開通）

工事中止となった縦貫道（1975年）

大原の節祭（1966年）

浦内川河口一帯とアトゥク島（1974年）

美田良の田んぼに出ると、そこからは大きな山越えとなった。緩やかな道を登りきると峠に達した。下りはじめると、少ししてウインチというか巨大な滑車がコンクリートの土台の上に水平に固定されていた。白浜に伐採会社があり、ここがテドウ山からの索道の終点になっていたのだ。下りは幾つものカーブを持つ急峻な坂で、最後は白浜で、仲良湾に飛び込むようにして終わっていた。

西表島の歴史を振り返ってみると、第二次大戦後の三〇年間が、もっとも道が造られた時代であったようだ。しかも、私が初めて西表島を訪ねた一九六五年から沖縄の日本復帰にあたる一九七二年の間が、もっとも山道が多く鮮明だったといえる。それは、戦災復興資材の調達、他の島からの入植、民間会社による自然林伐採と造林事業のスタートなど、社会が森林を利用し、山道を必要とした時代だったからに他ならない。浦内川沿いの横断山道はもちろん、古見岳、テドウ山、御座岳には鮮明な登山道があったし、仲間川から山越えをして越良川へ抜ける道も、まず見失うことがなかった。生活のための道がまったく造られていないため、もっぱら海岸を歩いた北海岸でも、ちょっとした岬になっている場所では、内側にショートカットができる鮮明な道があった。

一九七二年四月、琉球政府により西表島の約三分の一の森林が西表政府立公園に指定された。一カ月後に、沖縄の日本復帰に伴い西表国立公園となった。これにより、公園内での開発や動植物の採集が規制されることとなった。さらに、一九七三年には白浜にあった伐採会社が撤退した。以来、西表島山中に道が開かれることがなくなり、既存の山道も高温多雨の気候の下で次第に消失していくことになった。

「西表縦貫道路」の着工と中止

道路建設は「島の開発か、自然の保護か」で多くの問題を提議したものの一つだった。西表島は東海岸と西海岸沿いに集落が点在しているが、両方の地区を結ぶ横断道路がなく、これを実現させることは島民の長い間の悲願でもあった。一九六九年六月、大富から島の中央部を横断して白浜へ抜ける林道が、日本政府の援助によって琉球政府農林局林務課の所管で着工された。島の社会経済開発の発展を図ることが目的であった。

ところが、いざ工事がはじまり、少しずつ道路が延びていくにつれ、これまでかなり良好な状態で保存されてきた森林が破壊され、道路建設によって生じた泥土が仲間川などを汚染しはじめたのである。これに対し一九七〇年には財団法人日本自然保護協会などから道路の変更、ないしは工事中止の要請が琉球政府に出され、西表島の自然保護と住民のための開発の問題が次第に表面化してきたのである。

横断道路は、正式には「西表縦貫道路」と呼ばれたのであるが、この道に関しては、同年、日本生態学会からも工事の中止要請が出された。その内容は、①中央山地は崩壊しやすい母岩よりなっているので、土砂流出による自然破壊が著しい、②島の分断によってイリオモテヤマネコをはじめ哺乳類の生息地、行動域がかく乱されるおそれがある、③工事は切り落とし工法によっているが、これは直ちに自然破壊に通じる、④上記三点を考慮した結果、東西間の交通は海岸周回道路によってはかり、中央縦貫道路の工事は即時中止することを要望する、の四点であった。

確かにその通りで、砂岩と頁岩のもろい地質から成る島の中央部分に造られた横断道路は各所で森林を破壊し、流出した多量の土砂は排水溝を埋め、斜面下側の森林をおおい、いたるところで山崩れをひき起こした。その上、道路保全の理由から道路に沿ってかなりの幅の森林が伐り拓かれ土砂がえぐり取られ、何ら土止めもなされなかった。これでは、たとえ縦貫道路が全通してもわずかな雨で土砂崩れや路盤流出が起こり、道路の維持そのものが困難となり、結局は使いものにならなかったはずである。

「この道路計画を中止することは、下流の集落や耕作地を洪水や土砂流出による被害の危険性から守ることである。北海岸沿いの東西連絡道路も現在建設中なのだから、実害あって利益はほとんどない中央縦貫道路はやめるべきである」。自然保護関係団体のこのような論理に押し切られた形で、一九七三年三月、日本政府と沖縄県庁は道路建設を中止し、さらに環境庁（当時）は県事業の横断道路建設に対し、自然保護を理由に中止命令を出すに至った。

この時点で、西表縦貫道路は東部では大富から桑木山まで。西部では白浜から東島峠の先約一キロ地点まで完成していた。それぞれ、現在の大富林道と白浜林道である。

大富林道では、一九七四年から二年間、観光バスが仲間川展望台まで上っていた。仲間川のマングローブが一望できるビューポイントである。しばらくの間は、一般車も林道の終点まで自由に行くことができた。そのため、浦内川の軍艦石から大富や大原へ横断する際に、第一山小屋までは同じルートだが、そこから古見へ出るのではなく、大富林道を使う人が急激に多くなった。

それ以前は、ほとんどの人が古見へ抜けるルートをとった。仲間川経由で大富へ抜けるルートでも所要時間は同じだった。しかし、古見ルートは大富ルートと比べて二時間も早く森林地帯を抜けられるので、日が暮れても歩くことができたのである。さらに、古見からは車を要請することも可能だった。大富林道開通後は、便利さと安全性が逆転した。つまり、横断山道から林道の大富口へ出さえすれば迎えを頼むことができたし、歩くにしても、整備された林道だから夜道でも安全だったのである。

大富林道の開通により廃道となったのが、クワンギ（桑木）から大富口までの山道である。現在は、東部から西部へ向かう場合、大富林道を直接大富口まで行き、そこが横断のスタート地点となる。昔は、仲間川沿いに歩くか、サバニを雇ってクワンギまで行き、急斜面を登り切り、ようやく現在の大富口に辿り着いた。分水嶺からは白水沢に沿って下った。白水沢は浦内川の源流の一つである。下り切ると浦内北東源流との二俣に出て、そこに第一山小屋があった。白水沢は、二俣から下流は浦内川と名前を変えて下っていく。

同じルートを西部から東部へ向かう場合、現在は浦内橋から軍艦石まで観光ボートを利用する。横断山道は、正しくはカンビレーの滝の上端から大富口までを指すが、実質的には軍艦石からカンビレーの滝までも同様の山道である。

一九六〇年代、西表島横断といえば、祖納（あるいは干立）を起点として稲葉を通り軍艦石に達したもの

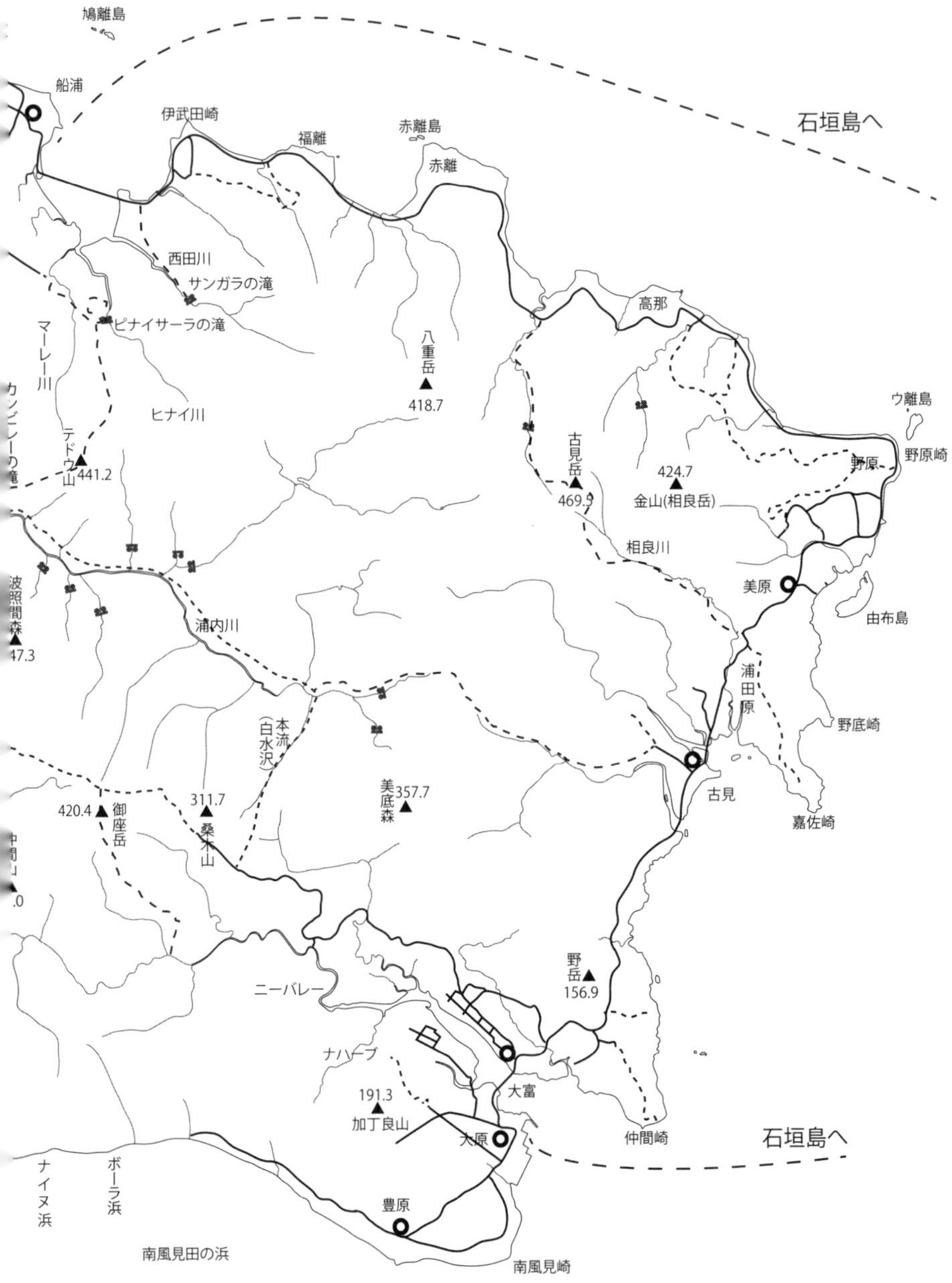
鳩離島
船浦
伊武田崎
福離
赤離島
赤離
石垣島へ
西田川
サンガラの滝
ピナイサーラの滝
マーレー川
八重岳
418.7
高那
ヒナイ川
テドウ山
441.2
ウ離島
野原崎
古見岳
469.3
424.7
金山(相良岳)
野原
相良川
美原
由布島
波照間森
浦内川
浦田原
野底崎
本流(白水沢)
美底森
357.7
古見
420.4
御座岳
311.7
桑木山
嘉佐崎
野岳
156.9
ニーバレー
ナハーブ
大富
191.3
加丁良山
大原
仲間崎
石垣島へ
ナイヌ浜
ボーラ浜
豊原
南風見田の浜
南風見崎

1977-1985 の道路・山道

1969 年から縦貫道路（3 年後に中止）と北岸道路が着工 . 自動車道のすべてが完成 . 東西が結ばれた . 一方 , 山道が次第に消失していく。

実線 地図上にある道路 (2.5 万分の 1・1981, 5 万分の 1・1983)（農地・牧場内の道路は省略）

破線 地図上にある山道 (2.5 万分の 1・1981, 5 万分の 1・1983)

破線 地図にはないが,通行可能な山道

だった。そこから先は現在も同じだが、横断山道を辿っていた。ところが、一九六九年に稲葉が廃村となり、干立・軍艦石間の道が急速に荒れていった。それでも一九七六年までは川沿いに昔のままのルートを辿ることができた。しかし、この頃になるとすでにアダンが密生しており、「通行不能」といわれれば、確かに納得できる状態だった。吊り橋も床板が消失し、かろうじてワイヤーだけが残っていた。私もこの年を最後に川沿いのルートを避け、その後はもっぱら低地の一番奥の丘陵との境界を歩いている。

沖縄の日本復帰から現在まで

沖縄の日本復帰に前後して、既存道路の延長と拡幅、橋の架け替え工事が増えていく。また、とくに日本復帰後は平野部と山麓部において、農業振興のための土地改良事業が進んだ。土地改良事業は二一世紀に入ってからも続き、農道が整備されていった。東部地区では南風見田、豊原から佐久田原、大保良田（大原）、大富一帯、古見、与那良。西部地区では船浦から上原、中野、住吉などである。農道には十分な幅をもたせ、ほとんどがアスファルト舗装された。水牛車が主役の狭い未舗装道路の時代を生きて来た人にとって、にわかには信じがたい世界だった。

一方、山の中はどうなったのか。平野部や山麓部とは逆に、入山者が減っていった。理由は時代が変わったからだ。西表島は開発一辺倒から、自然保護と開発との調和に移り、とりわけ山に関しては保護に重点が置かれるようになった。一九七二年に西表国立公園がスタート。公園内での開発や動植物の採集が規制されるようになった。翌年には伐採会社の閉鎖と縦貫道路の工事中止。さらに、一九七七年には北岸道路が全通し、それまで必要があって山中を横断した人も、車で自動車道路を使うようになった。こういったことが重なって、山道は次第に荒れ、やがて消失していったのである。

一九七〇年代の中頃、私は約三年間、西表島東部地区で生活をし、頻繁に山へ入った。西表島では一九六

美原へ下る坂（1975年）

美原から古見へむかう坂（1978年）

上原（1983年）

仲間川から対岸の大富を眺める（1975年）

白浜への道路（1982年）

大原旧桟橋に続く道（1975年）

白浜港，対岸は内離島（1982年）

五年から一九七二年の間が、もっとも山道が多く鮮明だったと思う。その名残で、一九七〇年代の山歩きは、ルート探しにあまり苦労は感じなかった。はっきりした山道が残っていたのである。大富から仲間川の上流船着場まで歩き、御座岳を往復する。古見から山越えをして第一山小屋跡まで行き、さらに大富林道へ抜けて帰ってくる。相良川沿いに古見岳へ登り、ユチン川を下る。テドウ山に登ってカンビレーの滝へ下る。白浜から稜線を辿って大富まで横断する場合でも、大きな間違いを起こすようなことはなかった。

私の西表島通いは一九八五年まで続いた。頻繁に島を訪れ、時々、山へも入っていた。この頃になると、山道が荒れ、歩きにくくなったと感じるようになった。尾根筋ではツルアダンやリュウキュウチク、日なたを好むシダ植物がモコモコと茂っていた。崩壊地も多く、そういった場所は、道があることはわかっていても、迂回路を開かねばならなかった。それでも、道標のピンクリボンを見つけ、山道だとはっきりわかるところに戻れば、ほぼ予定通りのルートを辿ることができた。

その後、私は仕事の関係で、一九八六年から一六年間をボルネオ島で暮らすこととなった。長らく西表島と疎遠の時期が続いた。

二一世紀に入ると仕事のパターンが変わり、日本半分、ボルネオ島半分の生活になった。これを機に西表島通いを再開した。二〇〇一年には息子たちと、二〇〇三年には高校時代の先輩たちを案内しながら、軍艦石から横断山道を経由して大富まで歩いた。横断山道には、環境省による道標や動植物の案内板が各所に設置されている。また、定期的な巡回が行なわれているからなのだろうが、誰が歩いても心配ないくらいに整備されている印象だった。

二〇〇五年からは、昔のように一人で山中を歩くようになった。そこで感じたことは、「山道のほとんどが消えている」ということだった。その典型が白浜林道の先にあった安藤道だ。一九六〇年代前半まで伐採会社が使っていた林道で、車が行き来していた。しかし、一九六〇年末になって利用が止まるとススキが侵入し、一九七二年頃には林道を完全に塞いでしまった。ハチジョウススキという、本州などのススキとは別種で、冬になっても枯れることなく成長する種類である。それでも、徒歩だったらどうにか通行することができた。ススキ群落に沿って林道の法面を迂回するか、ススキ群落にできたトンネルをくぐるのである。この場合のトンネルというのは雨水が地面を削り流して作った溝のことだ。林道でも急峻な坂の部分にこの溝があり、人一人が腹ばいになってやっと通ることができた。

長いブランクを経て、私が再び安藤道を歩いたのは二〇〇六年になってからだ。昔、林道を塞いでいたススキ群落は完全に消えていた。林道は樹高四、五メートルの灌木林に変わり、林内にはクワズイモやヒカゲヘゴ、カダワラビ等の日陰を好むシダ類が密生していた。ススキは一本たりとも見つけることができなかった。長い年月の間に、樹木の種子が発芽し幼樹となり、少しずつ日蔭を広げていく。そんな場所で、直射日光を必要とするススキは生きていけないのである。こういう植生の変化を「遷移」と呼ぶのだが、想像以上に短い期間で変わっていくことに驚いた。すでに林道は消失したといえる状態だったが、それでも白井峠まではピンクリボンがあり、踏み分け道が続いていた。環境省によるイリオモテヤマネコの調査が行なわれており、峠に設置した自動カメラと気象モニタリング機器を点検する観察路だったのである。

次に歩いたのは二〇〇九年。観察路は消失していたが、それでも山道の痕跡は確認できた。

さらに二〇一六年になると、もはや、山道の痕跡もなくなっていた。私のように昔の道を知る者だけが、なんとか道として利用できる。それでも、周囲の地形を確認しながら、脳裏にあるルートを慎重に辿らなければならなかった。

二〇二〇年前後の山道の状況を見てみると。部分的にわかり難い箇所があるものの、初めての登山者でも踏破できそうなルートが幾つかある。細心の注意を払って行動することが条件だが、軍艦石から第一山小屋跡経由、大富林道へ抜ける横断山道。相良川からの古見岳往復。テドウ山往復。北岸道路を起点とするユチン川三段の滝、大見謝川自然観察路、ゲーダ川の連瀑帯、ピナイサーラの滝が挙げられる。

そして現在、これらの山道を辿ろうとするならどうだろうか。登山の経験豊富な人や、昔の山道を知ってい

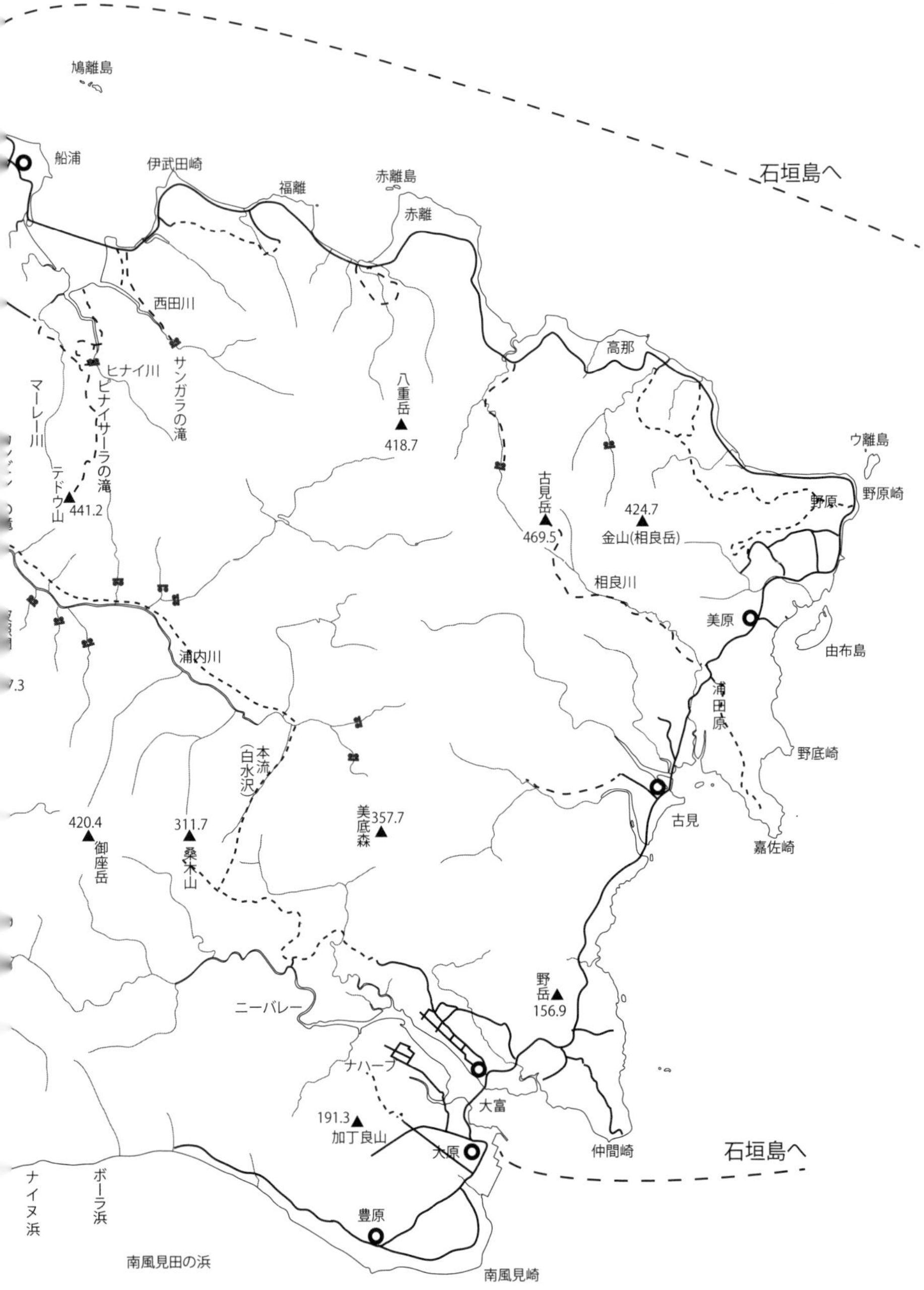
鳩離島
船浦
伊武田崎
福離
赤離島
赤離
石垣島へ
西田川
ヒナイ川
サンガラの滝
ピナイサーラの滝
マーレー川
テドウ山
441.2
八重岳
418.7
高那
古見岳
469.5
424.7
金山(相良岳)
ウ離島
野原崎
野原
相良川
美原
由布島
浦内川
浦田原
野底崎
本流
(白水沢)
古見
嘉佐崎
420.4
御座岳
311.7
桑木山
美底森
357.7
野岳
156.9
ニーバレー
ナハーブ
大富
191.3
加丁良山
大原
仲間崎
石垣島へ
ナイヌ浜
ボーラ浜
豊原
南風見田の浜
南風見崎

2000年以降の道路・山道

自動車道の拡幅，歩道の整備，西表トンネルの開通など，現在の自動車道が完成した後で，農業用の土地開発事業と農道の整備が進む．山道は横断山道を残して，すべて消失．

実線 ―――――
地図上にある道路（2.5万分の1・1981, 5万分の1・1983）
（農地・牧場内の道路は省略）

破線 - - - - - - - - -
地図上にある山道（2.5万分の1・1981, 5万分の1・1983）

破線 — — — — —
地図にはないが,通行可能な山道

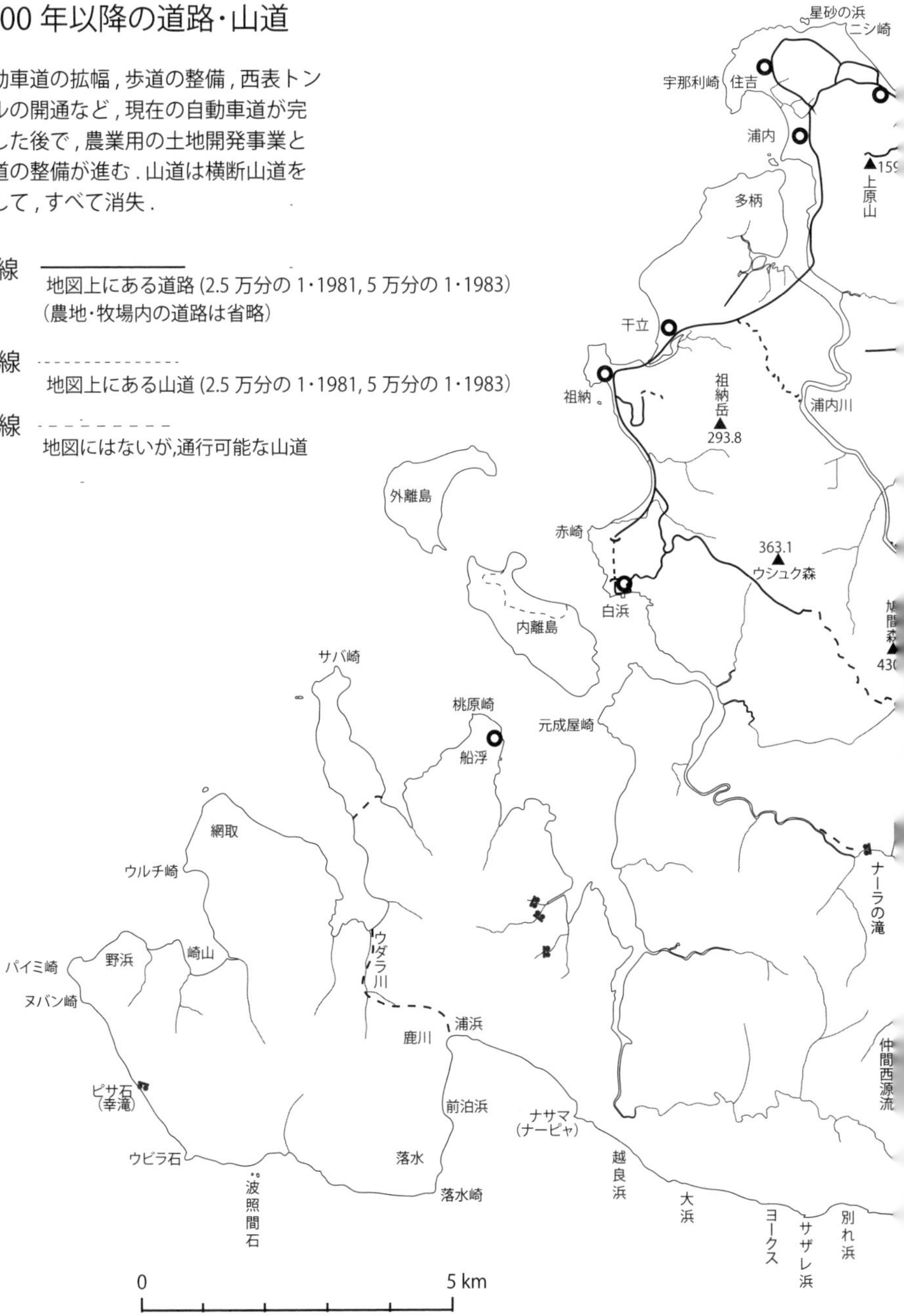

ナダラ橋，北岸道路（2019年）

大原にある西表製糖工場（2017年）

上原（2021年）

船浦湾海中道路（2022年）

船浮（2017年）

る人であれば、古見から第一山小屋跡までの横断山道、テドウ山からカンビレーの滝へ下る道、ユチン三段の滝から古見岳、軍艦石から干立へぬける稲葉道、船浮からウダラ川を経由して鹿川。こういったルートが通行可能だろう。あるいは海岸線なら、どこであれ道に迷う心配はない。しかし、各所に深みがあって、高巻きしたり、潮が引く時間まで待たなければならないことがある。また、岩石海岸ではスリップや滑落の危険があるので、細心の注意が必要だ。岩石海岸とは、砂浜がなく、巨岩が海岸線を埋めつくしている海岸のことである。

その他、昔あった山道は痕跡すら見つけることが難しく、あえて挑戦するとしたら、ワンダーフォーゲル部や探検部による「探検」の世界だと心得てほしい。例えば白浜から旧安藤道と御座岳を経て東海岸への横断、大富からの御座岳登山などである。

西表島では、伐採など人為が加わった陽当たりのいい稜線部は、ツルアダンや棘植物で被いつくされている。ここは、どんなに頑張ってみてもなかなか人間が通過できるところではない。私は二一世紀からは沢歩きを中心とし、稜線を歩く距離をなるべく短くしている。どうしても稜線を辿らなくてはならない時でも、斜面のわずかに低い部分を稜線と並行にトラバースするようにして通過している。沢筋には滝や崖など、稜線にはない危険箇所が連続している。それでも、単独行では沢歩きのほうが「まし」のように思う。

第2章　東海岸

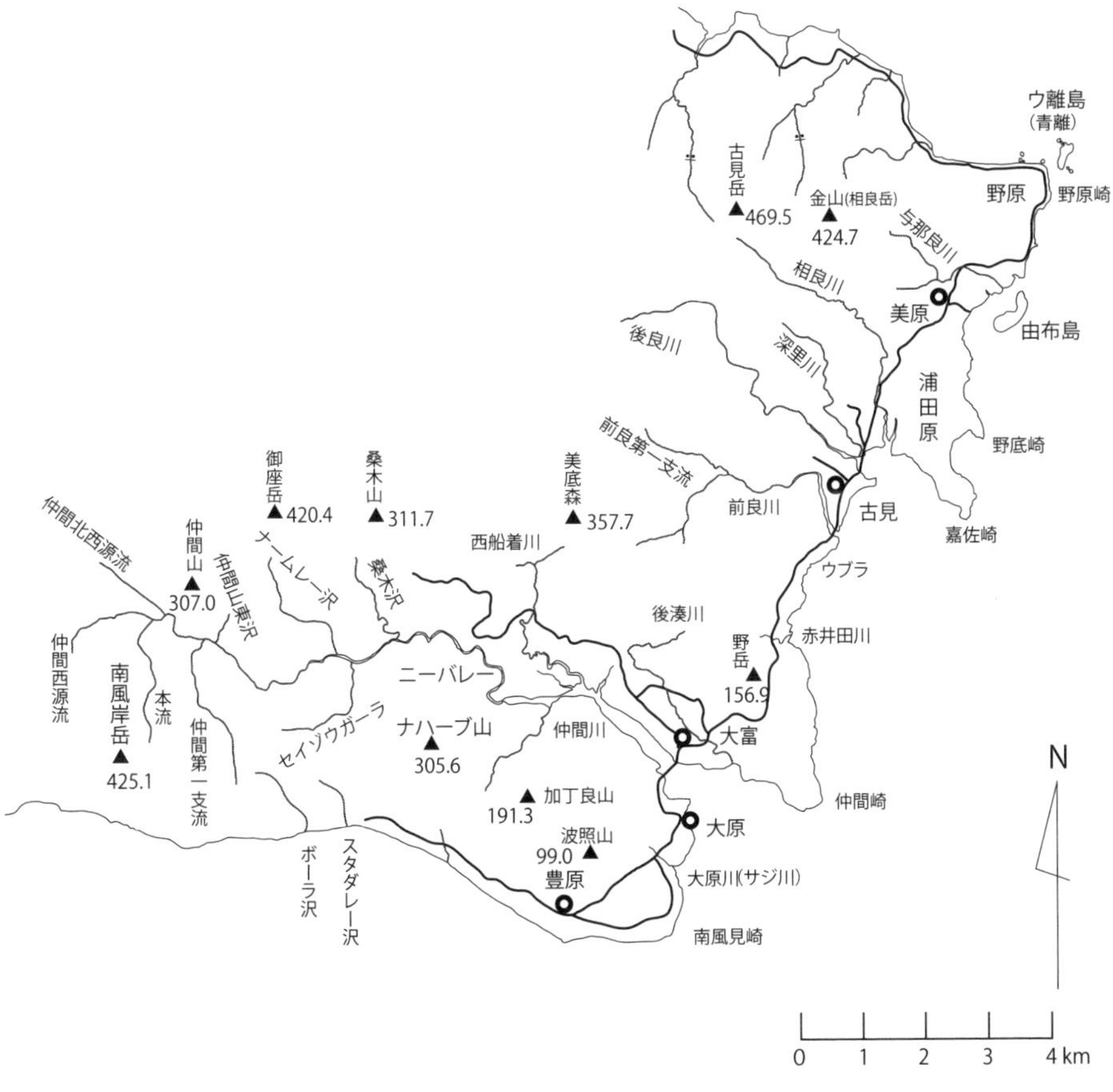

ウ離島
(青離)
野原
野原崎
古見岳
469.5
金山(相良岳)
424.7
与那良川
相良川
美原
由布島
後良川
深里川
浦田原
野底崎
前良第一支流
御座岳
420.4
桑木山
311.7
美底森
357.7
古見
前良川
嘉佐崎
仲間北西源流
仲間山
307.0
ナームレー沢
桑木沢
西船着川
ウブラ
仲間山東沢
後湊川
赤井田川
野岳
156.9
仲間西源流
南風岸岳
425.1
本流
仲間第一支流
ニーバレー
セイゾウガーラ
ナハーブ山
305.6
仲間川
大富
加丁良山
191.3
仲間崎
波照山
99.0
大原
豊原
大原川(サジ川)
南風見崎
ボーラ沢
スタダレー沢
N
0
1
2
3
4 km

ボーラ沢

※南海岸にある沢だが、編集の都合上、本章で紹介する。

ボーラ沢は全長（移動距離）六・三キロメートル、取っ付きからしばらくは、かなり急峻だ。浜から突き上げているような谷である。森林の中を流れる細い沢で、眺望が利かないだけでなく、空がほとんど見えない。取っ付きから三分の一を過ぎると、平坦な沢となる。平坦な地形は全体の半分くらいの長さを占めている。そして、再び急峻な狭い溝を登りきると分水嶺に達する。標高三三〇メートルである。

豊原から西を眺めると、左手の海岸からはじまる急峻な稜線が見える。稜線は、上り切ると緩やかな上り下りを繰り返しながら右手に延びていく。途中、幾つかの切れ込みがあるが、稜線の真ん中あたりに、顕著なV字型をした切れ込みが一つある。そこがボーラ沢の分水嶺である。

西表島で唯一の幹線道路は「沖縄県道二一五号線」、総延長は五四キロメートル。西部地区の白浜を起点とし、東部地区の豊原で終わる。その先は農道にかわるが、連続した自動車道路がある。しかし、舗装された農道も三・七キロメートル先が終点、もはや、道路を造れるような平地もなくなる。終点の海岸林を抜けるとサーッと視界が開け、真っ白な砂浜が広がる。「南風見田の浜」である。一帯を、地元の人たちは「ナイヌ」と呼んでいる。最初にある大きな浜が「スタダレー」。次の浜が「ボーラ」。その先の浜が「ナイヌ」。そして三つの浜を含む総称がナイヌでもある。ボーラ沢はボーラ浜に開口している。

ボーラ沢遡上

二〇二一年七月一日（木）晴れ

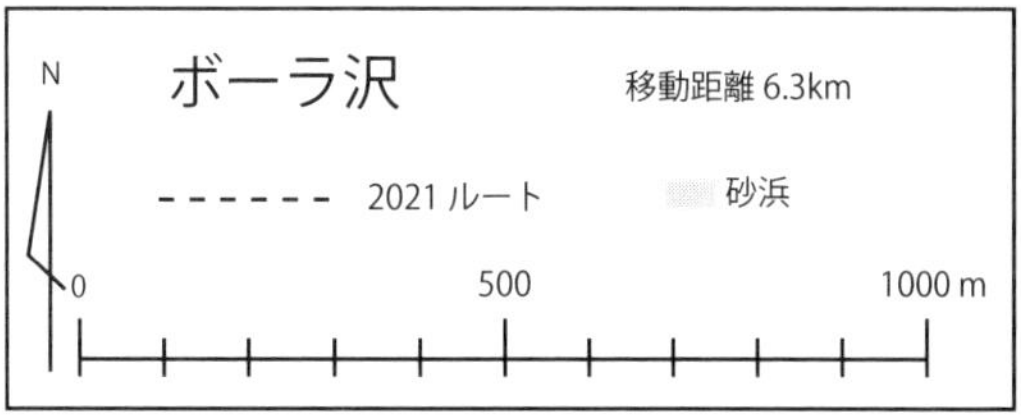

取っ付きからしばらくは,かなり急峻.森林の中を流れる細い沢で,眺望が利かないだけでなく,空がほとんど見えない.
取っ付きから三分の一を過ぎると平坦な沢となる.平坦な地形は全体の半分くらいの長さを占める.最後は急峻な狭い溝

①分水嶺から10m引き返すと,木々の隙間から豊原の台地が一望できる.台地の先には新城島の上地島と下地島も見える

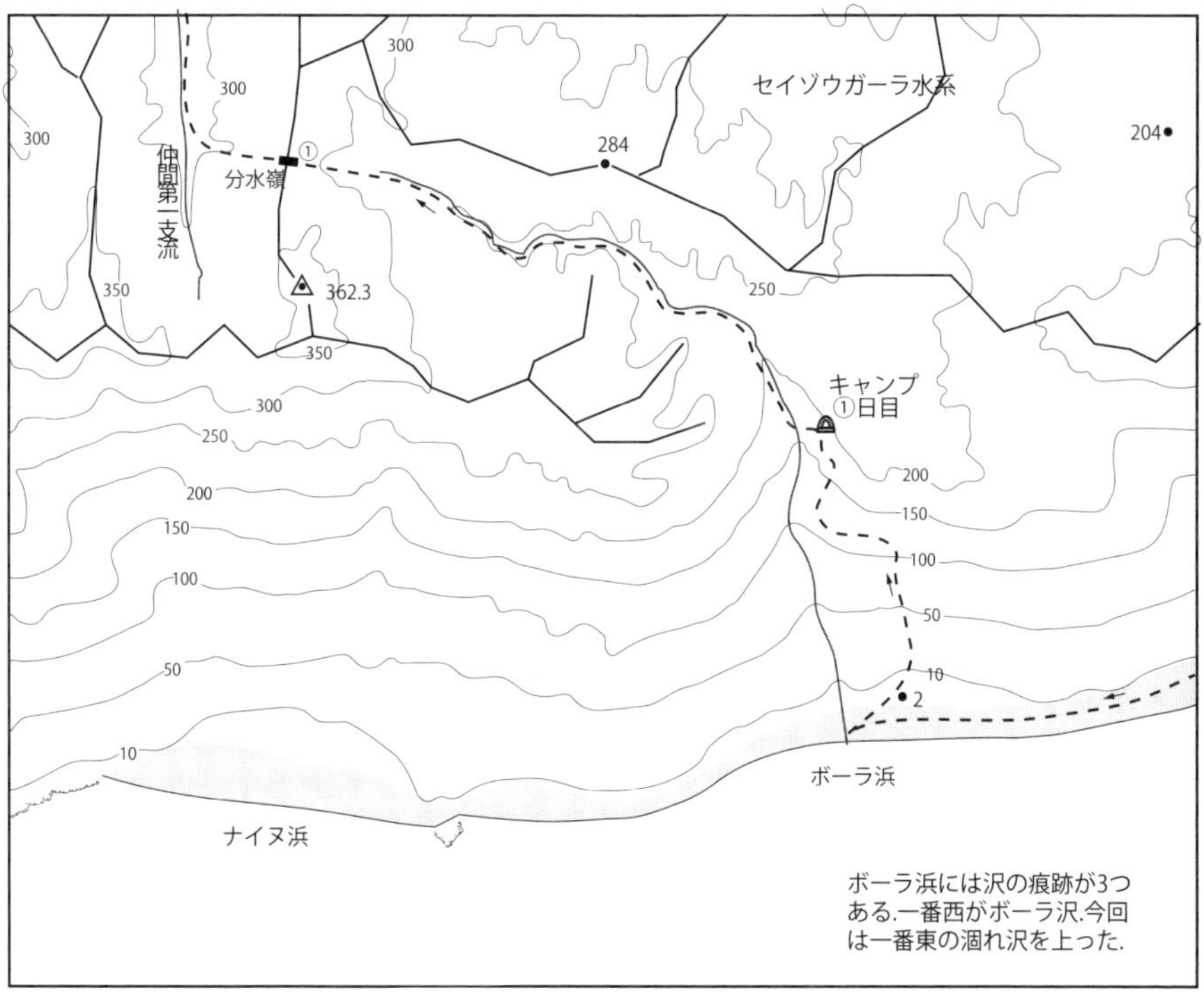

上原を八時五分のバスで出発。運転手は馴染みのある大城文一さんだった。豊原には九時一五分に着いた。天気は、まずまずである。

九時二〇分、農道を南風見田の浜にむけて出発。今回はボーラ浜からボーラ沢を登り、西表島の中心部から白浜へ出る予定だ。いつも通り安全第一で歩くことを心がけたい。

一〇時四〇分、南風見田の浜に着く。少し霞がかかり、波照間島が見えない。まだ、梅雨明け宣言は出ていない。しかし、陽ざしは強烈にきつい。沖縄県の梅雨明け宣言は那覇が基準である。那覇より四〇〇キロメートル南にある八重山は、実際には宣言の一週間も前に梅雨が明けていることが多い。天候にも同じことがいえる。昨日と今日、八重山地方は真夏日だ。ところが、沖縄・奄美地方には大雨警報が出ており、山崩れなどの被害が続出している。

暑い。汗が滝のように噴き出してくる。荷物が重く、休み休み歩く。食料を持参し過ぎたように思う。一〇日分は十分にある。それに、歳による体力の低下には勝てない。

旅行者がいた。先ほどバスを追い越していったレンタカーの二人だ。「こんにちは」。近くの一人に声を掛けた。それが数分間の立ち話になった。彼は石垣島に住んでいるが、最近まで西表島のリゾートで働いていたそうだ。知人のHさんのことを尋ねてみた。もちろん同僚だからよく知っていたが、Hさんも一カ月前に退職し、フリーのネイチャーガイドをはじめたそうだ。

一一時一〇分、ボーラ浜に着く。ほぼ満潮。いつもなら広い浜が広がっているが、今日はかなり細長くなっている。砂浜がえぐられている場所がある。底の部分にわずかな水があって、朽ちた葉や小枝が沈殿している。沢の痕跡だ。それが三カ所にあった。どれがボーラ沢なのだろうか。スタート地点を見つけようと、それぞれの沢の痕跡に立ってみる。ところが、どこに立ってもGPSが反応しない。どうやら、海岸から奥まった所にボーラ沢の取っ付き地点を設定してしまったようだ。これでは役に立たない。

浜から見上げると、斜面の上部に谷部がある。そこを下ってくると一番西側の痕跡になる。地図で見ても同じだ。おそらく、そこがボーラ沢なのだろう。確かめようと海岸林に入ってみると、林内には蔓植物がクモの巣のようにはびこっていて中を見ることができない。それでもと蔓をかき分けて奥を覗き込んでみた。小岩が積み重なった涸れ沢が見えた。しかし、幅の狭い小さなものだった。

二つ目の痕跡は明らかに小さい。一旦戻り、一番東側の痕跡を調べてみた。三つのうちで一番大きなものだ。海岸林も、そこだけ空洞になっていて入りやすい。涸れ沢も、ここが一番大きい。おそらくここがボーラ沢だろう。じきに大きく西側へ折れて、上部の谷部へ通じるのだろうと考えた。

一一時三〇分、ボーラ浜を出発。かなりの急登である。涸れ沢は二から三メートルの幅で、角のとれた小岩が谷を埋めている。一度も水を見ることなく、標高一五〇メートルの高さに達した。岩が少なくなり、林床に土が現れるようになった。しかし、もはや沢とは呼べない斜面となり、正面に直立した岩壁が現れた。やむを得ず西側の小尾根を横断して、一つ先の窪みに入った。ところがそこも同じような斜面で行き詰ってしまった。ただ、途中に水がしたたり落ちている岩場があった。この先、水に困ることになりそうだから、コップを取り出して水を集め、一リットルボトルを満タンにした。

陽ざしの当たり具合から、さらに西に大きな溝があることがわかった。ボーラ浜から上部に見えていた谷部に違いない。さらに小尾根を越えることにした。小尾根は陽がよく当たる場所なのだろう。林床では蔓植物が四方に伸び、背の低いブッシュになっている。小尾根を越えると小さな崖があった。崖に沿って進みはじめた時、左脚のアイゼンが脱落しそうになっていることに気づいた。蔓植物が絡んで紐が緩んでしまったようだ。右脚のアイゼンの紐も結び直した方がいいかもしれない。ところが、足下を見ると、右脚のアイゼンがなくなっていた。

これは大変だ。ひとまずザックを下ろし、五〇メートルばかり探しながら戻ってみた。しかし、アイゼンはさび色の鉄製、汚れた紐。現場は赤土と落葉、絡み合った蔓植物。こんな所で落し物を探すのは至難の業だ。結局、見つけることはできなかった。

ザックを置いたまましばらく考えた。アイゼンは西表の沢歩きに欠かせない。中止しようか。しかし、山歩きははじまったばかりである。引き返すのはあまりにも残念だ。

若い頃はアイゼンなしで歩いていた。だったら、片脚だけでもアイゼンがあれば、まったく不可能ということではないだろう。滑りやすい岩やナメ床では、意識して左脚に体重をかけ、右脚で踏み込まない。右脚は、岩の隙間のような、固定できる場所に置くことなどを確認し、予定通り山歩きを続けようと決めた。

下りはじめると小さなガレ場になった。この窪みを下れば沢に出るはずだ。すぐに小岩まじりの涸れ沢となり、さらに下ると沢に出た。水がある。先ほど確認した谷の部分だ。ボーラ沢に間違いない。どうして最初からここを目指さなかったのだろう。すでに一六時二〇分、ここをキャンプ地と決める。幸いにも近くにテント一張分のスペースが見つかった。赤土で、木の根も小石もそんなに多くない。ほぼ平坦で、理想的なスペースだ。まずはザックを下ろし、周囲のシダ類を刈り集め、テントサイトにたっぷりと敷き詰めた。

沢には八〇センチほどの滝のような落水がある。しかも、座ると胸まで浸かる壺がある。風呂には最適だ。ぜいたくにもボディーシャンプーを使って、頭から顔、体を洗った。ついでに衣類も洗濯した。滝壺にはテナガエビがたくさんいて、モモや尻をつねったりしてくる。追ってもすぐ戻ってくる。ハサミは先が鋭いので、チクチクと結構痛い。

一八時二〇分、暑い。汗が噴き出してくる。サウナに入っているようだ。天気はとてもよい。雨の心配はなさそうだが、一応、テントのレインシートをしっかりと張って固定した。

今日は、ボーラ沢の三分の一を登ったに過ぎない。しかし、自分のペースで確実に歩くことが大事だ。森の中だから、星がまったく見えない。遠くからコノハズクの鳴く声が聞こえていた。

七月二日（金）晴れ。

五時五〇分起床、周囲はまだ薄暗い。その後、朝食と荷物の整理。

七時二〇分、出発。ザックはまだ十分に重い。アイゼンは左脚のみ。今日からは、このことを一時たりとも忘れてはいけない。特に岩場を歩く時は強く意識して慎重に歩こう。多少の滑り止めになるだろうと考え、不要になったアイゼンの収納袋を右脚の靴に被せた。しかし、歩きだして一〇〇メートルもしない所で破れてしまった。

八時五〇分、かなり登ってきている。キャンプを出発してからしばらくは相当な急登だった。巨岩ではないが、岩石帯が続いた。それが終わると傾斜は緩くなり、徐々に高度を上げながら北西方向へ向かうようになる。岩も小さくなり、川床に礫が混じったりしてくる。危険を感じるような場所はない。岩石帯が終わるとさらに傾斜が緩やかになり、真西へ向かうようになる。沢はだいぶ狭くなり、両岸の木の枝や葉がくっつきあい、空はまったく見えなくなっている。しかし、沢中が暗くなることはない。木の丈が低く、明るい森林である。小石が多い川原があったりする。沢の水はまだ十分にあるが、くるぶしにも届かないような浅い川原だ。緩やかな登りがしばらく続く。よく晴れている。雲が南西方向から高い空を結構なスピードで流れてくる。しかし歩きだすとすぐに疲れてしまう。休んでは歩く、歩いては休むといったことの繰り返しだ。

一〇時ジャスト。傾斜が増しはじめ、沢の水が極度に少なくなってきた。ちょうどそのあたりから、ピンクリボンが見られるようになった。カビで黒くなったものが多いが、カビのないリボンを見ると、新しいもののようにも思える。さらに、ツルアダンやリュウビンタイにナタの切り目があったり、切り落とされたツルアダンの葉があったりする。おそらく一、二カ月前に人が歩いているのだろう。

これには驚いた。こんな所を歩く人はいないと思っていた。地元の猟師も、大学のワンダーフォーゲル部なども、まずここは歩かないだろう。ルートとして利用することなど考えにくい場所なのだ。リボンには銘が入っていない。しかし、間違いなく森林管理署のものだろう。常にピンクリボンと決まっている。あるいは林班区の確認などでここを通ったのかもしれない。

小石が散らばる幅広い川原に来た。もはや水はなく、急峻な地形に変わった。正面に赤味を帯びた巨大な岩

ボーラ浜からボーラ沢の谷を眺める．稜線の低いところが峠

ボーラ浜

分水嶺から豊原方面を望む

が現れ、行き止まりになってしまった。ピンクリボンも岩の手前で終わっている。岩に沿って左側を五〇メートルほど進んでみた。岩の直下は木も草もないので、歩くことは難しくない。しかし、このままだとかなり登ることになりそうだ。ボーラ沢からの分水嶺は、この辺りの稜線では一番低い部分になっているはずだ。そう判断して、一旦、最後のピンクリボンまで引き返すことにした。

赤い巨岩のすぐ右側に、ツルアダンが被さるブッシュがあった。よく見ると、深い溝になっている。登るとしたらここしかない。あえて潜り込んでみた。するとどうだろう、リボンが見つかった。やはりここがルートだったのだ。岩の手前をもっと奥まで進んで、リボンを探すべきだった。

登りはじめるとリュウキュウチクが混じるようになり、稜線が近いことがわかった。溝は煙突のように細く急峻だ。しかも、凄まじいブッシュになっている。ツルアダンとリュウキュウチク、リュウビンタイやカダワラビなどのシダ植物で埋めつくされているのだ。幸いにも、どうにか通れるだけの道が切り拓かれており、これに助けられた。もしそうでなかったら、私一人では何時間、悪戦苦闘をしたことだろうか。あるいは引き返すことになっていたかもしれない。

一〇時二〇分、分水嶺に到達。非常に狭い稜線で、幅三メートル。稜線を挟んだ両側は急峻な土手となって谷に下っている。峠からはまったく展望が効かない。東側は今登ってきたブッシュ、西側は深い森林になっている。しかし、ブッシュを一〇メートルほど引き返すと、木々の隙間から豊原の台地が一望できた。集落を挟んで前と後ろに耕作地が広がっている。台地のずっと先には、新城島の上地島と下地島も見えた。

峠を出発。ここから仲間第一支流がはじまる。

（仲間第一支流下降へ続く）

仲間第一支流

仲間第一支流は全長（移動距離）六・〇キロメートル、分水嶺から出合までは標高差二六〇メートルである。

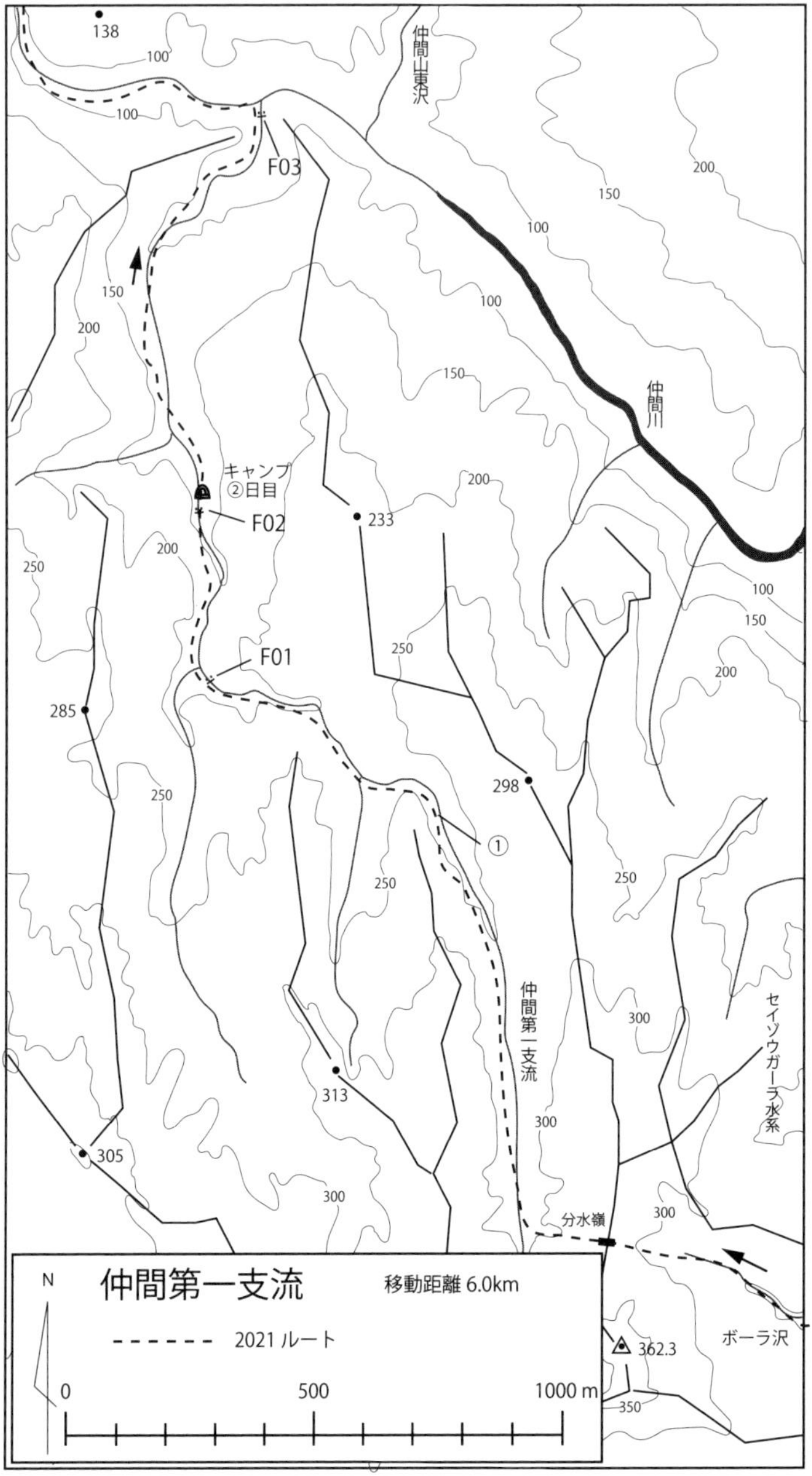

滝F03
高さ7m,2段.落水は上段で1条,下段で2条

滝F02
高さ20m,2段.下段は大きくえぐられている.落水は2条.滝壺は3mの深さ

滝F01
高さ4m,落水の幅1m.少し斜めになった滝.左側は5mの垂直な岩壁

①滑床
数10mにわたり草に被われた滑床がある

分水嶺に近い部分だけだが、たまたま森林事務所の職員が通った後らしく、切り拓いた踏み分け道があった。しかし、普段は誰も歩かないルートである。現在、この沢でイノシシを追う猟師はいない。イノシシ猟が全盛だった一九七〇年代でさえ、この沢に入る猟師はいなかった。南風見田の浜からにせよ、仲間川上流舟着場からにせよ、アプローチが長すぎる。それが理由で、労力に見合う成果が期待できなかったからだろう。大学の探検部やワンダーフォーゲル部も、西表島を横断する際、大富から仲間川を遡るか、南海岸を歩くルートを選ぶことが多い。ボーラ沢から仲間第一支流を通る変則的なルートは候補にも挙がってこないのである。

（ボーラ沢遡上より続く）

仲間第一支流下降

急峻な斜面を一気に下ると、緩やかな沢に出た。水も流れはじめている。角張った岩が密になって、川原に散在している。直径五〇センチくらいの岩が多い。沢はまだ狭く、せいぜい二メートルくらいの幅で、危険もなく歩きやすい。

下っていくにつれ、沢の幅も傾斜も増してくる。沢は両岸からの樹々に被われていて、陽が当たる場所はほとんどない。そんな中で一カ所だけ、陽ざしが当たっている川床があった。そこだけ幅が広くなっており、ナメ床で全体が草本で被われている。歩きやすく快適だが、数十メートルほどで終わってしまった。

一三時四三分、滝（F01）。高さ四メートル、落水の幅は一メートル、少し斜めになった滝で、右の端だったらぎりぎりで直降できそうだ。しかしアイゼンは左脚のみである。そして、ここは安全第一。左岸の林内を迂回しよう。斜面を五メートルほど登り、小尾根を水平方向に少し移動、そこから溝を伝って下り切った。下に来て振り返ると、左岸は五メートルの垂直の岩壁になっていた。私はその上を通ってきたわけである。

一四時五分、二つ目の滝（F02）。右岸を高巻きして小尾根を越え、涸れ沢を下った。多くの場合、滝の迂回はこのパターンである。滝下には一〇分後に着いた。

滝は高さ二〇メートル、二段になっている。直接降りることも登ることも無理だ。流水は二条、水量がある。

下の半分は大きくえぐられていて、その部分は水が当たっていない。かなり見ごたえのある滝だ。滝壺は深い所で三メートルはありそうだ。水面は鏡のようで、波立っていない。

一四時四五分、二つ目の滝を出てから、まだそんなに来ていない。しかし、体力的に限界に近い。いつもなら初日は疲れてても、二日目からは身体が順応して順調に歩けるようになる。ところが今回はだめだ。やはり歳なのだろう。このあたりでキャンプすることに決める。しかし両岸は結構な傾斜だ。見渡してもテントを張れるスペースがない。右岸は絶壁だが、左岸の森林を登り切ればテントサイトがありそうに思える。しかし水を運ぶだけでも一仕事になる。

ようやく探しあてたのが、沢の真ん中にある大きな岩だ。やや傾斜があるが、テントを張るには十分すぎる広さがある。表面に凹凸はなく、全面が三センチの草本に被われている。ほどよく落葉が積もっている。ここは使えそうだ。しかし、沢中のキャンプは命に係わることもある。念には念を入れて調べてまわった。岩の上には砂や泥の痕跡がまったくない。大水の時でも冠水していない証拠だ。岩の上流側は高さが二メートルあり、しかも急勾配の沢だから、鉄砲水が出ても水が留まる場所がない。万一の時は左岸の林内に逃げることも可能だ。こうして、沢中の岩の上で寝ることに決めた。

たっぷり水がある沢で水浴を済ませ、洗濯をした。洗った衣類はテントの周辺に広げた。風が出てきたら取り込まないといけないだろう。

一八時一六分、食事も歯みがきも済ませ、あとは寝るだけだ。タイワンヒグラシの声が盛んに聞こえている。今日はいつも以上に疲れている。荷物が重いことも一因だろうが、年齢からくる体力の限界かもしれない。自転車旅行ではあまり疲れを感じないから、使う筋肉が違うのかもしれない。また、自転車では荷物を直接肩に背負わないことも理由かもしれない。いずれにせよ、出発前に計画した行程を大幅に縮小することになるだろう。

七月三日（土）晴れ

七時一〇分、予定を縮小し、仲良川から白浜へ出ようと考えている。まずは、今いる仲間第一主流を下り仲間川に合流後、仲間北西源流を遡って仲良川へ向かうというものである。当初の計画から仲間山東沢、トイミャーバラ川遡上、ヒドリ川下降を除外することになる。大幅な縮小は一向に構わない。体力的に無理だろうし、最初の予定そのものが大きすぎたのだと思う。とはいえ、まだかなりの距離がある。

八時五五分、三つ目の滝（F03）。全体の高さ七メートル、大きく二段になっている。中の段までは一条、下の段は二条になって落水している。谷は明らかに広くなってきており、太陽が当たって明るい。

九時一〇分、三つ目の滝から下流を眺めると、一〇〇メートル先に一段と広くなった部分がある。そこまで下ったら、そこが仲間川との出合であった。二〇〇八年に仲間川本流を遡った時のノートに、「滝のような急な沢が南から合流している」と記録している。その場所がまさにここだった。ここで、仲間第一支流の下降は終了だ。

仲間川との出合の部分は、陽がよく当たるせいか岩の上にススキが生え、小規模な群落を作っていた。仲間第一支流と比べると、本流は川幅が一八から二〇メートル、両岸は急峻な斜面で谷は狭い。同じ砂岩なのに、本流の岩は表面が白っぽく、大きい。二つの谷は、明らかに雰囲気が違っている。雲が高い空を南から北へ、結構なスピードで流れていく。雲は多いが、雨の心配はなさそうだ。

九時二一分、出合を出発。仲間川本流を遡る。本流は西から北北西に向きを変え、本流では一番狭まった谷を遡上していく。そして、歩くこと三・二キロメートル、一二時一五分には本流が最も北を流れる地点に達した。ここからが仲間川最大の難所である。

（仲間北西源流遡上へ続く）

仲間川本流，深い淵が続く難所

仲間第一支流 F03

仲間第一支流 F01

仲間第一支流出合，第一支流の最下流部

仲間北西源流

仲間北西源流は全長（移動距離）二・八キロメートル。出合から分水嶺までの標高差は一一〇メートルと小さく、南東から北西へほぼ直線を緩やかに上っていく谷である。仲間川との出合は、高さ一五メートルの斜めに落ちる滝になっている。滝はこの一条のみ。滝壺は仲間川本流の淵にもなっている。そのため、仲間北西源流へは本流左岸の少し下流から高巻きしなければ到達できない。

西表島横断には幾つかのルートが想定できる。その中で、仲間北西源流を利用するルートが最短距離といえるだろう。もっともその場合、仲間川と仲良川でボートを傭船することが前提だ。傭船せずに感潮域を歩くとなると、逆に最長のルートになってしまう。危険度は低いが、山道はなく、難行を強いられるかもしれない。

仲間北西源流遡上

（仲間第一支流下降より続く）

仲間川最大の難所に来た。ここからは淵と滝の連続で、沢の中は進めない。二〇〇八年に仲間川から南風岸岳へ向かった時は、左側（右岸）の崖のような斜面を直登して大きな高巻きを続けた。崖は全面ヤブレガサウラボシに被われていた。こんな大群落は少ないからよく覚えている。この淵の途中に仲間北西源流の出合があるはずだ。確か、斜めになった滝だった。出合が滝になっている沢は多くないから、印象に残っている。

仲間北西源流に入るためには、淵の手前から右側（左岸）を進まなければならない。左岸もかなり急峻な斜面だが、小さな溝があり、そこを登ることにした。一〇メートルほど登ると仲間北西源流が見えた。やはり滝になっていた。高さ一五メートル、記憶どおりの斜めになった滝で、十分な水量がある。

溝を少し登ったら上流に向けてトラバースしようと考えていた。ところが、そこは小さな崩落を起こしていた。やむなく可能な限りの高さまで登り、灌木に頼りながら次の溝を横断、しばらく進むと小さな沢に下りた。

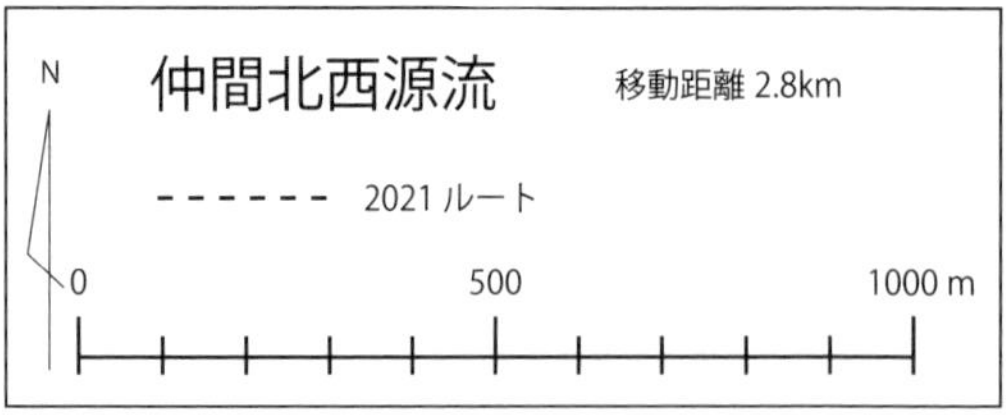

標高差110mのなだらかな沢..緩い蛇行を描きながら徐々に高度をあげていく.危険な場所はほとんどない

滝F01
高さ15m,斜めの滝.　仲間川との出合に位置している.滝はこの1つだけ

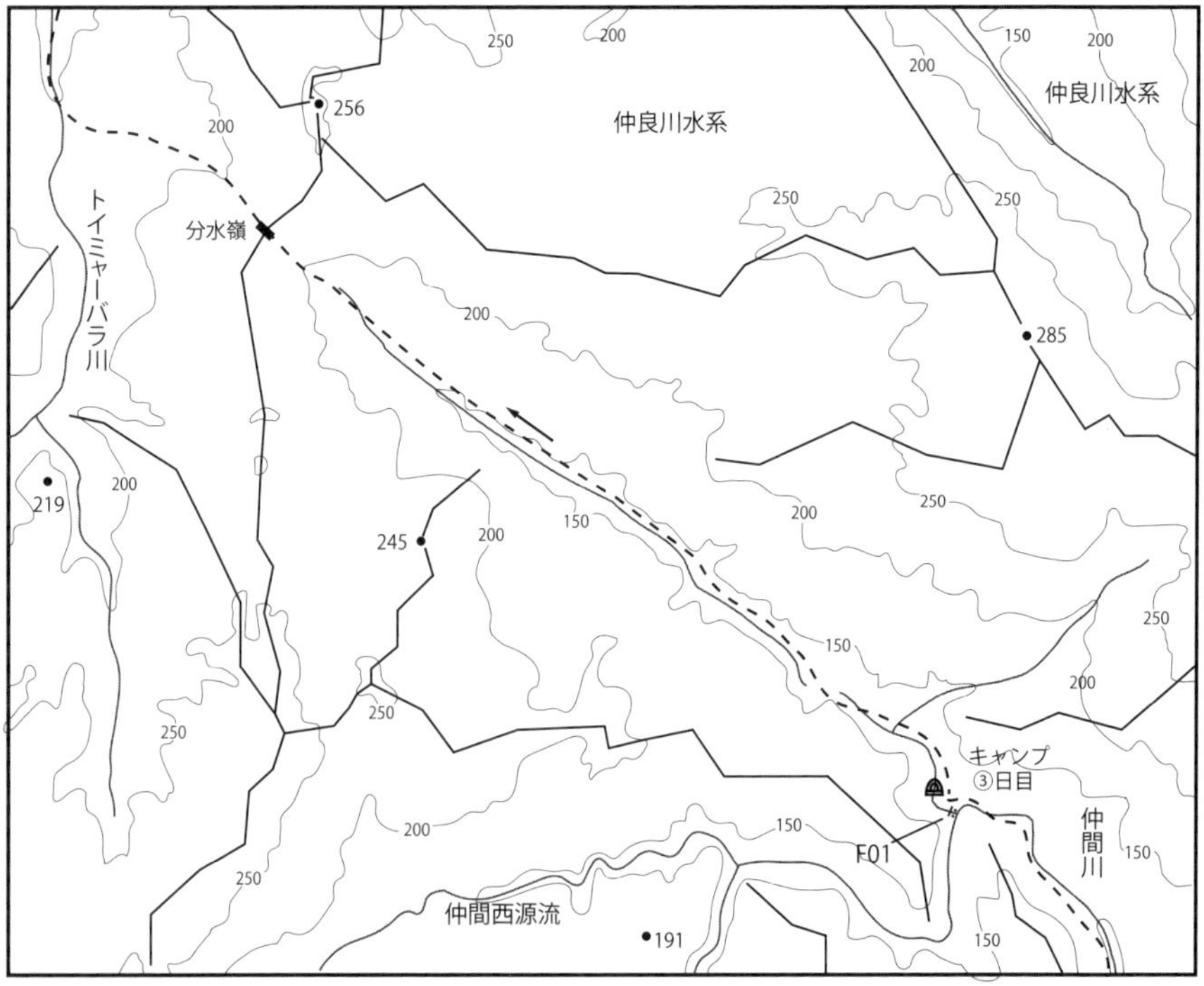

最初、これが目指す仲間北西源流かと思った。しかし小さな流れだし、真北から下ってきている。そこで、流れをまたぎ、さらに下り気味に進んで行くと、十分な幅のある沢に出た。これが仲間北西源流だろう。一三時ちょうどであった。

ここは、出合の滝から二〇〇メートルほど上流に位置していると思われる。川幅は八から一〇メートル、ごく浅い淀みになっており、流れはほとんど止まっているかのように見える。一帯は平地のような地形なのだ。一段上がったところに平らなスペースがあったので、今日のキャンプ地と決める。川からは二メートルの高さがある。テント設営、水浴、洗濯。一四時三〇分にはテント内でくつろいでいる。

この行程の危険地帯はほぼ通過している。あとはトイミャーバラ川で、多少の岩場があるくらいだろう。アイゼンは片脚だけだが、特に不安を覚える場面はなかった。

七月四日（日）晴れ

六時起床。未明に三度ほどパラパラと雨が降った。しかし、ほとんど気にならない量で、じきに止んだ。今日も天気はまずまずだろう。現在七時二〇分、だいぶ明るくなっている。

今日、七月四日は父倉太郎の命日である。ちょうど六〇年前、私が一六歳の時だった。私がこれまで歩んできた人生を父に感謝し、道中での加護を祈願した。

今日は仲間北西源流を遡り、分水嶺を越えることになる。そこからは西表島西部の水系に入ることになる。仲間北西源流は、地図で見る限り標高差一〇〇メートル少々、特に危険な箇所はないだろうが、流れが緩やかなので、何カ所か淵があるかもしれない。むしろ、分水嶺を越えたトイミャーバラ川に滝や岩石帯があるかもしれない。いつも通り、その場その場で対処していけばすむことだ。今日は仲良川に合流したあたりで一泊する予定だ。明日は、白浜にむけて低地帯を歩くが、途中でさらに一泊することになるだろう。

仲間北西源流 F01，滝壺は仲間川本流の淵

仲間北西源流（標高140m）

七時一〇分、キャンプ地を出発。じきに、ちょっとした深みに出た。ここは林内を迂回。深みを通過すると、石が敷き詰められたようになっていて、一面に草の付着した所があった。その後は、淵になったり、一メートル四方の岩が敷き詰められたような所を通過したりしながら、浅い砂地の場所が多くなっていく。沢は緩やかな蛇行を描きながら徐々に高度を増していくが、大きな蛇行はそんなに多くはない。後半になると、砂地から丸い礫を敷き詰めた川原に変わる。川原はしばらく続くが、危険もなく歩きやすい。やがて岩石帯となり、水もかなり少なくなってきた。沢のどん詰まりも岩石帯だが、伏流となり、最後は赤土の急斜面となった。スリップに気をつけながら、急斜面を登りきった。

九時四〇分、分水嶺に立つ。両側の傾斜が緩やかなので、尾根は幅広く見える。全体が明るい森林で、最大でも直径二〇センチ程度の木がポツンポツンと立っており、直径一〇センチ以下の木が密に生えている。森の構造が単純で、明らかに伐採後の二次林であることがわかる。この辺りは一九六〇年代後半から一九七〇年頃、パルプ材の皆伐が行なわれていた。一九七〇年の夏だったが、尾根を隔てた仲間西源流を遡上している時、ずっとチェンソーの甲高い音が聞こえていたことを思い出す。

これにて、東部・仲間川水系から離れ、西部・仲良川水系に入る。　（トイミャーバラ川下流域を下降へ続く）

仲間川感潮域両岸

仲間川は、西表島では浦内川に次ぐ二番目に大きな川だ。源流は三本あり、私が「本流」と呼ぶ最も長い源流は標高四二五・一メートル、南風岸岳の山頂近くを水源としている。分水嶺から河口までの距離、約一五キロメートル。そのうち、下流域と中流域を合わせた約八キロメートルが潮の干満の影響を受ける感潮域である。流域面積は二八・四一平方キロメートルとされている。ちなみに最も長い浦内川は、水源の桑木山から河口まで約一九キロメートル。感潮域は約九キロメートル。流域面積は五四・二四平方キロメートルである。

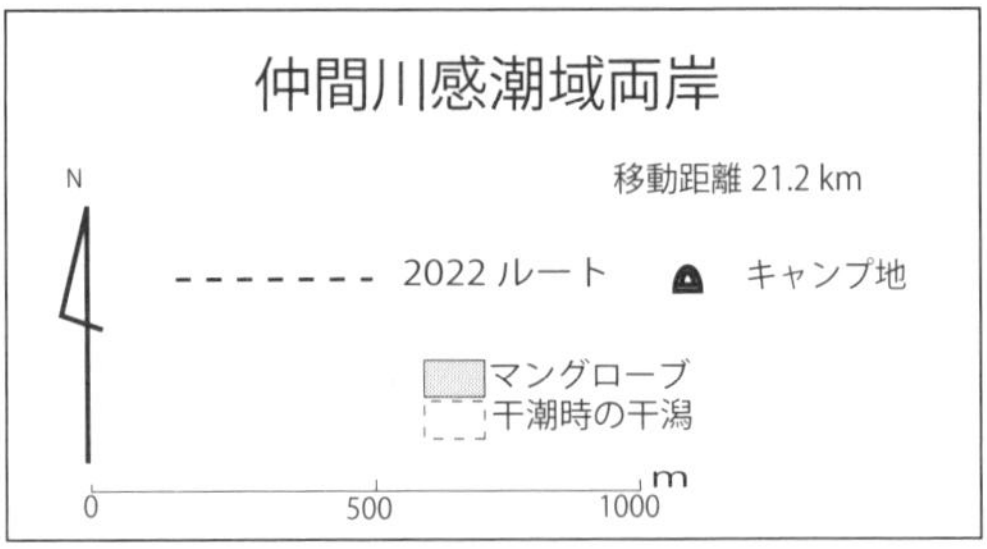

⑨西船着川⇔大富林道
標高10mラインの山際を歩く.古い配水用の塩ビパイプに沿って歩く.亜熱帯樹木展示林または大富共同墓地で林道に出る

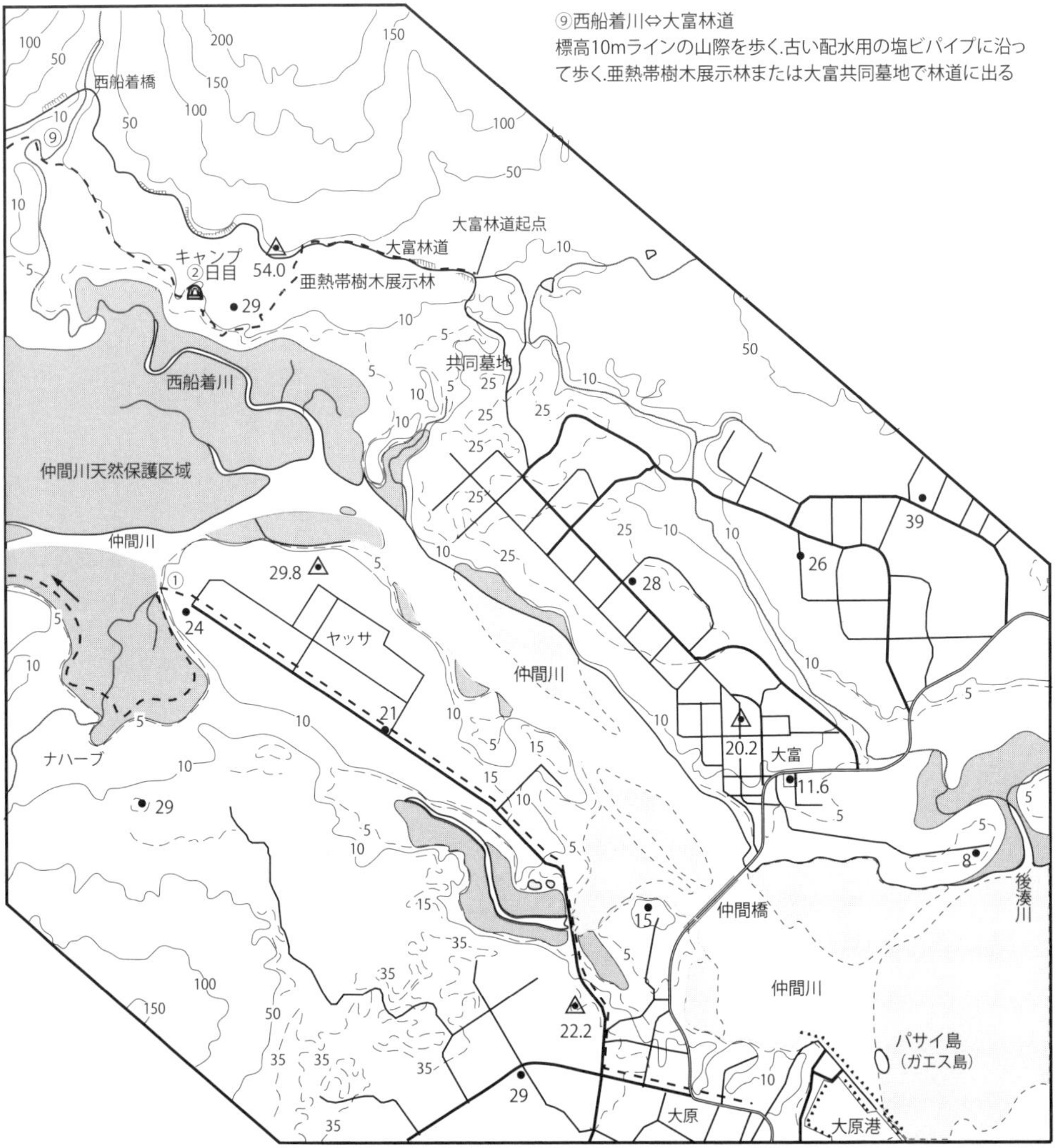

北岸

⑤上流船着場⇔⑥桑木沢
標高10mラインの山際を歩くことが基本.
セイゾウガーラ対岸から桑木沢までは,浅い谷部を歩くこと.川沿いは西表島有数の荒れたブッシュで,通行は非常に厳しい

⑥桑木沢⇔⑦ウブンドル船着場⇔⑧中流船着場
標高5～10mラインの山際を歩く.眺望は効かないが,ほとんど迷うことはない.中流船着場から大富林道へ出てもよい

⑧中流船着場⇔⑨西船着川
低地の奥側を山に沿って歩くこと

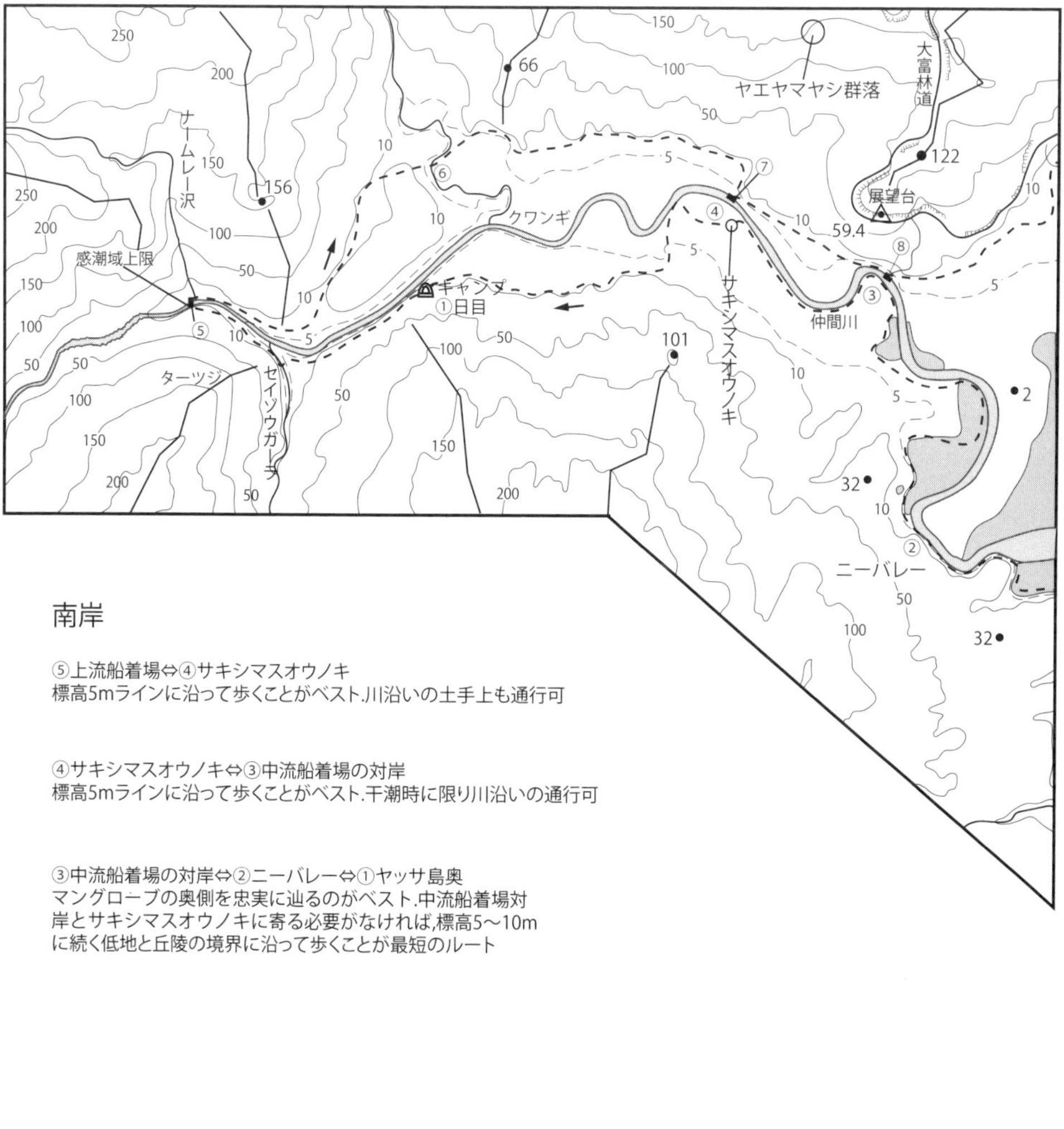

南岸

⑤上流船着場⇔④サキシマスオウノキ
標高5mラインに沿って歩くことがベスト.川沿いの土手上も通行可

④サキシマスオウノキ⇔③中流船着場の対岸
標高5mラインに沿って歩くことがベスト.干潮時に限り川沿いの通行可

③中流船着場の対岸⇔②ニーバレー⇔①ヤッサ島奥
マングローブの奥側を忠実に辿るのがベスト.中流船着場対岸とサキシマスオウノキに寄る必要がなければ,標高5～10mに続く低地と丘陵の境界に沿って歩くことが最短のルート

仲間川の名前は、仲間村に由来するものと考えられる。現在の大富集落の位置にあった仲間村は、一九〇〇（明治三三）年に廃村となった。成立年代は不明だが、古見の分村であった崎枝村が、後に仲間村となったといわれている。崎枝村に関しては、一六五一（慶安四）年、人口一六名の記録がある。また、江戸時代に作成された一六四六（正保三）年、一七〇二（元禄一五）年、一八三八（天保九）年の三つの地図には「崎枝村」、「崎枝崎」の地名がある。ところが、その後の一八九〇（明治二三）年の地図では、同所が「仲間村」、「仲間崎」に変わっている。つまり、崎枝村が仲間村となったのは江戸時代の終わりか、明治時代初期ということだ。ただし、一八九〇年の地図にも仲間川の名はない。

「仲間川」の名は、笹森儀助の探検記に初めて登場し、使用した地図にも仲間川と記されている。彼は一八九三（明治二六）年に西表島を歩いている。笹森儀助に先立つ一八八四（明治一七）年には、田代安定が西表島の調査を行なっている。記録には、仲間川を「浦田川」別名「前川」と記している。

仲間川は、私にとって最初に入った川であり、その後、何度も繰り返し歩いた川である。特に初めて西表島を訪ねた一九六五年は、知人の案内で「ガンガン舟」を漕ぎ、感潮域上限の渓流までを往復した。ちょっとした探検気分だった。ガンガン舟とは米軍戦闘機の補助燃料タンクを縦に二分して作った簡易ボートである。第二次大戦後、大富などの開拓集落では貴重な乗り物だった。

感潮域の北岸には昔から山道があった。笹森儀助は「ミヤケ泊という平坦な場所があり、すでに廃屋となった伐採小屋が並んでいた。仲間村から舟で遡ること二里、陸路一里半の地点」と記している。ミヤケ泊は桑木川河口のクワンギと推定される。一帯には広大な田んぼ跡があり、確かに山道があった証でもある。一九七〇年代前半までは、仲間川奥地へ入る、あるいは御座岳登山の唯一のルートとして、案内人なしでも通行可能な山道があった。現在は完全に消失しているが、昔を知る人や地図を頼りに地形を読むことができれば歩くことも可能だ。一方、南岸は、もちろん分け入った島の人は数しれずいることだろう。しかし、昔も今も連続した山道はなかった。私も、南岸は大原からナハーブまで入ったことがあるだけで、渓流域まで歩いたことはない。

そこで、今回は仲間川の感潮域を南岸から北岸を通してぐるり歩いてみようと思ったのである。上り下りはほとんどないかわりに、泥地や、潮の満ち干に合わせたルートの選択が必要になるだろう。

仲間川南岸（右岸）を遡る

二〇二二年四月一九日（火）晴れ

船浦を八時七分のバスで出発。九時三分、大原のバス停で降りた。ＧＰＳを起動。まずは農道から共同墓地を抜け、ヤッサ島の入口に来た。

ヤッサ島は仲間川下流域にある規模の小さい洪積台地である。ここには江戸時代末期の一八〇三（享和三）年頃まで村があった。成立年代は不明だが、比較的近くには仲間第一貝塚と仲間第二貝塚があることから、一帯には数千年も前から人が住んでいたと考えられる。

現在は全島農地で、サトウキビ栽培と一部で肉牛の養殖が行なわれている。沖縄の日本復帰前、本土の大手企業がヤッサ島でリゾートホテルの開業を企てた。当時、ヤッサ島は国有地だったが、復帰後には農業開拓者に払い下げられることが決まっていた。企業側は確か一坪あたり一ドルの金額で、土地所有（内定）者との間で、払い下げ後の所有権の売買をすませた。ところが、ヤッサ島は西表島の中でも特に肥沃な土地の一つである。土地の払い下げは実現したものの、土地の売買、農地から宅地への転用の許可が下りなかった。しばらくの間、企業側から「土地の売買が出来るよう役所に陳情せよ」と圧力がかかった。それが叶わないことがわかると「金を返せ」といった騒動が続いたが、結局、企業側があきらめて、別の島に移るという出来事があった。

ヤッサ島は「島」である。しかし、現在は埋め立てした道路で繋がっている。開通前は水牛車あるいは徒歩で渡っていたのだろう。一九六五年当時、この道路はできて間もない頃だった。橋はなく、直径一メートルくらいのヒューム管が道路を横切るかたちで埋設されていた。潮の引く時間帯になると、ヤッサ川の水が仲間川へ向かってヒューム管から勢いよく吹き出していた。網を掛けたら、ボラやチヌが次々と跳びこんできた。今

は二つの橋が架けられている。ヤッセ橋とムラボカ橋である。「ヤッサ」ではない。「ヤッセ」だ。理由はわからない。

九時四一分、正面に御座岳が見える。皿を伏せたような平らな稜線だ。右手、仲間川を隔てた先には東西に伸びる稜線がある。その右端にひときわ高い峯がある。前良川の源流にあたる美底森だろう。

人がいる。刈り取ったサトウキビの外皮を剥がしている。鎌を使って、一本一本ていねいに外皮を落としている。挨拶がてらに畑へ入り、少し雑談をした。作業をしていたのは大原にある民宿「野原荘」の息子さんだった。野原荘が閉じる前はよく泊めていただいた。ご両親にくれぐれもよろしくと伝言を頼んだ。

笹森儀助は一八九三（明治二六）年、刳舟を傭船して仲間川を遡上している。彼の日記に、ちょうどこの辺りのことが記されている。「仲間村を出発して五町（五五〇メートル）ほど行くと、川幅約一五〇間（二七〇メートル）となり、左側にヤッサ村の跡があった。樹木が茂っているが、村の礎が残っていた。川の両岸には鬚木（ヒルギ）という樹木が森を作っている、鬚木は一年中花と実をつける。実は中指の太さで、長さ四から五寸（一二から一五センチ）、両端が尖っている。鬚木の林は潮に没する一帯に発達、その先は雑木。仲間川の両岸は約二里（八キロメートル）にわたって平地で巨木が生い茂っている」といった内容だ。

九時五五分、ヤッサ島のどん詰まりに来た。金網のフェンスがある。イノシシから耕作地を守るためのものだ。外側の一角にはオウギバショウが植えられている。隙間もないほど密になっている。しかも手入れをしていないのか、地表近くからも葉を伸ばし、アリも通さないくらいにビッシリと、高さ八メートルにも成長していた。鉄製の引き戸を開けてヤッサ島を出る。この先、まったく道はない。いよいよ仲間川南岸遡上のスタートだ。薄雲が広がっているが、天気はよい。

ナハーブ沢河口のマングローブに入った。この一帯は仲間川を挟んだ対岸と共に「仲間川天然保護区域」として、一九七二年、国の天然記念物に指定されている。一九九三年から二〇〇一年の調査では面積一三二・四ヘクタール。マングローブの規模、構成樹種数とも日本最大である。ちなみに、浦内川下流のマングローブは八〇・五ヘクタールである。

ナハーブのマングローブは、仲間川に沿った川縁を除き、ほぼオヒルギの純林である。太さ一五から二〇センチ、すらっと直立した木がほとんどで、林内の見通しもよい。マングローブの中央部に大きなブランクがあったり、稚樹が密生している所もある。おそらく一斉に伐採されたことがあるのだろう。オヒルギの根がことのほかやっかいで、大変歩きにくい。ポッコリと突き出た膝根だけでなく、ヤエヤマヒルギの根のように長く伸び、しかも、それが幾つにも渦巻いている場所があるのだ。潮はある程度引いており、編み上げ靴の全体が沈む程度の深さだった。

一一時三〇分、ナハーブのマングローブを抜けつつある。この先は、一旦仲間川沿いに出て、小さなマングローブを幾つか越えていくことになる。マングローブは一つに繋がっていて、幅が広くなったり狭くなったりする感じだ。マングローブの陸側は密生する荒れたアダンの群落になっている。この中には入らないほうがよい。身動きできなくなる。衣類が破れ、皮膚が傷だらけになる。こういう所は、アダンの群落に沿ってマングローブの中を歩くことが鉄則だ。ただし、泥地とオヒルギの膝根。かなりの苦労を覚悟しなくては進めない。

一三時三三分、中流船着場の対岸に来た。船着場は大富林道にある仲間川展望台への登り口である。誰か来ているのだろうか、四艘のカヌーが係留されていた。マングローブは両岸ともここが上限であり、仲間川もここを境に、下流域から中流域に入って行く。

一四時三六分。中流船着場から川沿いに歩くこと八〇〇メートル、巨大な板根を持つサキシマスオウノキに来た。干潮時に入っており、対岸、すなわち北岸側は川幅二五メートルのうち八メートルくらいが干上がっている。私が歩いてきた南岸では幅五〇センチから一メートルの棚ができている。棚の川縁はほとんど垂直で一メートル以上の深さになっている。川が大きく曲がる部分で、土が常に削られているのである。棚は始末の悪い泥地だ。滑るだけならまだしも、一旦はまってしまうと抜け出すのが非常に難しい。掴まる物があればいいのだが、何もないと、バランスを保ちながら足を抜き出すことに本当に苦労する。今回の靴は口の部分がしっかりと閉まるので心配ないが、そうでなかったら、靴だけ泥の中に残してしまうことになる。それでも干潮時で救われた。岸のアダン林は入ることもできないから、満潮時だったら引き返して、マングローブとアダン群落の奥の山裾を歩かなければならなかっただろう。

ここのサキシマスオウノキは、今では仲間川観光の最終目的地になっている。巨大な板根、一本の木だが、最も発達した板根は高さ四メートルに達している。間違いなく西表島では最大の板根だ。

裏手に広がる低地林もサキシマスオウノキの群落である。私の知る限り西表島にあるサキシマスオウノキ群落は四カ所。古見の前良川、ヒナイ川の感潮域上限、仲間川のこの一帯と、対岸のウブンドルの低地林である。このうち前良川の群落のみが国の天然記念物に指定されている。以前は、アプローチできる場所が前良川くらいしかなく、他の三カ所は知られていなかった。

サキシマスオウノキが茂る低地林はとても歩きやすい。下草がなく蔓植物もまったくない。湿地ではなく、半ば乾いた土である。上流へ向かって順調に進み、一旦川沿いに出たが、その後、サガリバナ群落に入ったので、奥側の山沿いを歩いた。

再び川沿いに出た。幸い、キャンプできそうな平地がある。時間も時間なので、今日はここで一泊することに決める。地図で見る限り、セイゾウガーラの出合の五〇〇メートルほど手前だ。今日の行程は山登りがなかったので、その点とても楽だった。ただ、泥地やヒルギの根など、普段とは違う障害物が多かった。

仲間川の川幅は一〇メートルそこそこ、干潮時だというのに底が見えていない。かなり深そうだ。土手は二メートルの高さがあり、切り立っている。木の根などを利用しなければ川面まで下ることができない。注意して下りて水を舐めてみる。塩気はまったくない。問題なく使えそうだ。ポリバケツ一杯に汲み上げて、まずは水を確保した。その後、クロツグやリュウビンタイを伐りとってたっぷり敷き詰め、テントを設営した。

夜は、時々コノハズクの声。アイフィンガーガエルの声もわずかにあった。しかし、夜半からは音も絶え、川の流れる音も聞こえなかった。二度、ドボーンという大きな音がした。かなり大きな音で、イノシシが川に跳び込んだのかと思った。しかし、音は一瞬だけ。バシャバシャという後に続く音がない。きっと魚が跳ねたのだろう。だとするとかなり大きな魚だったはずだ。

四月二〇日（水）晴れ

五時起床。同時にアカショウビンの声。周囲はまだ暗く、ライトなしではまったく行動できない。昨夜はわずかに雨があった。

六時、再びアカショウビンの声。仲間川の川面はまだ暗いが、かなりの勢いで水が遡っている。大量のヒルギの葉が浮かんでおり、しかも黄褐色に変色しているから、流れの速さがわかりやすい。

七時五分、じきに出発するつもりだ。林内は、まだ暗さが残っている。しかし、歩くことに問題はないだろう。仲間川両岸を歩く中で、一番の危険地帯はすでに通過していると思う。しかし、北岸も荒れたブッシュが多いことだろう。十分に注意して行くことだ。

七時三一分。セイゾウガーラの出合に来た。満潮時で渡れない。沢沿いに一〇〇メートルほど遡り、ようやく渡渉した。膝までの深さだった。対岸は記憶にある林だった。二〇一九年六月、南風見田の浜から山越えをしてセイゾウガーラを下って来たことがある。ここからは少しの間、仲間川に沿って、その時と同じルートを歩くことになる。

七時五三分、仲間川感潮域の上限に来た。ここから上は渓流に変わり、上流域となる。この地点は「上流船着場」とも呼ばれており、小さなボートで来る場合でも終点となる。この先は遡上できない。仲間川は、この先一〇〇メートルの間、細長い中島を挟んで二本になっている。船着場は今、最高の潮位があり、灌木の根元までヒタヒタと水が寄せている。

礫の川原を少し上って中島へ渡った。ザックを降ろして大休止とする。ここにはたくさんの想い出がある。初めての旅で仲間川を上り、ガンガン舟を着けたこと。刳舟で来て御座岳に登ったこと。源流まで溯って船浮まで歩いたことも二回あった。二〇一九年にはここからナームレー沢を上っている。

仲間川感潮域の南岸。昔も今も連続した道はない。それでも、まずまず予定通りの踏破を終了することができた。気持ちを新たにして北岸を下ることにしよう。

仲間川北岸（左岸）を下る

八時ちょうど。上流船着場のある中島から、仲間川の本流にあたる一本を横断した。もう一本の礫の川原より深く、腰の上まで水に浸かってしまった。いよいよ仲間川北岸の下降である。基本的には、昔、山道があったところを辿るわけだ。これまで幾度か通っているし、特に危険な場所はないはずだ。まずはナームレー沢を横断する。ナームレー沢は出合のみが感潮域で、すぐに渓流となっている。ここは難なく渡渉できた。

林内を少し進むと別の船着場に出た。御座岳の登山口だった場所だ。「国立公園」と書かれた看板と、石台が二つある。石台は長さ一・五メートル、幅五〇センチ、厚さ二〇センチほどで、一休みするためのイスなのだろうか。林内には森林管理署のピンクリボンが所々に付けられていた。黒カビがつき、縮れているリボンがほとんどだが、比較的新しいものもある。幹が伐り落とされた灌木と、木の幹にナタ目が見つかった。たまに上陸する人がいるのだろう。

九時一〇分、桑木沢を渡渉。出合から五〇〇メートルほど上流の地点だが、川底は砂地、ポツンポツンと礫がある。水深は一〇センチと浅い。

ここまでは、予定通り浅い谷部を通ることができた。御座岳登山口から桑木沢までのショートカットにもなっている。おそらく昔の山道があったルートだろう。途中、ピンクリボンが集中している所があった。植生調査か何かの調査を行なった跡のようだった。二〇〇八年の時は、道がわからず、仲間川沿いを通った。ところが、そのルートは強烈なブッシュになっていて、まったく通行不能だった。とにかく始末の悪いトゲのある植物が絡み合っているのだ。

トゲのある植物というのは、一見バラの蔓に似ている。蔓は細く、太い部分でも鉛筆の太さくらいにしかならない。蔓は全体に濃い緑色、バラのような大きなトゲではないが、形がよく似た少し小さなトゲがパラッ、パラッとある。蔓の先端部は二〇センチくらいで、タコ糸のように細い。トゲも先端部のものは小さい。しかし、より密生している。熱帯の籐の先端部に似ており、衣類に張り付くように絡みついてくる。帽子が引っかかると、必ず持っていかれてしまう。この蔓植物は他の地域にもあるはずだが、仲間川中流域、それも北岸に多い。

桑木沢を挟んでの両側は、広大なサガリバナの群落だった。以前通った時と比べて林床が乾いているように思う。しばらく雨が少なかったのかもしれない。

一一時〇九分。ウブンドルの船着場に出た。ずっと林内を歩いてきたが、船着場からは視界が開けて仲間川の流れが見える。巨大板根のサキシマスオウノキの対岸、わずかに上流部に位置している。土手の上に立つ石柱には「ウブンドルのヤエヤマヤシ群落・天然記念物」と刻まれている。後方の急斜面の上部にヤエヤマヤシの群落がある。かつてはここで船を降りて、歩いて見に行ったものだ。ウブンドルのヤエヤマヤシ群落は一九七二年五月一五日、国の天然記念物に指定されている。

しかし、桑木沢を渡ってから二時間が経っている。途中、二度も道を間違えてしまった。普段なら一時間で歩くことができる距離だ。

一一時三八分、中流船着場に来た。今が満潮で、川面がヒタヒタと揺れている。昨日歩いた対岸の棚は完全に水没している。水がブッシュの中まで入り込んでいる。昨日はいいタイミングで通過できたと思う。仲間川の流れは、ごくゆっくり下降がはじまっている。

現在の船着場は長方形に加工した琉球石灰岩を積み重ねてある。周囲にはシロバナセンダングサとチリメンナガボソウが入り混じって繁茂している。いずれも帰化植物だ。薄い霞が広がっているが、天気はいい。暑さもそれほどではない。

ウブンドルの林内で三度、セマルハコガメに遇った。ここは西表島の中でも特別に多い所だ。いつ通っても必ず遇うし、一九六七年には一カ所で十数匹を捕えたことがある。珍しい体験だったので、後日、詳しく本に書いたことがあった。今日はイノシシにも二度遇っている。一度はやはりウブンドルで、丸々と太った大きなメスと子どもだった。オオクイナだと思うが、地上を走るクイナを見たし、地上で水浴びをするヒヨドリも見た。姿形からヒヨドリであることには間違いないが、濃い茶色というより、焦げ茶、いやほとんど黒一色に近い個体だった。

さあ、そろそろ出発しよう。中流船着場の道を上りきると大富林道へ出る。許可があれば車も通行できる道だ。そこからは一時間半もあれば大富集落まで出られる。しかし、今回はぜひ昔の山道を辿ってみたい。一九七〇年頃、大富林道の一部が開通して以来、誰も使うことがなくなった山道である。おそらく痕跡すらないだろうが、急ぐ旅でもないし、可能な限り歩いてみよう。

一一時五八分、中流船着場を出発。人が歩いた形跡がまったくない。森林管理署のピンクリボンもない。多くがサガリバナの群落で比較的歩きやすい。蔓植物が多いが、トゲのない蔓なのが幸いだ。右手にはアダンの群落が広がっている。その奥はマングローブになっているはずだ。

最短距離を行こうとするならば、真っすぐ東へ向かえばよい。ほかにないほどの広いアダンの群落だが、そんなに荒れた群落には見えない。試みに入ってみたが、タコの脚状の根や枝を越えたり潜ったりすることができる。しかし、アダン林に入ってはならない。どこかで必ず行き詰る。私は数えきれないほど経験している。

昔の道は確か山沿いにあった。下流域を歩く基本に戻って、山と湿地との境界を歩くことに徹することにした。山はやや急斜面になっていたが、そのぶん境界がはっきりしており、意外と歩きやすい。

一三時ちょうど、西船着川に出た。礫が多い平坦な川原で、水深一〇センチ。ゆったりした川面で、ほとんど流れを感じさせない。

渡渉をすませて少し進んだらゴムパイプがあった。直径一〇センチ、長さ三メートルあるが、相当古いものだ。現在ある上水道の施設が完成する以前から、大富や大原の水は西船着川から取水していた。大富林道の西船着橋のさらに上流にダムがあり、パイプを通して西船着川を下り、途中から山沿いに大富まで送水されていた。そのパイプの管理のための道が、同時に昔の山道の一部だったわけである。

ところが、「パイプと山道は一緒」という記憶と、さらに渡渉地点が、川が大きく円を描いている場所だったという「不運」が重なって、再びミスを重ねてしまった。川から直角方向に離れたつもりだが、川に沿ってひたすら下っていたのである。渡渉直後にＧＰＳで確認していれば間違えなかったはずだ。パイプは上流から流されてきたものだったようだ。

約一時間のロス。やっとのことで山際に辿り着いた。そこに送水用の塩ビパイプが見つかった。パイプは多い所で四本、少なくとも一本は機能している。途中に破損部分があり、勢いよく水が吹き出ているのだ。水は三メートルの高さに達していた。そのことから、まだ使われていることがわかったのだが、私が大富で生活していた一九七六年、新しい鉄管が敷設された。以来、ここにあるパイプは補助的に使われてきただけだ。それにしてもすでに四五年が経っている。パイプは地表に露出したり、浅く埋められたりしながら山際に伸びていた。

一四時四〇分。位置的にはモンバナレに来ていると思う。十分に水のある沢を見つけたので、ここでキャンプすることに決めた。低地林の中で、周囲はクロツグ、リュウビンタイがほとんどだ。少し下側にはサガリバナが見られる。沢は山沿いに東へ流れている。五〇メートル後方ではもっと小さな流れが山沿いに、逆の西へ下っていた。晴れているが、全体に薄い雲が広がっている。

今朝から右膝のすぐ下の内側が時々痛む。気にはなるが、様子をみることにしよう。明日の朝、具合が悪いようであれば、予定を変更して大富へ出てもよいと考えている。

一八時三〇分。コノハズクが鳴く。一瞬だけ、オオクイナが鳴いた。

一九時三〇分。ホタルだ。二メートルくらいの高さを、フワーッと流れるように飛んでいる。点灯したままだ。ヤエヤマボタルではない。時期からすると、キイロスジボタルと思われる。（コノハズクの声を録音）。

四月二一日（木）晴れ、午前中、一度にわか雨。

六時起床。雲が広がっているが黒雲ではない。わずかに風がある。昨夜は雨に降られることはなかった。今日も雨の心配はなさそうだ。

六時二〇分。林内がようやく明るくなってきた。荷物をまとめているうちに、テント内でもライトがいらない明るさになった。

七時一六分、出発。一〇分後には沖縄森林管理署の「亜熱帯樹木展示林」の最下段に出た。展示林の西南の角にあたり、マングローブ探索用の木道の起点がある所だ。木道は老朽化しており、「通行禁止」の標識が

マングローブとアダン林の境界，もっとも歩きやすい部分だ

古い送水パイプ

サキシマスオウノキ群落近くの右岸

大富林道と展示林入口

セマルハコガメ

あった。

ここからどうしようか。このまま旧道を探しながら、せめて大富の共同墓地あたりまでは歩いてみたい。一方、展示林内の観察路を見てみたい。それに、展示林下の山際がかなり荒れているように見える。少し考えて、展示林を上って大富林道へ出ることに予定を変えた。仲間川感潮域北岸の下降は、ここで終了となる。

七時四七分、大富林道に出た。八時八分には大富林道の起点に着いた。ここからは大富のバス停まで三〇分もかからない。ただ、せっかくだから、ここから後湊川を遡り、峠を越えて赤井田川を下降するつもりだ。距離的には西部行きの最終バスに間に合いそうだが、山中でもう一泊するつもりだ。

大富林道の起点にあるアダンの木は、大きな果実を七個もつけている。未熟で緑色をしている。二〇二一年の六月末に来た時は、オレンジ色の熟した果実がついていた。たわいのないことだが、そんなことまで懐かしく思い出される。

（後湊川渓流域遡上へ続く）

後湊川（シイミナト川・シンミナト川）

後湊川は仲間川の河口に開口する仲間川の支流である。全長約四・五キロメートル。分水嶺から丘陵地帯を下る渓流域は約二キロメートル、その後、二キロメートルは大富の耕作地と牧場地帯を下り、最下流の五〇〇メートルはマングローブ帯を貫いている。

名前は、推測だが「村の北側にある船着場」の意味だろう。「後」は「シンタ」、「北」は「ニシンター」と言うが、同意語である。村は常に南が前だったからである。「湊」「港」は河川の奥まった所の船着場。海岸や大きな湾に面した船着場は「泊」と呼んでいた。

マングローブは後湊橋近くが上限である。ここの自動車道路を潜るようにして二つの鍾乳洞があった。一般には「大富第一洞」、「大富第二洞」と呼ばれていた。カグラコウモリ、リュウキュウユビナガコウモリ、ヤエ

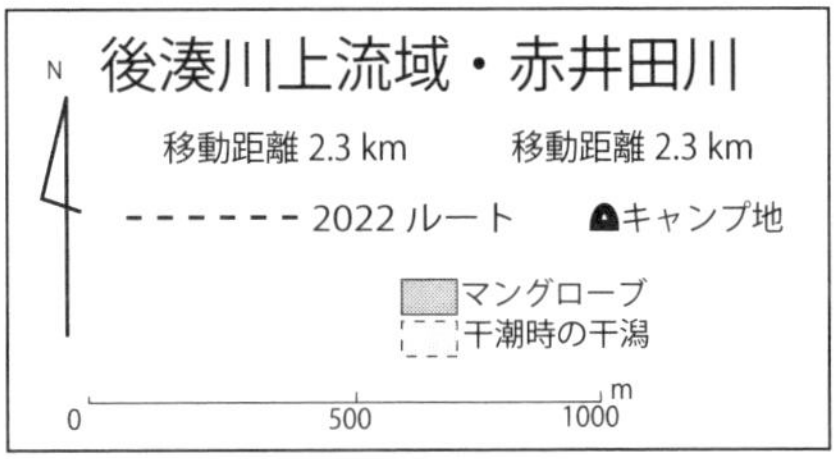

後湊川上流域

大富林道起点（①）から農道（廃道）を辿り,約500mの地点（②）から後湊川に入る

眺望なし.危険箇所,滝はないが,赤井田川への峠がわかりにくい

赤井田川

眺望なし.危険箇所,滝なし.短い川

河口岸は荒れたブッシュ.河口近くは深い.干潮時以外,川から海岸へ出ることが難しい

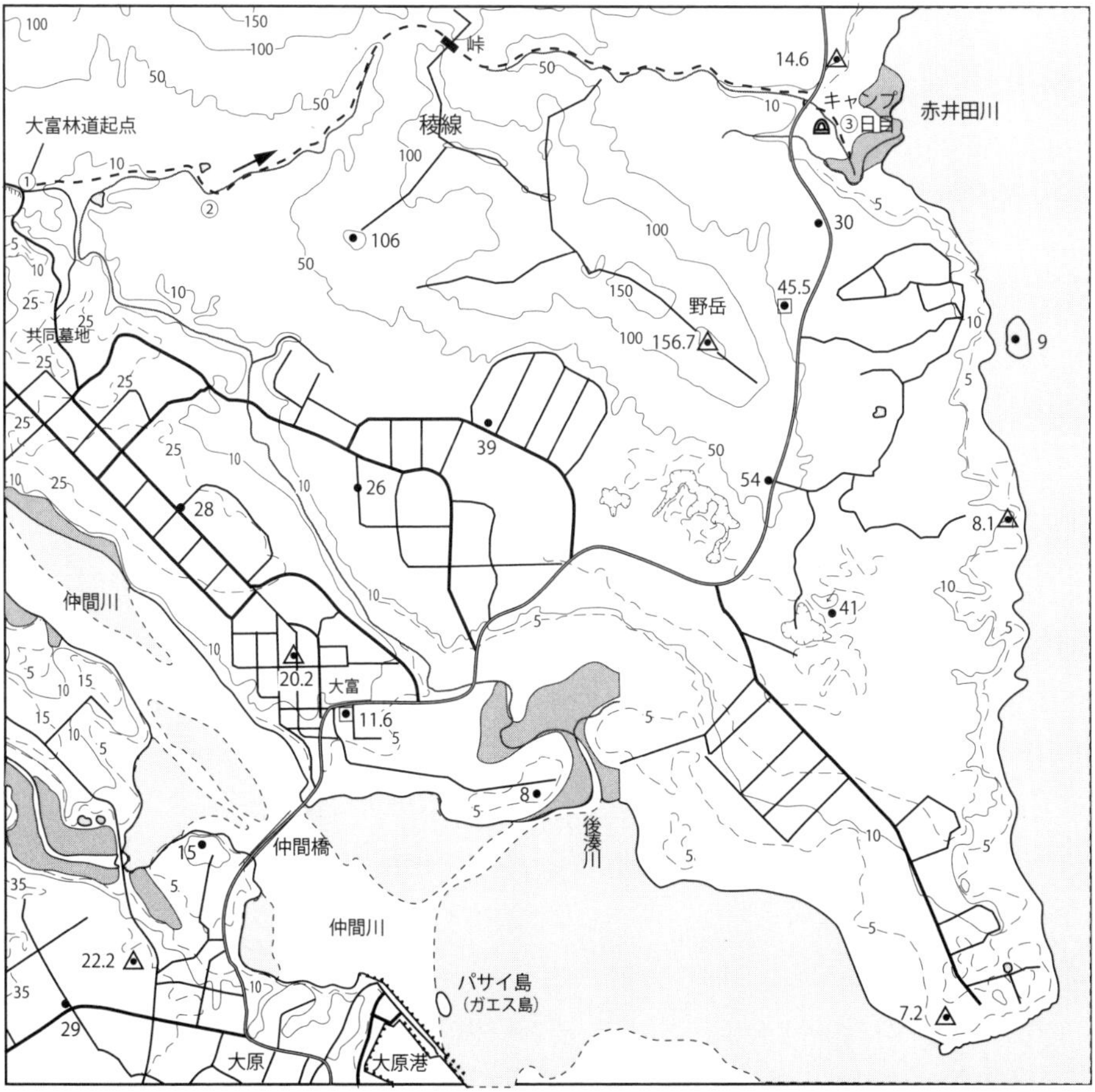

ヤマコキクガシラコウモリの大きなコロニーがあり、以前は調査団や大学の探検部、観光客もよく入っていた。しかし、沖縄の日本復帰後に進められた土地改良事業により大量の赤土が流れ込み、また入り口部分が塞がれたことで、鍾乳洞も大きく変わってしまった。

大原と大富で二年以上生活したとき、この鍾乳洞に入ったし、時々、河口一帯のマングローブへも出かけた。仲間崎の農道を使うとバイクで簡単に行くことができ、マヤプシギの立派な群落を存分に観察した。

今回は渓流域だけを歩くことにした。大富林道の起点付近はすでに後湊川の渓流になっているし、特別な調査でもないのに、わざわざ畑中の川を歩く気にはなれない。

（仲間川北岸を下るより続く）

後湊川渓流域遡上

八時一五分。大富林道起点を出発、廃道となっている農道を経由し、じきに後湊川へ入ることになる。雲は多いが今のところ雨の気配はない。ただ、暑い一日になりそうだ。今回、山中で二泊している。最初の夜は少し寒くて寝にくかったが、昨晩はそれほどではなかった。

廃道を歩く。四五年前は、確か大富の耕作地へ抜けることができる道だった。今は、起点から五〇〇メートルに限り、軽自動車なら往来できる。五〇〇メートル地点は峠状の地形で、その先はぬかるみ、草が生え、車は一切通行できない。

車道の終点から左へ入る踏み分け道があった。森林管理署のピンクリボンもある。後湊川への山道だと思い、そのまま進んだら幅三メートルの沢に下りた。ところが、水は私の進行方向に向かって流れ下っている。これではいけない。少し引き返して周囲を眺めてみた。少し離れた所に窪地が見えた。平らな土手を越えてそちらに行ってみると、わずか一五メートルしか離れていないのに、流れの方向がまったく逆になっているのだ。その沢は私が目指す北から流れてきている。幅三メートル、礫混じりの川原である。これが後湊川だろうと判断し、辿ることにした。

後湊川（標高15m）

後湊川の河口（1974年）

峠（後湊川・赤井田川）

八時四〇分、雨。しかし、ほとんど濡れないうちに止んでくれた。

一〇時〇五分。岩石帯に変わった。岩は一から二メートルの大きさ、特別に大きなものはない。岩を避けて歩くことができるし、乗り越えなければいけないほど密に重なっているわけではない。岩石帯が続くが、標高八〇メートルあたりからにわかに急勾配となった。

岩石帯を過ぎると、溝のような小さな谷が幾つも現れた。分水嶺を越えたら赤井田川へ向かおうと考えている。そのためには、このあたりで東の方向へ向かわなくてはいけないはずだ。後湊川の本谷はまっすぐ北上しており、そのまま分水嶺を越えると前良川へ下ってしまうのである。ところが、どの谷を詰めればよいのかがわからない。

二度、間違った谷に入り小尾根をトラバースしたが、ＧＰＳのおかげで何とか東を目指すことができた。比較的明るい林だ。尾根が近いのにツルアダンがほとんどない。細い蔓植物が多く靴が取られたりするが、障害としてはましなほうで、比較的歩きやすい。

一一時八分、分水嶺に立つ。標高一〇〇メートル。オキナワウラジロガシの大木が一本。周囲を見渡してみても、他に太い木はない。古い伐採跡の森林かもしれない。ツルアダンはない。下草もまったくない。落葉が積もり雰囲気のよい峠といった感じである。

後湊川に滝はなく、迂回が必要な崖もなかった。結果的にアイゼンも使用しなかった。歩いた距離が短かったこともあり、深山の感じがしないが、ここで後湊川遡上が終了した。

（赤井田川下降へ続く）

赤井田川（アカイダ川）

赤井田川は全長約二・四キロメートル。名前があることが不思議なくらいの小さな沢だ。その割には何かと存在感のある沢で、私にも幾つかの想い出がある。五〇年も前、道路沿いとしては珍しく、この一帯は森がうっそうとしていた。いつ通っても「タンタンタンタン……」というハラブチガエルの独特の声が聞こえてきた。夕方にはいち早く暗くなり、一人でいると怖いくらいの静けさがあった。

現在の舗装道路が完成したのは一九七〇年代末か一九八〇年代に入ってからだ。それまでは大型車がやっと走れるくらいの狭い未舗装の道だった。古見の前良川から赤井田川までは緩い上り下りが続き、当時としては普通の山道だった。ところが、赤井田橋を渡った途端、とんでもない上り坂が待っていた。「ひよどり坂」という、西表島一番の急な坂道だった。登攀途中でエンストする車があったし、オートバイでも橋の手前からエンジンを全開にしないと上りきれないことがあった。昼間ならいい。ところが、夜中の一二時過ぎともなると、エンストした途端パニックに陥ってしまう。私は毎晩、ヤマネコの観察の後、ここをバイクで通っていた。一九七四年頃は、「女の幽霊が出る」といううわさが広がっていた。東京から週刊誌の記者が取材に来たこともある。そんな坂だから、走っていても後ろが気になって仕方がないのである。それでも私には、自慢にもならないが根性があった。ある時、坂の途中に九〇センチ近いサキシマハブがいた。西表島では最高クラスの巨大な個体だ。これは貴重だと、観察器材だけでも二〇キロ近く背負っているというのにバイクを止め、注意深く捕獲して家まで持ち帰ったことがある。また、よく晴れた六月の夜だったが、ライトの前を横切ったものがあった。「ヨナグニサンだ」と直感した。世界最大といわれる蛾である。戻って来るはずだと確信してバイクを止め、ライトを点灯したままにしておいた。はたして五分後、その通りとなった。ライトの前でバタバタするヨナグニサンを手づかみにした。そんな想い出を重ねながら、赤井田川を歩いてみようと思う。

（後湊川渓流遡上より続く）

赤井田川下降

一一時二五分、分水嶺を出発。赤井田川は、上ってきた後湊川とよく似ている。標高八〇メートルくらいまで下ると急な岩石帯がある。しかし、岩そのものは大きくない。さらに下ると礫混じりの川原となり、やがて自動車道路に出てしまう。赤井田川にも滝はない。ただ、二カ所に、大水の際には滝となる二メートルの高さの岩場がある。ここは直登も直降も可能だ。赤井田川でもアイゼンを使うことがなかった。今回から新しい靴を使っている。底に細かな模様があるが、溝は浅く、底全体が平らになっている。岩の表面によくフィットし、ほとんどスリップすることはなかった。ただ、泥地や林内の急な斜面ではよく滑った。この靴にアイゼンを装着すれば、岩だらけの渓流で威力を発してくれるだろう。

一二時四〇分、自動車道路に出た。折しも一帯の道路補修中で、何台もの工事車両が止まり、作業員たちが動いていた。ここで、橋の名前が「赤井田橋」であり、下ってきた沢が赤井田川であることを確認した。というのも、二万五千分の一の地図に赤井田川はなく、すぐ近くに無名の沢がある。そのことが気になっていたのである。

一二時五〇分、橋から一〇〇メートル下った低湿地林の中にいる。ほぼサガリバナの群落である。林床に、たくさんの穴が開いている。直径五から八センチ、ベンケイガニやオカガニの巣穴なのだろう。また、富士山型をした塚が無数にある。高さは五〇センチほど、特別に高い塚はない。これらは、オキナワアナジャコの巣穴だと思われる。ただし、ほとんどが使われていないようだ。現にアナジャコが棲んでいる穴は、頂が新しい泥で濡れているものなのだ。そんなことを思いながら周囲を見渡してみると、二つ三つだが、新しい明るい灰色をした泥で覆われた穴があった。

わずかにぬかるむ湿地の、多少小高い部分を選び、クロツグとリュウビンタイをたっぷり敷き詰めてテントを設営。水浴びをし、簡単に洗濯をすませ、テントに入った。道路に近く、たまに車の音が聞こえてくる。今の車はエンジン音も低く、苦にならない。

一九時三〇分、コノハズクが鳴きはじめた。ちょっとテントから離れている。オオクイナも鳴いた。森の外はかすかに明るさが残っている。しかし、テントサイトはすでにライトなしでは歩けない暗さだ。（コノハズクの声を録音、至近）。

夜半、ベンケイガニらしいカニが穴の外側にいた。ライトを当てるとすぐ奥に入ってしまう。テントの外側にまとめて置いた空き袋が移動していた。カニがゴミをあさったのだろう。

　このあたりはハマダラカがとても多い。いわゆるマラリア蚊だ。テントに入った蚊を調べたら全体の二割がそうだった。尻を持ち上げた独特のスタイルで止まるからわかるのだ。翅には細かな褐色の斑点があり、体はどちらかといえば細くて長い。さらに口器が他の蚊に比べて大きいように思う。翌朝、テント内に残っていた蚊をみたら、ハマダラカではないが、多くが吸血して腹が赤く膨らんでいた。しかし私は吸血された記憶はないし、痕もない。テントに入った時点ですでに吸血していたのだろうか。そうなるとイノシシの血か、ヘビやカエルの血なのだろう。これは一見、アカイエカに似ているが、もっと体色の薄い蚊だった。

四月二二日（金）晴れ
六時起床。ヒヨドリが盛んに鳴いている。ここのサガリバナ群落は、そんなに大きくない規模のものだ。昨日来た時、たった一輪だが、地上に落ちた花があった。今朝みたら一〇個くらいに増えていた。周囲を見渡してみるが、他に落花はない。どうやらこの一本の木だけが開花したようだ。サガリバナは例年六月中旬、または下旬から開花がはじまり、約一カ月間咲き続ける。昔、大原奥のナハーブで九月に写真を撮ったことがあるが、逆に早い時期の開花を見たのは初めてだ。

　七時二五分、梢越しに太陽が見える。陽ざしが直接テントに当たっている。四日間のうちで一番よい天気だ。暑くなりそうだ。

　八時四〇分。出発。赤井田川の河口から海岸へ出るべく、川に沿って左岸を下る。しかし、じきにアダンの群落に行く手を阻まれてしまった。ひどいブッシュで、どうにも進むことができない。直接川の中を歩こうとしたが、水深は一メートル近くある。しかも、両岸が泥混じりの砂で切り立った縁になっている。間違いなく海の影響を受けている。この下流はもっと深いことになる。

　海岸へ出ることを諦めて、低地林の奥の山沿いを歩くことにした。標高五メートルのラインである。そうしたら赤井田橋の脇に戻ってきてしまった。ところが、その先は大変なブッシュで一歩も進むことができない。道路工事などの攪乱で、植生がめちゃくちゃになっているのだ。ここで山沿いに海岸へ出ることをあきらめ、自動車道に出た。海岸線は一年前に歩いているので、今回は自動車道の歩道を歩くことにした。こうして、はからずも赤井田川下降が終わった。九時ちょうどであった。

赤井田川に架かる赤井田橋から古見の前良川まで自動車道路を歩いた。県道白浜南風見線は、旧道の時代からオートバイや車で、数えきれないほど走っている。また、機会を作って歩くこともしてきた。しかし、大富と古見の間は、もう何十年も歩いた記憶がない。今回はすでに一連の山歩きを済ませ、民宿のある船浦へ帰るだけだ。しかし、「せっかくだから、古見まで歩いてみよう」と考えたわけではない。

数年前まで、西表島の路線バスはどこででも乗り降りできた。ところが、今は定められたバス停以外、乗り降りができないのである。公的交通手段の少ない西表島とはいえ、国の決まりを守らねばいけない時代になったということなのだろうか。とにかく、私はバス停のある古見まで歩くしかないのだ。ただ、悪い気はしない。時間はたっぷりあるし、歩いているうちに何か楽しいことも起こるかもしれない。

九時二一分、赤井田川から一つ目の橋に来た。小さな谷部に架けられた橋だ。川の名前はない。欄干の端にある太い柱を「親柱」と呼ぶが、そこには「ブナレーマ橋」と刻まれている。もっとも、この橋の欄干は鉄パイプでできていて親柱がない。厳密に言えば、「欄干に接した石柱、または石碑」だ。橋名と接して民謡「古見の浦節」の歌碑が建っている。「ブナレーマ」はそこに登場する女性の名前である。

九時二五分。二つ目の橋に来た。「スオウ橋」と書かれている。ここにも川の名前がない。川は赤井田川よりはるかに狭いが、水量は多い。おそらく、ここがウブラ川だろう。四五年前は、毎日オートバイで行き来した道だ。当時は川の位置も橋もはっきりわかっていた。しかし、その後、道路が架け替えられたので、正確な位置がわからないのだ。「スオウ」は天然記念物「古見のサキシマスオウノキ群落」に由来するのだろう。

ブナレーマ橋とスオウ橋の間はわずか一〇〇メートルの距離だ。ちょうど中間にある電柱の先端にカンムリワシがいる。よく晴れた空に、気持ちよさそうに鳴いている。

スオウ橋の脇では、オオバイヌビワが歩道に覆いかぶさるように濃い緑色の果実を付けている。周囲ではオオゴマダラとイシガケチョウが飛びかい、側溝の水に濡れた部分でナミエシロチョウやミカドアゲハが吸水をしている。少し離れた所では、ベッコウチョウトンボが群舞していた。何もかも、徒歩であってこそ味わえるものだ。

九時五六分。古見の前良川に着き、橋のたもとにある休憩所で一休みした。じきに、軽自動車が止まり、ドライバーが後部のドアを開けて釣りの準備をはじめた。尋ねてみると大富の識名さんという方だった。満潮に合わせて前良橋の上からサヨリを狙うのだそうだ。「じきに仲間が来る」とも言っていた。私は荷物を置いたまま近くにある遊歩道に入り、マングローブや周囲の写真を撮った。よく晴れており、いつでも見える古見岳や金山だけでなく、相良川源流に架かる滝も白く見えていた。三離御嶽のクバの群落を眺めるのも久しぶりだ。

一〇分ほどして荷物の所まで戻ったら、車が一台増えていた。識名さんの仲間なのだろう。橋の上で一緒にいるのが見えた。

「さあ、どうしようか」。古見のバス停までは歩いて一〇分もかからないのに、次のバスは一四時二〇分だ。まだ、四時間以上もある。この炎天下で過ごすことは無理だと、荷物をまとめて、古見のバス停に向かうことにした。

橋まで来たところで、「安間先生」と声を掛けられた。識名さんが仲間だと言った夫婦だった。以前、何度か車で送ってもらったことがある夫婦だった。もともと豊原でカヌーの店を開いていたが、今は大原へ移って営業しているそうだ。ひとしきり話をしたあと、「送りましょう」と言ってくれたので、ありがたく送っていただくことにした。乗車したら、見覚えのある頭の大きなイヌがおとなしくしていた。

こうして、昼前には船浦の民宿に戻った。午後は衣類の洗濯、山道具を広げて太陽下で干した。そこに旧知

赤井田橋，昔は昼なお暗い森に包まれていた

サキシマカナヘビ，鮮やかな緑色で，尾が長い

低湿地でのキャンプ，夜，カニが歩きまわっていた

である東京農業大学の松林尚志さんがやってきた。学生の指導のために滞在するという。その日から三晩、三名の学生を交えて、夜半二時過ぎまで民宿の庭で泡盛を飲みかわした。星座の名前などあまり知らないが、星のきれいな夜が続いた。

前良第一支流

前良第一支流は全長（移動距離）四・三キロメートル。かつては「古見ルート」と呼ばれた西表島横断山道の一部だった。しかし、一九七三年三月に工事中止になったものの、「西表縦貫道路」が半分まで建設されたことによって、横断山道の一部が「大富林道」として開通した。以来、便利さと安全性から、横断山道は「大富ルート」が主要なルートになった。古見ルートも一九八〇年代初頭までは鮮明な山道があり、迷うことなく通行することができた。しかし、現在は通行不能で、山道の痕跡すらなくなりつつある。

前良第一支流遡上

二〇二二年七月二一日（木）晴れ

上原を八時ちょうどのバスで出発。古見には八時五〇分に着いた。今回の山歩きは、横断山道の古見ルートであった前良第一支流を遡り、山越えをして浦内川へ下る予定だ。よく晴れている。朝から大変な暑さだが、森へ入れば少しは涼しくなるかもしれない。出発時の荷物は一五・六キログラム。やはり重い。数年前にレトルト食品からドライフードに替えたことで、総重量を三キログラムくらい減らすことができた。しかしそれでもこの年齢になると重すぎる。山行きのたびに減量を考えるが、これ以上、改良の余地はない。持参した用具はすべて必需品なのだ。

右股関節が痛い。一カ月前に病院で検査を受けたが、骨や関節に異常はなかった。その時と比べたら症状は

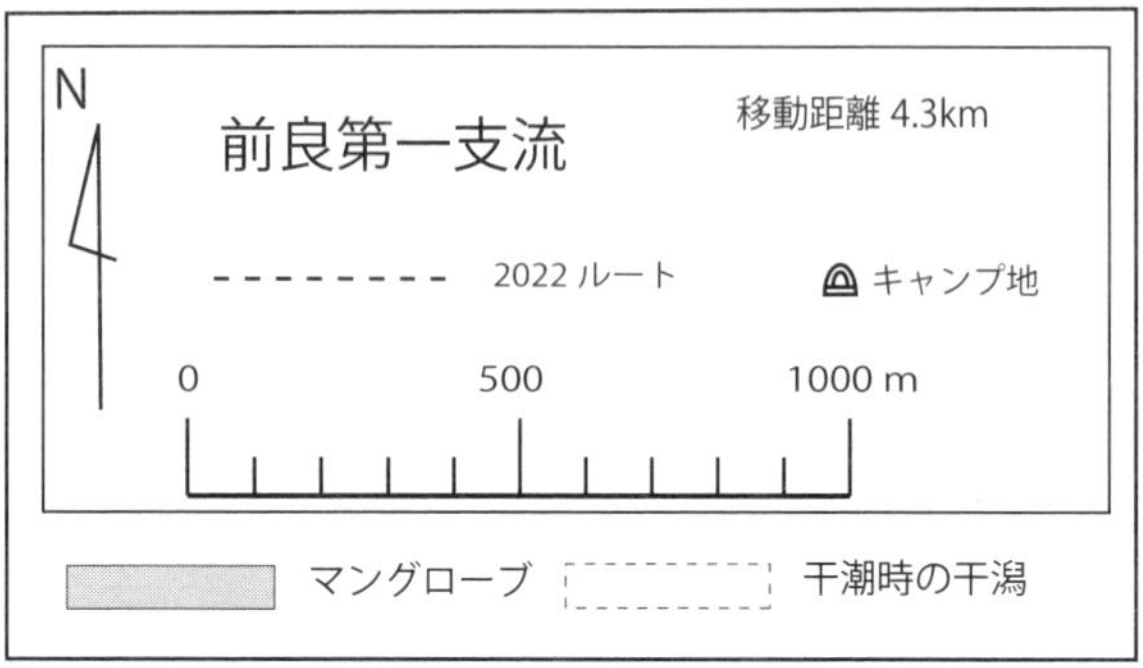

③ 分水嶺
やや明るい感じの森林.ツルアダンや下草がない

滝F01
滝F02の上流100mにある.斜め滝,左半分は3mの一枚岩.右半分は2段,流水がある.　滝下は急峻な岩石帯

滝F02
垂直10m,幅広い崖になっている.水量は少ない

①古見の農道終点～②前良川第一支流出合
旧横断山道は完全に消失しているが,ピンクリボンが続いている.
基本的に標高5～10mの等高線に沿ってルートがある

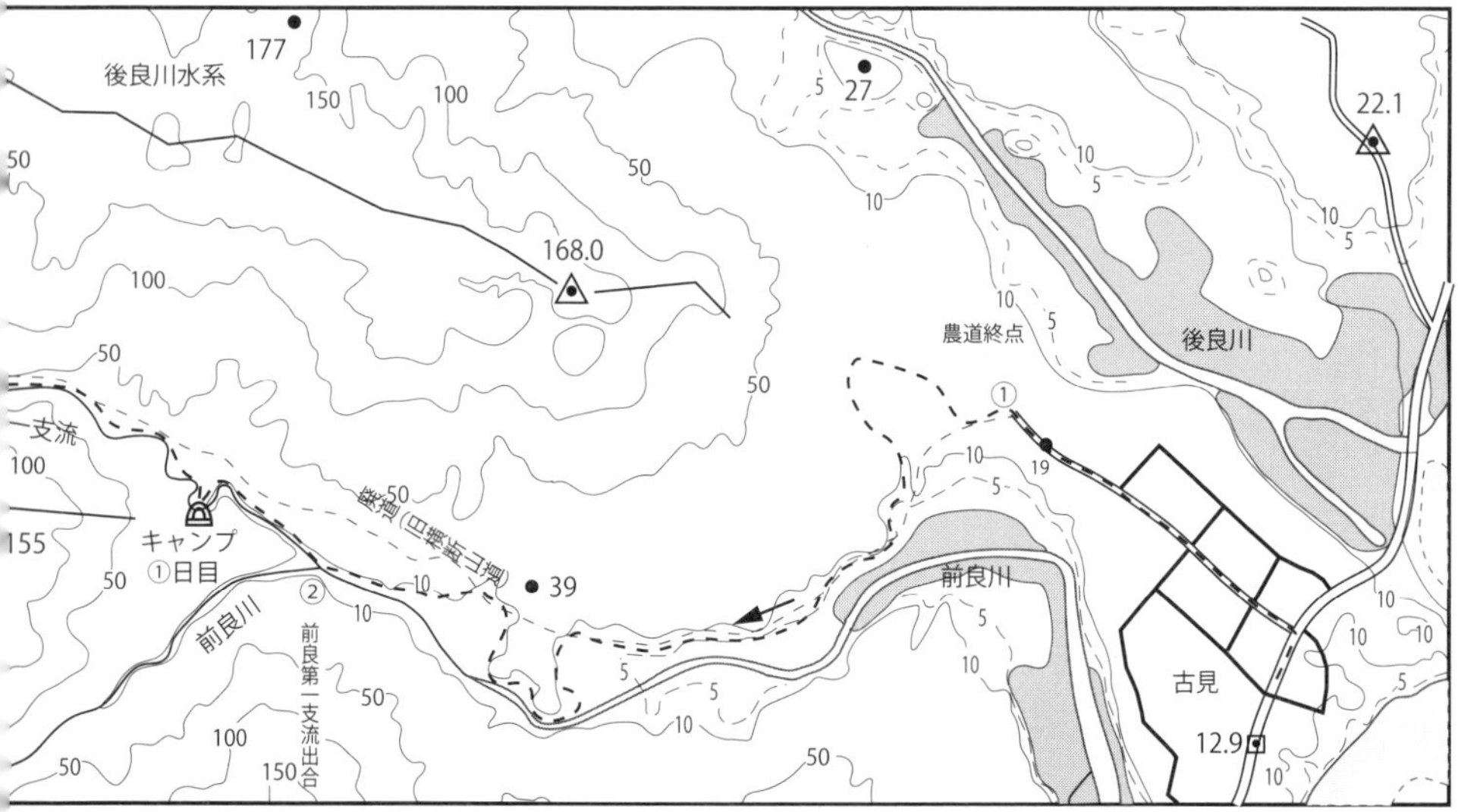

標高150mを超すと,分水嶺に至るまで結構な急斜面

和らいでいる。しかし、脚の故障は今回の山行きにも影響するだろう。とにかく、無理せずに安全第一で予定の四泊五日を歩くつもりだ。

九時〇五分、農道の終点に来た。五〇年前はここまで一面のサトウキビ畑だった。今は広い牧草地になっており、ロール巻にされた牧草が各所に置かれている。直径二メートルもある大きな塊だ。牛舎があり、餌やりをしている人の姿が見えた。農地の雰囲気はすっかり変わってしまった。それでも遠くに見える古見岳や相良岳は昔のままだ。稜線のササ帯が明褐色をしている。下部の森林帯が濃緑色なので、際立ったコントラストを見せている。リュウキュウクマゼミの激しい鳴き声。私もすでに大変な汗をかいている。

農道終点から森の中に入った。数百メートル先に農業用の取水ダムがある。ここまでは、幅二メートル、ダム管理用の整備された道だ。軽トラックなら不自由なく通行できそうだ。

ダムを過ぎるとにわかに道が怪しくなった。森林管理署のピンクリボンを頼りに、かろうじて前良第一支流の出合まで辿った。横断山道は消失しているが、ピンクリボンは、ほぼ昔の横断山道に沿って続いているのである。

一四時三〇分、前良第一支流出合に来た。前良川本流と別れ、ここから目的の沢を辿ることになる。二〇一五年の前良川遡上の時は、農道終点からここまで、ちょうど一時間で歩いている。今日は、なんと五時間二五

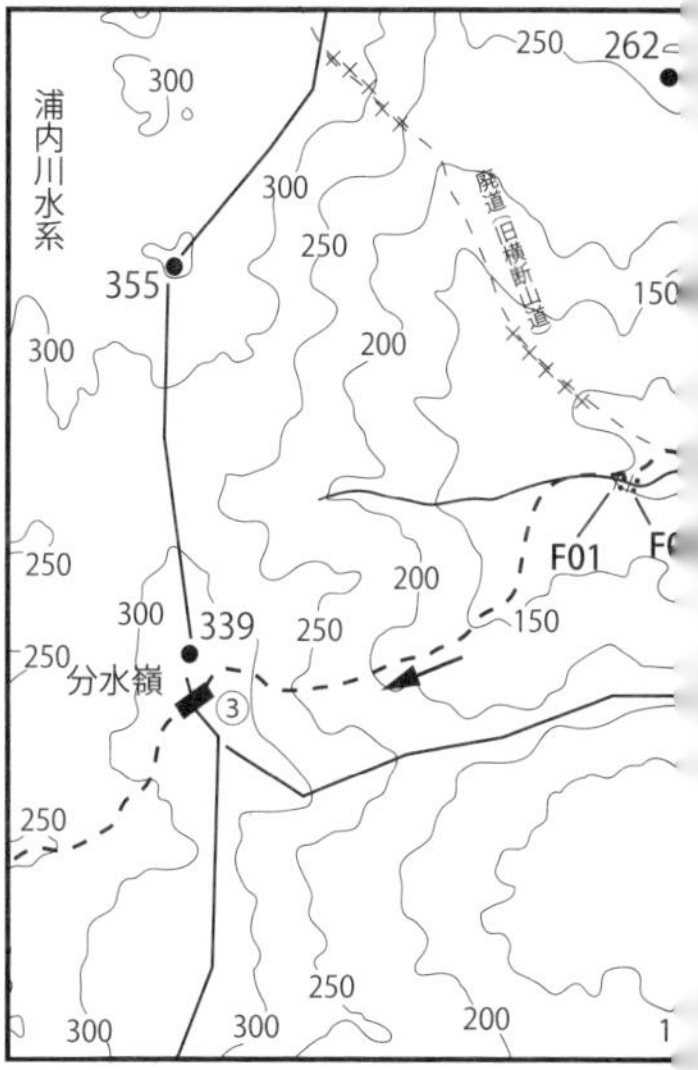

分を費やしてしまった。山道が不鮮明だったり、一部低湿地帯に下りてしまったことも原因だが、疲れて体が前に進まない。こんなに疲れる山歩きは生まれて初めてだ。単なる体力の低下だけでなく、体のどこかに不具合が生じているのかもしれない。

円い淀みに出る。川幅一〇メートル、上端に高さ一メートルの落水があり、淀みも一メートルの深さがある。ちょくちょくカヌーツアーが訪れる所で、ここで一浴びしてランチをとり、帰っていくようだ。

一五時ちょうど。キャンプ地を決める。手ごろな水場があり、一段高い林内にテント設営にうってつけの、ほぼ平らなスペースがある。出合からわずかに上がってきたあたりで、山道がある頃だったら、古見集落からでも一時間半で来ることができたことだろう。

一八時六分、山の斜面上部に西日が横方面から当たっている。空はまだ十分に明るい。

一九時半、タイワンヒグラシが盛んに鳴いている。約一〇分遅れてイシガキヒグラシが鳴きだした。

二〇時五〇分、狭い谷間は真っ暗だ。周辺をライトで照らしてみたら、テント脇の木にサソリモドキがいた。直径五センチの小木の、地面から二〇センチのあたりだった。ライトを当て続けると、横に移動して陰に隠れてしまった。近くの枯木には小形のコオロギがいた。細長い体で赤みを帯びた灰色をしている。幹にはキノコが二つついている。素人目にはシイタケそのものに思える。しかし、こんなところにシイタケが自生するだろうか。まったく傷もないキノコだったが、翌朝見ると、だいぶ虫にかじられていた。おそらく、コオロギの仕業だろう。

七月二二日（金）晴れ

五時三五分、アカショウビンの声。

六時、起床。まだ薄暗い。空を見ても晴れているのか曇っているのかわからない。昨晩は雨もなかった。一時、サキシマヌマガエル、ヤエヤマカジカガエルの声が聞こえていたが、静かな夜だった。

七時二二分、身の回りを整えて出発。

九時二〇分、出合に来た。少し手前から林内にピンクリボンがあった。しかし、山道と呼べるような鮮明な道ではない。このまま沢に沿って北へ上るルートがかつての横断山道で、その方向に一つだけリボンが見えていた。北へ向かう沢を渡り、西から下ってきた沢に入る。今回はこの沢を上りきって浦内川へ出るわけである。ここからは急峻な沢に変わる。水量は北へ向かう沢のほうがやや多い。

出合から三〇メートル先、そこは垂直の崖になっていた。中央は高さ一〇メートルの滝（F02）。水量はわずかだが、降雨時は大きな滝に変わるだろう。直登できないので、左岸の林内を登った。かなりの急斜面だが、危険な所はない。滝口に立つと、一〇〇メートル先に次の滝（F01）が見えた。

九時四五分、滝に来た。滝といえるかどうか。斜め滝で、向かって左半分は高さ三メートルの一枚岩、右半分は二段になって水が落ちている。直下には巨岩が積み重なっていて、全体が急峻な岩石帯になっている。左側（右岸）の林内を安全に通過できそうだが、多少とも近道になる右側を滝の流れギリギリに歩いて登り詰めた。

滝を越えると、分水嶺に至るまで新たな滝はなかった。沢は小さく水量もわずかだが、分水嶺近くまで水があった。特に危険な場所はないが、標高一五〇メートルを超すと結構な急斜面が連続する。さらに、標高二五〇メートルあたりからは、沢と呼べないほどの小さな溝が次々と現れ、どこを登ったらよいのかわからなくなってくる。そのたびに方角を確認し、西へ西へと詰めていく。溝の中には崖で行き詰りになったものも多く、直登できる場所はいいが、林内を大きく迂回しなければ通過できない場所もあった。

正面に陽当たりのよい尾根が見えた。かなりの急斜面だ。ツルアダンが密生していたので、蔓をかき分けて登り切った。反対側には、特別に大きな溝があり、かなりの急斜面を成して下っていた。西表島ではどこにでもある典型的な稜線だ。当然、そこが分水嶺で、向こう側は浦内川の源流だと思った。ところが、溝は西ではなく、北へ向かって下っている。地形から察するに、じきに東方向へ折れ、最後は前良第一支流に合流するの

前良川から浦内川への分水嶺

古見の農道から見た古見岳（中央奥）

古見水源地に続く道

だろうと思われた。ということは、この溝を逆に上らなくてはいけない。本当の分水嶺はもっと上にあるはずだ。すでに溝には水がなく、クロヘゴ（オニヘゴ）やワラビが茂っていた。しばらく薄暗い林内を登って行くと、にわかに傾斜が緩くなり、やがて平らな所に到達した。そこが、稜線だった。

一四時ちょうど、分水嶺に立つ。キャンプ地から六時間四〇分も経過している。予定では昼前には通過できると考えていた。稜線は、やや明るい感じの森林になっている。特別な巨木はないが、十分に育った森林の中に、ポツン、ポツンと太い木があった。下草がなく、想像していたツルアダンもまったくない。落ち着いた感じの稜線部だ。人の訪れることなど皆無といっていい場所だろう。

一四時一二分、分水嶺を出発する。ここから浦内源流南沢がはじまる。

（浦内源流南沢下降へ続く）

第3章　西海岸

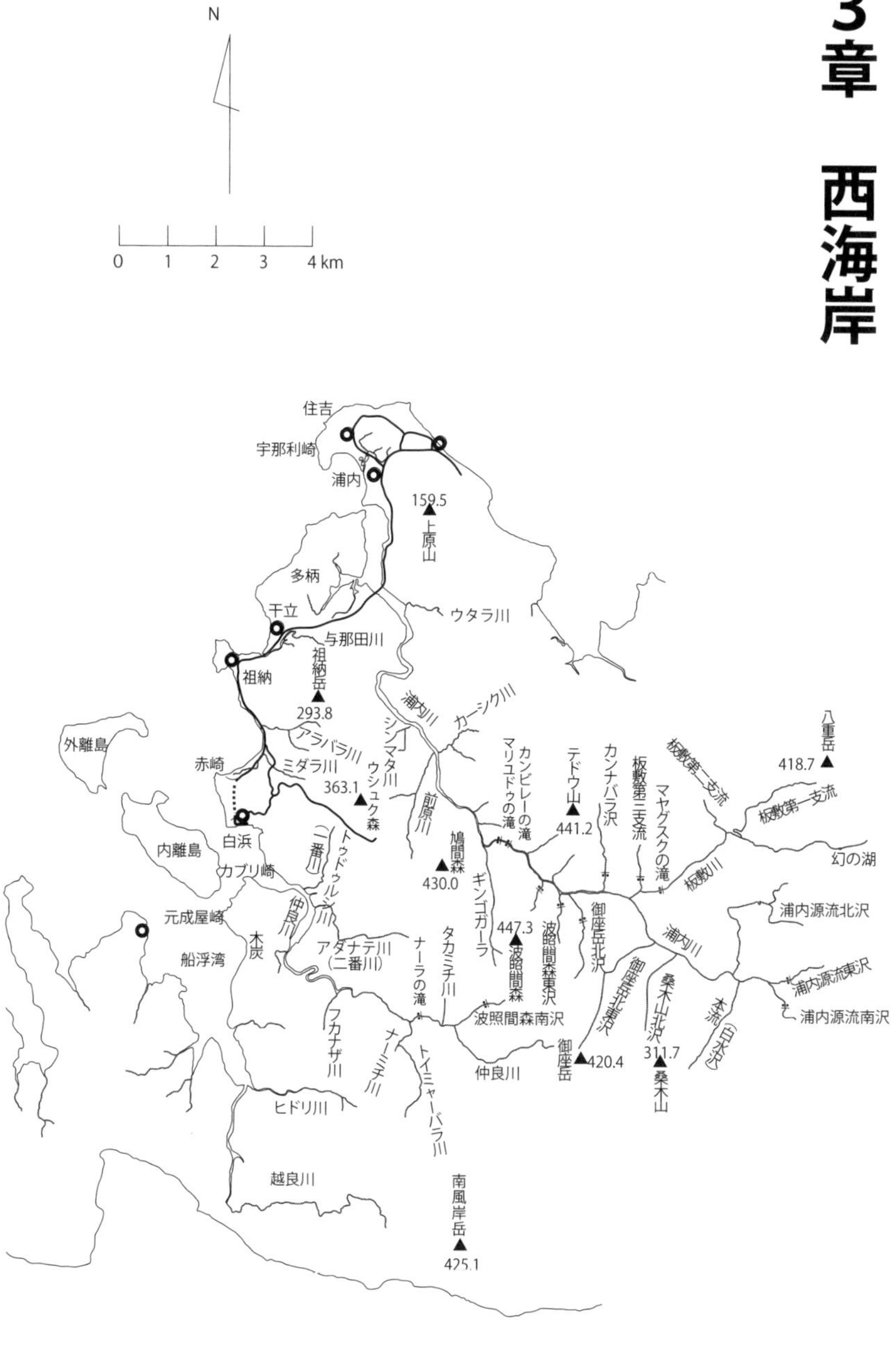

N
0
1
2
3
4 km
住吉
宇那利崎
浦内
159.5
上原山
多柄
干立
ウタラ川
与那田川
祖納
祖納岳
293.8
浦内川
カーシク川
外離島
アラバラ川
赤崎
ミダラ川
シンマタ川
ウシュク森
363.1
前原川
カンビレーの滝
マリユドゥの滝
テドゥ山
441.2
カンナバラ沢
板敷第二支流
マヤグスクの滝
板敷第一支流
八重岳
418.7
幻の湖
板敷川
白浜
内離島
カブリ崎
（二番川）
トゥドゥルシ川
鳩間森
430.0
ギンゴガーラ
447.3
波照間森
波照間森東沢
御座岳北沢
浦内川
浦内源流北沢
元成屋崎
仲良川
木炭
船浮湾
アダナテ川
（二番川）
タカミチ川
ナーラの滝
御座岳北東沢
桑木山北沢
本流（白水沢）
浦内源流東沢
浦内源流南沢
波照間森南沢
フカナザ川
ナーミチ川
トイミャーバラ川
仲良川
御座岳
420.4
311.7
桑木山
ヒドリ川
越良川
南風岸岳
425.1

トイミャーバラ川下流域

トイミャーバラ川は、仲良川の支流の一つである。全長約八キロメートル、真南から下ってきて、ナーラの滝から三〇〇メートル下流で仲良川に合流している。今回は仲間川から仲良川へ抜けるルートとして、トイミャーバラ川の下半分、距離にして四・一キロメートル（移動距離）、標高差二一〇メートルを下った。この間、二つの滝があった。地形から推測すると、全体では五つ前後の滝があると考えられる。流域は一九六〇年代後半、大規模な伐採が行なわれており、その後しばらくはススキが茂る禿山だった。今は明るい森林に変わっており、直径二〇センチを超えるまでに育った大きな木もある。「五〇年間でこんなにも変わるのか」と、昔を知る者にとっては驚きだ。半面、ナーラの滝を案内する若いガイドに話しても、ここが伐採跡だとすぐには信じてもらえない。彼らは「手つかずの原生林」と、ツアー客に説明しているのである。

トイミャーバラ川下流域を下降

（仲間北西源流遡上より続く）

二〇二一年七月四日（日）晴れ

今回の山歩きは、七月一日、自動車道路の終点、豊原からはじまる。まずは南風見田の浜に移動。そこからボーラ浜のボーラ沢を遡上し、分水嶺から一旦仲間川本流に下りる。その後、仲間北西源流を遡上、仲間川水系と仲良川水系の分水嶺に立った。

仲間川は東海岸に開口する大きな川である。仲良川は西海岸に開口している。源流を登り詰めた分水嶺は、仲間川では西表島の西寄りにある。仲良川ではずっと東寄りに位置している。つまり、二つの川の上流から源流は大きな稜線を隔てて逆方向に並行しており、源流の分水嶺を越えるともう一方の源流に下りるといった地形ではない。分水嶺を越えると、もう一方の川の中流に下っていく地形になっている。

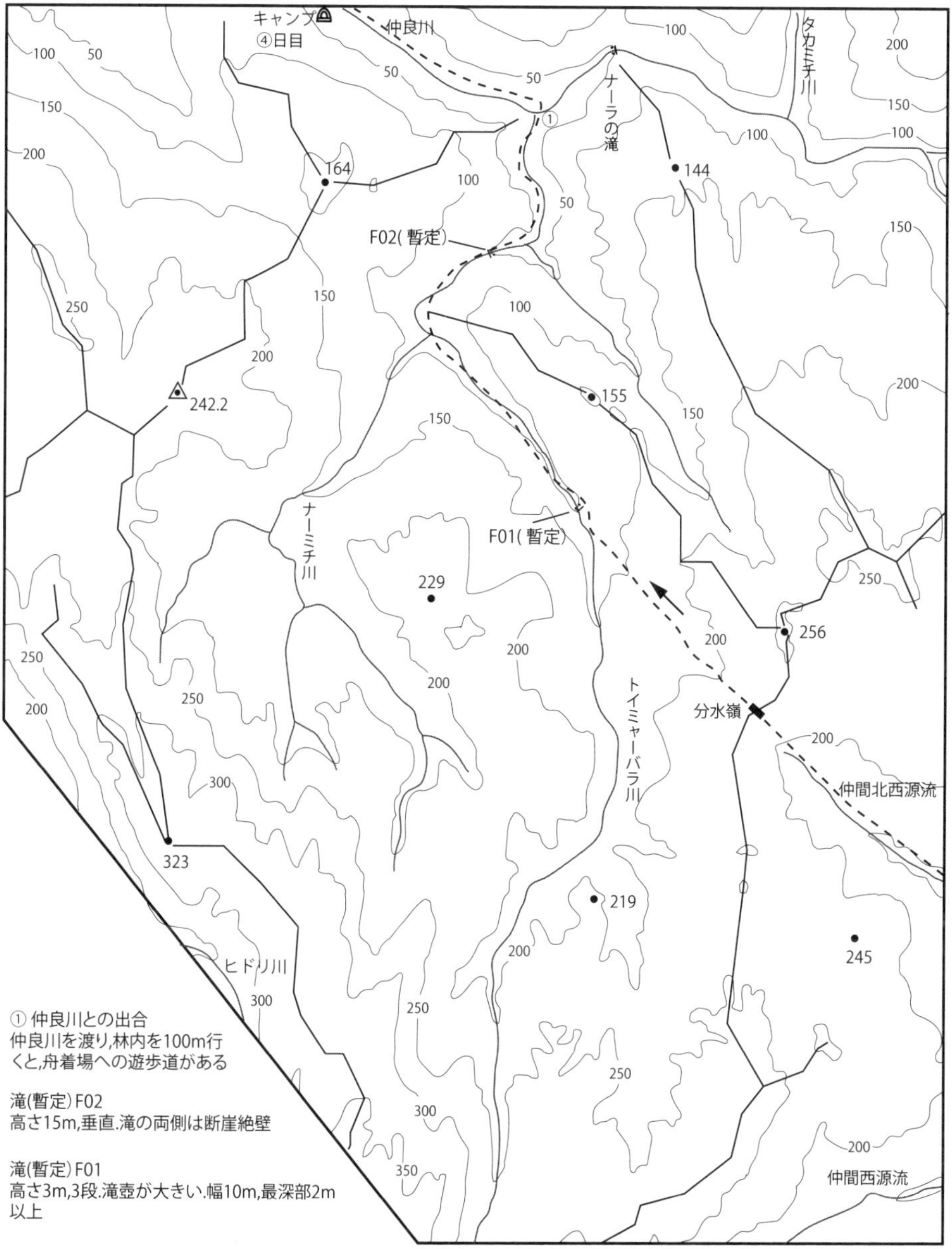

① 仲良川との出合
仲良川を渡り,林内を100m行くと,舟着場への遊歩道がある

滝(暫定)F02
高さ15m,垂直.滝の両側は断崖絶壁

滝(暫定)F01
高さ3m,3段.滝壺が大きい.幅10m,最深部2m以上

分水嶺〜滝F01
約1時間.小さな沢を下り,約30分でトイミャーバラ川に合流するが,滝までは林内が比較的歩きやすい

トイミャーバラ川流域一帯では,1960年代後半,パルプ材目的の伐採事業が進んだ.現在は巨木はないが,明るい若い二次林となっている.谷筋は両側とも急峻な場所が多い

トイミャーバラ川下流部

移動距離 4.1km

- - - - - - 2021 ルート

N

0 500 1000 m

仲間川源流と仲良川水系の分水嶺に来た。この仲良川水系というのがトイミャーバラ川である。分水嶺から仲良川へ下り、本流に沿って西海岸の白浜へ出るルートを辿る。

九時五五分に分水嶺を出発、小さな沢を下った。途中、しばらくの間林内を歩いた。向かうべき方向はわかっている。しかも、比較的傾斜が緩やかだし下草がないから、とても歩きやすい。

一〇時五〇分、大きな滝（暫定F01）に出た。大きく高巻きして滝壺に下りる。滝は高さ一〇メートル、厚い砂岩の層が水平に重なり、大きく三段になって水が落ちている。滝壺は幅一〇メートルを超え、最深部は二メートル以上の深さだ。見栄えのする滝だし、滝壺も立派だ。

分水嶺のすぐ下から小さな沢を下ってきた。その後しばらく沢から離れて林内を歩いた。次の沢に出会ったら、すぐ下流に滝が現れた。十分な水量があるから、おそらくトイミャーバラ川だろう。では、小さな沢の出合はどこにあったのだろう。後日、ＧＰＳの記録を見たら、分水嶺から下って三〇分後にはトイミャーバラ川に出ていたことがわかった。つまり、林内をショートカットしている間に、出合を通過していたのである。

一二時四五分、再び大きな滝（暫定F02）に出た。滝壺を見て高さを確認しようと試みるが、片脚だけのアイゼンでは怖くて滝口の先端に立つことができない。この滝の上には幾つものポットホールがある。一旦ザックを降ろし、穴の一つに右脚を突っ込んで固定、這いずるようにして体を伸ばしてみた。そこまでしても、滝壺は一部しか見ることができなかった。ただ、下流の谷の感じから、滝は垂直、一〇から一五メートルの高さがあるらしい。

両側は断崖絶壁である。ここも大きな迂回を余儀なくされた。まず、滝口から一〇メートルほど戻り、左岸の斜面に取りつき、小尾根の谷側部分を横断気味に、崖のすぐ上を大きく迂回した。

川床に下り右岸へ渡ると、林内にうず高く積まれたワイヤーがあった。直径三・五センチくらい。赤さびてかなり腐食している。粗い粉みたいにボロボロに変質している部分もある。同じものは、浦内川のマリユドゥの滝展望台近くやトゥドゥルシ川で見ている。これらは八重山開発会社が使っていた索道（ロープウェー）の

トイミャーバラ川 F1（暫定），大きく三段になっている

トイミャーバラ川出合，写真手前から右奥が仲良川

廃棄されたものである。トイミャーバラ川を含む仲良川流域は、一九六〇年代後半から一九七〇年にかけて皆伐が行なわれていた。私も当時のことを覚えている。会社の発破技師だった与那覇武次郎さんと泡盛を飲みかわしながら、西表の山のことを教えてもらったものだ。

一三時四〇分、小規模な岩石帯を下って行くと、トイミャーバラ川の出合に出た。右手から仲良川が下って来ている。川幅はそんなに違わないが、仲良川は比較にならないほどに水量が多い。出合から上流側はやや傾斜がある流れ。巨岩帯ですべての岩が白っぽい。下流側は傾斜が緩やかで、岩は明らかに小さくなっている。

ここからなら、仲良川上流舟着場まで約一キロメートルの距離だ。しかも、対岸の林内には舟着場とナーラの滝を結ぶ遊歩道が通じているはずだ。

（仲良川感潮域南岸を歩くへ続く）

仲良川感潮域南岸（左岸）

仲良川感潮域南岸は全長一〇・一キロメートル。上流舟着場から南岸に渡り、白浜集落に上陸するまでの移動距離である。山道はないが、低湿地と丘陵との境界部、標高五メートルの等高線を辿れば、迷うことなく、比較的安全に歩くことが可能である。

仲良川流域では、古くから広範囲にわたってイネが栽培されていた。特に南岸は田んぼが多かったようで、現在、低湿地の奥にはサガリバナ群落が延々と続いている。サガリバナ林は、イノシシから田んぼを守るために、人為的に植えられたものがほとんどである。

二〇一一年、私は同じ仲良川感潮域でも、北岸を歩いている。北岸、南岸とも移動距離は大差ない。また、水場も同じように所々にある。しかし、南岸と比較すると、北岸は、上流の舟着場からしばらくの間ブッシュがひどい。途中のマングローブは丘陵との境界までたっぷり水が上がってくる。したがって、干潮時以外は丘

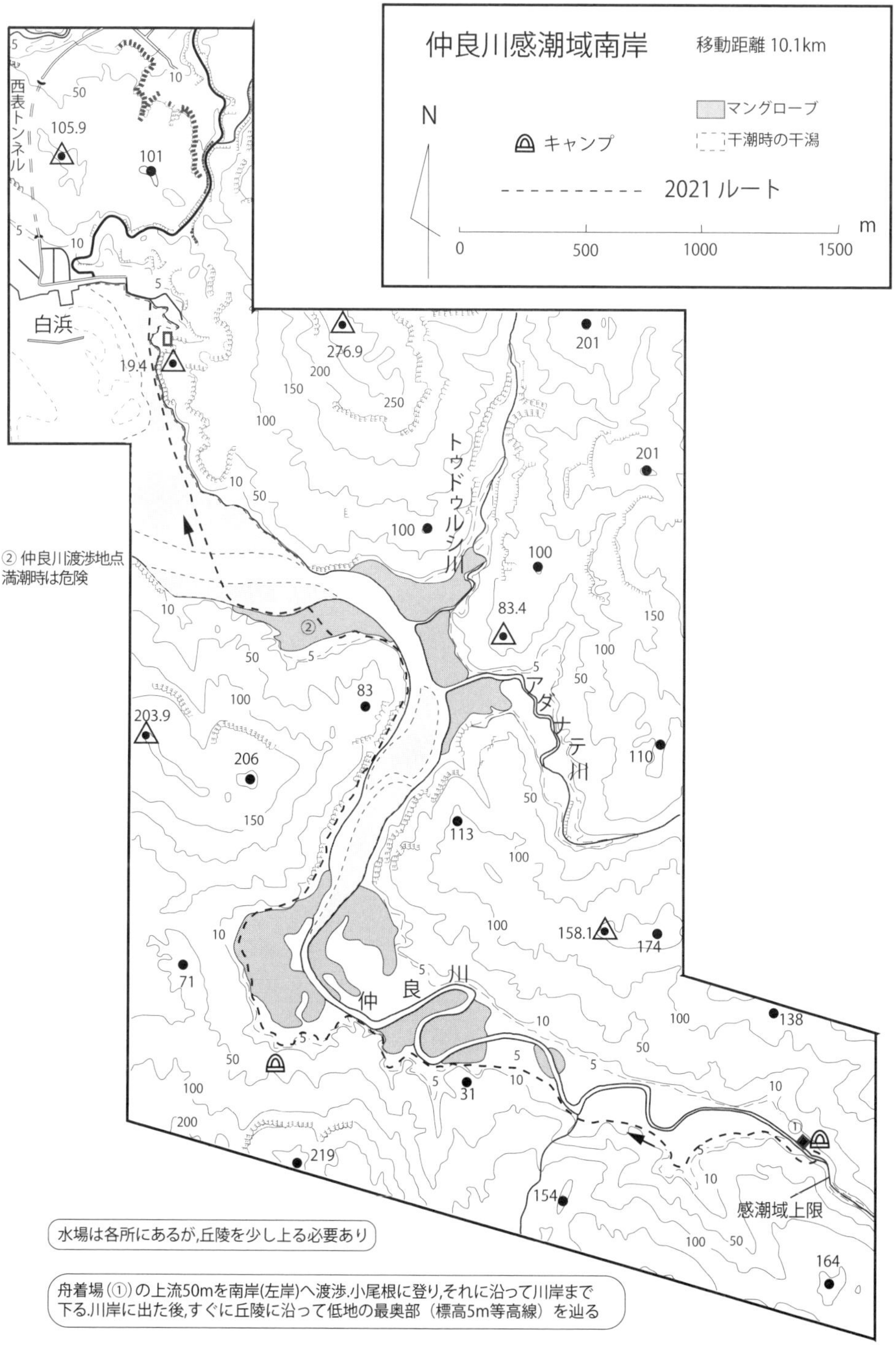
仲良川感潮域南岸
移動距離 10.1km
N
マングローブ
キャンプ
干潮時の干潟
2021 ルート
0 500 1000 1500 m
西表トンネル
白浜
105.9
101
19.4
276.9
201
トゥドゥルシ川
100
83.4
アダナテ川
110
② 仲良川渡渉地点
満潮時は危険
83
203.9
206
113
158.1
174
71
仲良川
138
31
219
154
164
①
感潮域上限
水場は各所にあるが,丘陵を少し上る必要あり
舟着場(①)の上流50mを南岸(左岸)へ渡渉.小尾根に登り,それに沿って川岸まで下る.川岸に出た後,すぐに丘陵に沿って低地の最奥部（標高5m等高線）を辿る

陵の急峻な土手を歩かなければならない。アダナテ川、トゥドゥルシ川、仲良川二回、計四回の渡渉がある。潮が合わないと渡渉できない箇所もある。南岸は仲良川一回の渡渉だけである。

（トイミャーバラ川下流域を下降より続く）

仲良川感潮域南岸を歩く

トイミャーバラ川の出合を出発し対岸の林内を進むと、一〇〇メートル行ったところで鮮明な山道にぶつかった。「森林管理署」と書かれた縦一〇センチ、横二〇センチのブリキ板と、新しいピンクリボンもあった。すぐ左手の小さな沢を渡り、狭い遊歩道を進んでいくと、約一キロメートル下って仲良川上流舟着場に出た。一四時五八分であった。遊歩道ではガイドに連れられた一グループに追い抜かれたが、彼らはすでにボートで下っていて、舟着場には誰もいなかった。桟橋の上で一泊することに決める。

明日は仲良川の南岸（左岸）を辿る予定だ。そのためには、まず対岸へ渡らなくてはならない。桟橋前は川幅一五メートル。しかし、対岸は二〇メートルに渡って二から三メートルの垂直な岩壁になっている。渡ったところで登ることはできないだろう。すぐ下流の岩壁が切れた所からは上陸できそうだ。川岸林になっているのだ。ただ、今は満潮から潮が引きはじめた時分だが、川の向こう側三分の一は肩までの深さがありそうだ。潮が引いても、ここからの渡渉は無理のようだ。

荷物を下ろして、明日の渡渉地点を探しに出た。桟橋から上流一〇〇メートルまでが感潮域である。それより上ならきっと見つかる。五〇メートル遡ると、まだ感潮域だが、川底が薄っすらと見えている地点があった。ここなら大丈夫かもしれない。対岸に向かって真っすぐに歩いてみた。最後はへその上まで水に浸かったが、どうにか渡り切ることができた。さらに調べてみると、川の真ん中から左斜めに向きを変えると、腰までの深さで渡渉できることがわかった。川底は砂地ではなく、小さな礫が詰まっている。これなら大丈夫だろう。ひとまず安心して、桟橋まで戻った。

テントを設営後、川に入って水浴と洗濯をすませ、衣類やザックを桟橋の上に広げた。よく晴れていて陽ざしも強いが、川風も強い。吹き飛ばされないように、お互いを縛ったり、重しを載せておいた。飲み水も至近で調達できた。すぐ脇の支流を一〇メートル遡ったら、真水が流れていた。

栈橋の前ではミナミクロダイが泳いでいる。二〇センチを超える大物もいる。動きはまちまちで、群れで行動することはない。ミナミボラは一〇センチくらいのものが多いが、一五から二〇匹の群れを作っている。

一六時、「キョキョキョキョキョキョ」。けたたましい声が聞こえた。アカショウビンだ。頭上二メートルの超低空を、羽ばたきもせずに突き抜けていった。大きな口ばし、伸ばし切った両翼、真っ赤な体、まるで戦闘機のようだ。西の空には下弦からさらに細くなった月が見えていた。

今回は生き物にあまり遇っていない。一晩目はアオバズクが至近で鳴いていた。「ホウホウ、ホウホウホウ」と、繰り返し鳴いていた。同じ晩だったが、テント近くでキジバトが鳴き続けていた。すっかり暗くなった二一時のことだ。こんな時間帯にキジバトの鳴き声は初めて聞いた。昼間はサンコウチョウの声が多かった。さえずるオスを至近で見ることもあった。昼はアカショウビン、夜はコノハズクの声が、どこにいても聞こえてきた。

仲間北西源流とトイミャーバラ川は、キノボリトカゲが多かった。サキシマカナヘビは一匹だけ見た。セマルハコガメは甲長五センチの、まだ甲羅が円形のままの幼体を一匹見つけた。甲羅は成長するにつれて縦長になっていくのだ。また、五匹の群れに二度あった。若草を食べていたのか、ミミズを探していたのか、私のことを気にもせずゆっくりと歩いていた。

仲間川では一度だけオオウナギを見た。長さ八〇センチ、あまり太くない個体だった。仲間川は特にユゴイが多い。一五センチくらいのものが、あちらこちらで見られた。

イラガの幼虫には二度、胸を刺された。三分ほど激しい痛みを感じたが、汗をかいていたせいか、腫れることもなく治まった。ヒルには左手首など数カ所をやられたが、一時出血した程度だ。ボルネオのヒルを経験していると、西表島のヒルなど痛くもかゆくもない。

川の縁にいるのに、水音もなく静かな夜である。満天の星、さそり座が真上にある。広い空を眺めるのは気持ちのよいものだ。ここまでの三晩は、まったく星を見ていない。深い林内の狭い沢筋で夜を過ごしてきたから、星どころか空が見えなかった。

七月五日（月）晴れ

五時三〇分起床。川は満潮である。出発は二時間後だが、渡渉は大丈夫だろうか。二〇一一年には北岸（右岸）を歩いている。白浜には午後の早い時間に着いた。南岸もほぼ同じ距離なので、今日中に着くことができるかもしれない。あるいは途中で一泊するかもしれないが、無理せずに歩くつもりだ。

七時一五分、出発の準備ができている。昨夜は二二時三〇分に一回、それに今朝は二度、ちょっとした降雨があった。昨日から風も強い。どうやら、天気は下り坂のようだ。白浜へ出て知ったのだが、ちょうどこの頃、熱帯低気圧が台湾の南を西へ通過していた。

七時二〇分、出発。水位は満潮時より一〇センチしか下がっていない。しかし、昨日の下見で、無理もなく渡渉することができた。

対岸の急斜面を二〇メートル登りきると、川と並行した小尾根の上に出た。小尾根から反対側の涸れ沢へ下り、これを伝って仲良川の岸に出た。ちょうどそこから、川岸の小さな崖が山側に食い込むように低湿地帯と丘陵との境界を作っていた。これが地図上の五メートル等高線だろう。崖の直下は、まるで道であるかのように障害物がなく、歩きやすかった。

やがて草地にでた。田んぼの跡である。灌木林ではなく草地ということは、四〇年、あるいはもう少し前まで耕作をしていたのだろう。草は腰くらいの丈。しかし歩きにくい。密に生えたイネ科植物が絡みついて、思うように足を前に出せないのだ。早々に丘陵下へ逃げた。田んぼの跡は舟で通っただけでは見ることができない。逆に、田んぼ跡からも、川は見えない。両者の間には厚いブッシュがあり、アダンやオキナワキョウチクトウ、イヌビワの類いが密生しているからである。

今日は、仲良川上流船着場から雨乞川までを歩いた。低地の奥側は、連続してサガリバナの純林だった。幅五メートルから、五〇メートルを超すところもあった。林内は常に水があるが、靴底が沈む程度の深さ。露出した根や倒木も少ないので歩きやすい。ぬかるむこともない。しかも数十メートル先まで見渡すことができるから、ショートカットも可能だ。ただ、林内にある水路によっては、急深だったり、想像以上にぬかるむ場所がある。幅が一メートル以上の水路は注意が必要だ。そんな場所では、水路に沿って上流へ向かい、幅が狭くなっているか、木が一層密生している部分を渡ることだ。遠くない所で必ず見つかる。

境界部がアダンの群落になっている所があった。ここは丘陵とアダン群落の間、またはアダン群落とサガリバナ群落との間である。いずれも通過することが可能だった。もっとも、地形を見ながら、サガリバナ群落をショートカットできたら、それがベストだ。

今回は、アダンの群落、背の高い草地、ブッシュ、沼地などの障害物に遭うことがなく、順調に歩いてきた。川沿いはアダンの密林やマングローブ外縁の深みがあって、通過が困難なことはわかっていた。そこで、「低湿地の最奥部と丘陵の境界部分を忠実に歩くこと」を徹底してきた。それは、標高五メートルの等高線をなぞるように進むことでもある。後日、ＧＰＳの記録を見たら、確かに五メートルラインを忠実に歩いていた。今回ほど徹底した考えの下に、しかもその成果が現れた山歩きは、あまりなかったように思う。

感潮域まで下ってくると、人の生活痕というものが感じられる。時代物のビール瓶が半ば土に埋もれ、まとめて放置されていた。ビール瓶には違いないが、中身は泡盛だったはずだ。一九六〇年代の八重山では、泡盛はこうして売られていた。蓋だけは新しいブリキ板で作られていたが、薄いため、大人だったら素手で開けることができた。当時、ビールは高価なものだったし、冷蔵庫のない伐採小屋では泡盛しか飲まなかったのだろう。

各所の水場には伐採人夫の作業小屋があったのだろう。川床の砂岩には、人が刻んだ排水溝の跡が残っていたりする。

一二時二〇分、雨乞川のマングローブから上がった渓流部に着く。全体が明るい森林で、巨木がない。ここもおそらく伐採の跡だ。頑張れば今日中に白浜へ出られそうだが、今日も疲れている。早めにテントを設営し、もう一晩、ゆっくり山中で過ごそう。

水浴びをし、簡単に洗濯もすませた。林内には理想的なテントサイトがあった。傾斜が緩く、木の根や石ころがまったくない。

夕食も済ませた。今はもっぱらドライフードを持ち歩いている。長らく、「ドライフードはまずい。あくまでも非常食」という高校時代からのイメージが頭にあり、試したことがなかった。荷物の軽量化から、一昨年にドライフードに替えてみた。するとどうだろう。確かに軽いのはありがたい。味もまったく問題ない。これからもドライフードを使おうと思う。しかし五日間も続くとさすがに飽きてくる。

七月六日（火）晴れ
五時半に起床。雲が多く、風がやや強い。ただ、雨の心配はなさそうだ。昨晩は三度、大きな音がして突風が吹き荒れた。また、夜半に一度、雨があり、干しておいたザックや衣類をテント内に取り込んだ。
七時ちょうど。朝陽が真横から差し込んでくる。すでに出発の準備はできている。今日は、すぐ下にある雨乞川のマングローブと、トゥドゥルシ川河口の対岸（南岸）にあるマングローブ。この二つを抜け、その間の、仲良川に沿った崖下をしばらく歩くことになる。最後に、仲良川本流を北側へ渡渉する。干潮に向かっており、川沿いを歩く時も、渡渉の際も、ちょうどいい具合に潮が引いているはずだ。この先岩場はないから、今日はアイゼンを装着しない。
七時七分、最終日の出発だ。丘陵を下り、雨乞川のマングローブに入る。丘陵の端は高さ二から三メートルの崖で、マングローブとの境界は明確だ。まるで道のように歩きやすい。さらに、ここのマングローブはオヒルギの純林だから、林内を歩くこともできる。モコモコと出ている膝根が煩わしいのは確かだが、方向を定めて直線的に進むことができる。

マングローブが終わり、川沿いに出た。地図上では約一キロメートルの連続した崖になっており、当然、その下は岩場になっているはずなのだが、私の記憶通り、川沿いに岩場はなかった。崖から川の縁まで一〇メートル以上の幅があり、ここもマングローブだった。狭いマングローブの中を順調に進み、ついに、最後のマングローブに来た。

雨乞川に次ぐ規模のマングローブだ。ここも最初は、最奥部の丘陵沿いを歩いた。しばらく進むと、白砂が盛り上がって島状になっている所が数カ所あった。そこにもヒルギがある。しかしまばらで、直径三から五メートルの空地のようになっている。

そのあたりから、マングローブをショートカットした。しばらくはオヒルギの純林だったが、半分あたりからヤエヤマヒルギに替わった。しかも、若い背の低い木が密生している。ここはやっかいだった。一本一本、枝を押し分けて進んだ。最後にきて、失敗した思いだ。この「ヒルギトラップ」は五〇メートル続いたが、最後は十分に成長したヤエヤマヒルギに替わり、じきに仲良川に出た。川には二艘のカヌーがいた。

マングローブから一〇〇メートルも離れて、ポツンと一本、ヤエヤマヒルギがある。それを目印にして、仲良川を渡渉する。真ん中で膝までの深さだった。もっとも、今日は大きく干上がっているから、気分次第でどこを渡ってもいい。ただ、東からの風が強く、油断するとバランスを崩してしまいそうだ。渡り切って北岸に移ると、正面に白浜港の桟橋が見えている。もう一頑張りだ。

一一時、干潟から白浜に上陸、仲良川から離れる。集落の奥側にある水谷晃さんの家をのぞくと車がある、在宅ということだ。あいさつを済ませ、洗車用のホースから水を浴び、汚れた衣類を着替えた。水谷さんが民宿に電話を入れ、今日の宿泊を予約してくれた。こうして、今回の山歩きも無事完了した。

水谷さんとは、マレーシア生活以来の知己である。この春、これまでの職場であった大学付属の研究所を退

雨乞川の湿地とマングローブ

雨乞川のマングローブ（オヒルギ群落）

ミナミクロダイ

仲良川．対岸はトゥドゥルシ川

仲良川上流船着場

職し、現在、自然研究のNPOを立ち上げるべく、自宅を事務所として活動をはじめられていた。環境省の委託事業で、カンムリワシの調査に多忙を極めている様子だった。

金城旅館は白浜でも古い民宿だ。快適な宿として評判がよく、私もかねがね泊まってみたいと思っていた。しかし、いつ訪ねても満室で、これまで一度も泊まることができなかった。私の山行はいつ山から出ることができるのかがわからない。そのため、山に入る前に予約をすることができないのだ。今回は宿の御主人と親しい水谷さんが電話してくれたことと、旅館が私のことを知っていてくれたことで、コロナ対策で空けておいた部屋を、特別に使わせていただくことになった。夕食後は宿泊客の歓談に加わり、泡盛も十分に飲んだ。おかげで、その夜は、涼風の通る部屋でぐっすりと休むことができた。

ヒドリ川（日取川）

ヒドリ（日取）川は、クイラ（越良）川の最下流にある支流だ。河口は感潮域の下流域に開口している。全長約六・六キロメートル、その三分の一が発達したマングローブ域を貫いている。稜線は標高三五〇メートルに近い。マングローブは標高ゼロだから、渓流域は結構急峻な斜面になっている。

ヒドリ川流域の山は一九六〇年代、広範囲にわたって伐採されている。現在の姿は、皆伐後の二次林である。マングローブも、かなりの部分が伐採されたようだ。その証拠に、オヒルギの幹の太さは直径一〇センチ前後、高さは五メートルから六メートルと均一である。ほとんど枝を付けずに、足場丸太のようにスラーッと伸びて、しかも密生している。

また、稚樹が群生している所がある。高さ六〇センチくらい、緑のじゅうたんを敷いたようだ。稚樹は泥地に突き刺さった胎生種子からではなく、母樹の膝根から直接出ているものが圧倒的に多い。

ヒドリ川は深く、川縁を歩くことができない。マングローブの奥の山際を歩くのが基本だ。ヒドリ川河口の

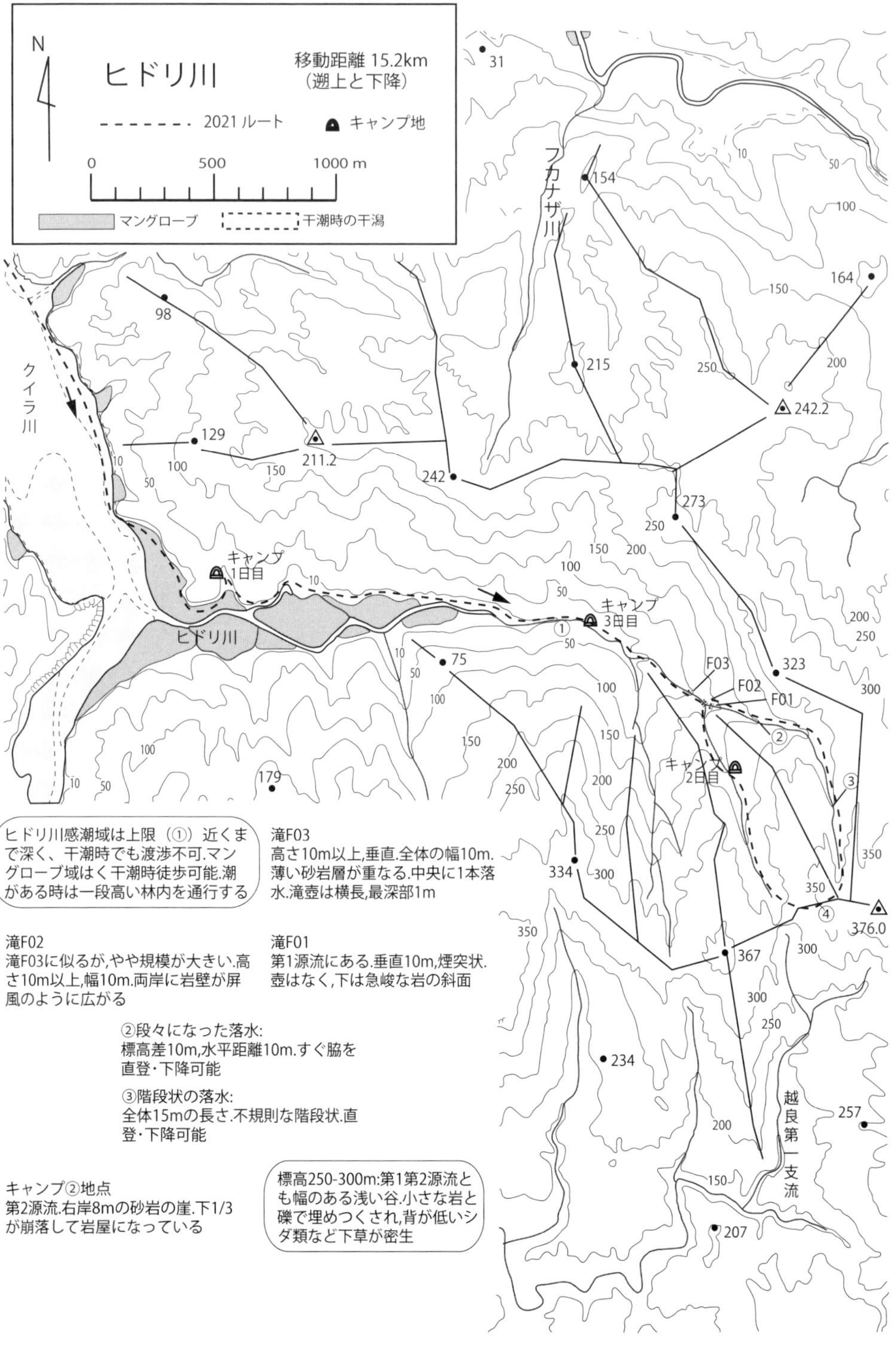

ヒドリ川感潮域は上限(①)近くまで深く、干潮時でも渡渉不可.マングローブ域はく干潮時徒歩可能.潮がある時は一段高い林内を通行する

滝F03
高さ10m以上,垂直.全体の幅10m.薄い砂岩層が重なる.中央に1本落水.滝壺は横長,最深部1m

滝F02
滝F03に似るが,やや規模が大きい.高さ10m以上,幅10m.両岸に岩壁が屏風のように広がる

滝F01
第1源流にある.垂直10m,煙突状.壺はなく,下は急峻な岩の斜面

②段々になった落水:
標高差10m,水平距離10m.すぐ脇を直登・下降可能

③階段状の落水:
全体15mの長さ.不規則な階段状.直登・下降可能

キャンプ②地点
第2源流.右岸8mの砂岩の崖.下1/3が崩落して岩屋になっている

標高250-300m:第1第2源流とも幅のある浅い谷.小さな岩と礫で埋めつくされ,背が低いシダ類など下草が密生

マングローブは、クイラ川に沿って両側に四〇〇メートルも伸びている。だから、ヒドリ川の入口は、実質的にクイラ川マングローブ域の先端であり、その分、渓流域へのアプローチが長くなっている。

（カブリ崎からヒドリ川河口へより続く）

ヒドリ川を歩く

二〇二一年一〇月六日（水）出発時雨、日中薄日時々くもり。

一四時一六分、白浜から西海岸線南部を南下してヒドリ川のマングローブに到達。予定通りだ。今日は、ヒドリ川の下流域のどこかでキャンプしようと考えていた。

大潮の干潮時間帯である。ほぼ干上がったマングローブの中を直接歩いた。ポコポコと突き出たオヒルギの根に邪魔されて、何度もつまずきそうになる。

しばらく行くと、干上がった泥面をわずかに水が流れていた。奥に沢がある証拠だ。流れを辿って一〇〇メートルほど進むと、マングローブが低地林に変わり、流れも沢らしくなってきた。川底がきれいで、満潮時でも海水の浸入がないことを確認する。ここは、ヒドリ川に入って最初の沢だ。沢の右岸をテントサイトに決めた。後方は山の斜面でブッシュになっているが、大雨が降っても冠水することはなさそうだ。沢は幅二メートル、深さ一〇センチ。左岸は、右岸より三〇センチ低く、サガリバナの群落になっている。こちらは湿地なのでテントを張ることはできない。鉄砲水が起こったとしても、水は左岸のほうへ流れるはずだから、テント側には来ないだろう。

テントを設営していたら、近くにヤマガラが飛んできた。約五メートルの距離、少しの間、小枝に留まっていた。顔の正面の部分が大きな赤い斑点のように見えたが、全体がかなり黒っぽい色をしていた。

一五時五〇分、テントに入った。設営中にわずかな降雨があった。一旦止んだが、その後本降りに変わった。この時期こんなに降るとは予想外だ。木炭の浜で会ったガイドさんの情報では、かなり大きな台風が発生し、先島諸島に影響が出そうだと言っていた。「一二日は大荒れになりそうだから、遅くとも一一日には村へ出ていたほうが安全だ」とアドバイスを受けた。

山歩きでは雨が一番つらい。しかし、一旦出発したら、降られたところでどうすることもできない。移動しがたい大雨なら安全な場所で天候の回復を待てばいい。ただ今回は台風のことが気になる。明日はどこまで行けるのか。最初の計画は、「白浜から西海岸線南部を経由してヒドリ川に入り、分水嶺を越えてクイラ川からヒドリ川に戻る。さらに山越えをして、フカナザ川から仲良川へ出て一一日には白浜へ戻る」という、ちょうど８の字を描くルートだった。

一週間ほど前、ＮＨＫ沖縄支局から突然の電話が入った。「近々、西表島へ行く予定はあるのか」と尋ねてくる。そこで、今回の計画を伝えると、「取材したい」という話になった。二カ月半前、二〇二一年七月二十六日、西表島が世界自然遺産に登録された。これに関連してニュースか何かで西表島を紹介し、一言二言、私がコメントするのだろうと思った。ところが、「入山の様子を撮影したい」ということになり、今朝、白浜から出発する場面を撮影した。さらに「帰還時も撮影したい」というので、一一日に戻る旨を伝えておいた。

明日、ヒドリ川を上り切って分水嶺を越えることができれば、四泊あるいは五泊して、一一日には戻ることが可能だ。しかし、三泊か四泊で確実に出られるよう、計画を縮小しようと考えはじめている。これは台風を避けるというより、むしろ体力的な問題だ。予想以上に疲れてきている。

一七時三五分、夕食を済ませ、テント内でくつろぐ。雨は止んでいる。イワサキゼミがさかんに鳴いている。本州のツクツクボウシの仲間で、西表島、石垣島、台湾に分布している。一年を締めくくる最後のセミで、そう思うともの悲しく聞こえてくるから妙なものだ。

一七時四〇分、タイワンヒグラシが鳴きだした。意外だったが聞き間違いではない。夏のセミが一〇月に入っても鳴いている。

夜は、一時、ヤエヤマカジカガエルが鳴いていた。二三時過ぎから、かなり大きな雨が断続的に降った。テントを叩く音。そのたびに目が覚めた。沢の水も一〇センチほど高くなっていた。

一〇月七日（木）日中、薄陽またはくもり、時々雨

六時五分、コノハズクが鳴いている。まだ林内は真っ暗で、ライトを点灯する。沢は降雨前の水位に戻っていた。渓流域へ入ったらまずは水の状態を観察しよう。危険だと判断したら、遡上は中止だ。ただ、ヒドリ川は決して大きくないし、長くもない。昨夜の雨くらいでは問題ないだろう。

七時一〇分、出発。薄陽がさしている。当面、雨の心配はなさそうだ。

七時二〇分、マングローブの中にいる。水深は一〇センチ。目に見えるほどの速さで流れている。引き潮のようだ。もっと浅い部分を歩きたいのだが、岸から木の枝が張り出していて、近づくことができない。あたり一帯はオヒルギの純林である。無秩序にある膝根はまだ水の中で、水面の反射で見えにくい。とても歩きにくい。ひっきりなしにつまずいたりする。

ここまでヒドリ川の流れを見ていない。ヒルギがじゃまをしているだけでなく、流れが遠くにあるようだ。地図を見ると、山際から本流まで一五〇メートルくらいの距離がある。

しばらく進むとマングローブ域の幅が狭くなってきた。ヒドリ川も見えるようになったが、同時に水深が増し、進むことができなくなった。やむを得ず土手を登り、低地林の中を歩くことにした。途中、古い大きな鉄板が、半分川底に埋もれて立っていた。舟着場だったのだろう。近くの林内には、傷んだナイロンロープや、底がメッシュ状になったプラスチック製の箱が積み重ねてあった。植林用の苗を運んだのか、あるいは捕獲した貝やガザミを入れたものか、いずれも何年も経ったものだった。昨日はクイラ川の川岸で古いワイヤーが二メートル程地面から露出していた。伐採時代のものだろう。酒ビンも、いくつもあった。こんな人里から離れた所でも、人々の営みが綿々とあったのである。

ヒルギの最後の一本が終わると、じきにホウライチクが一〇株ほど現われた。山側に湿地がある。ここも、かつて田んぼが開かれていた場所のようだ。

九時三〇分、川原に出た。大小の丸い礫を敷き詰めた非常に緩慢な傾斜だ。ほとんど平らに見える。川原は幅五メートルと狭く、五〇メートルの長さ、水深は五センチほど。おそらく、ここが感潮域の上限だろう。ホウライチクから一〇〇メートル上流である。

通過しながら脇の低地林を覗いてみた。わずかに平らな部分がある。予定はないが、キャンプには絶好の場所だ。

ここからは渓流域である。川原の礫に、もう少し大きな丸い岩が加わり、やがて角のある岩の多い渓流に変わった。水はたっぷりある。しかし濁りはまったくない。昨夜の降雨の影響は出ていないようだ。さらに進むと大きな岩が増え、岩の間を流れていた水も、小さな滝状になって落ちたりしていた。両側の斜面と森林が迫り、渓流らしさを増していく。しかし、危険を感じる場所は今のところない。

一一時二五分、初めての滝（F03）。高さ一〇メートル以上ある。全体の幅一〇メートル、垂直。岩板が水平方向に幾重にも重なり、古風なビルの壁のように見える。所々に突起があるが、到底直登できる滝ではない。中央に一本になって落水している。幅一メートル。水量は多くなく、薄い白布を垂らしたような感じだ。水は一旦岩盤に落ち、すぐ下の滝壺に流れ落ちている。壺は横長だが、最深部で一メートル、全体に浅い。下流二〇メートルの右岸に溝がある。その部分をよじ登って尾根に出れば、滝口へ向かうことができそうだ。果たしてその通りで、思ったより楽に迂回することができた。

一一時五〇分、二つ目の滝（F02）、高さ一〇メートル少々、全体の幅も一〇メートルくらい。岩の表面も、落水の形も水量も、先程の滝とよく似ている。やや規模が大きい。違っているのは、滝の両側に崖が屏風のように連なっていることだ。ただ、裾の部分は木々に覆われているので、崖全体は見えていない。

眺める限り、右側（左岸）のほうが通過しやすそうだ。まずは急斜面を登り、崖の下にとりついた。崖に沿って突破口を探すと、煙突のような狭い溝が見つかった。全長五メートル。その上は小尾根だ。幸い、むき出しになった木の根が幾つかある。一本、一本、強度を確かめて登っていった。「登りきれるだろう。あと一メートル」。ところがその先に進むことができない。右足を二〇センチ持ち上げさえすれば届くのだが……。しかし、ザックが重くて、それができない。別の場所を探した。少し登ってみたが、わずか一メートルの水平移動が危険すぎて、やはりだめだった。結局、崖の終わりを大きく回り込み、小尾根から滝上に辿り着いた。

滝口に出たら、一〇メートル上流に高さ二メートルの落水があった。斜めになっているが、滝と呼んでいいのかもしれない。だいぶ疲れを感じている。少し早いが、テントサイトが見つかり次第キャンプすることにしよう。谷は急峻で、今朝の出発からこの滝の上まで、キャンプできる場所はなかった。

一三時三五分、右岸の崖の下にいる。やや傾斜のある谷だが、キャンプができそうな場所である。崖は高さ八メートルくらいの砂岩、下三分の一が崩落して岩屋になっている。雨しのぎには使えるが、岩がゴロゴロしているのでテントを張ることはできない。新しい崩壊の痕はないが、怖いから崖からは少し遠ざかることにしよう。

ザックを降ろして、テントサイトを探す。じきに適当な場所が見つかった。沢に向かって水平に近い空地になっている。沢との高低差は三メートル、ジグザグに歩いて二〇メートルの距離だ。小石が少しあったが、それらを窪地に並べ、ちょうどテント一張り分のスペースができた。木の根もなかったが、クロッグの大きな葉を集めてきて、縦、横交互に重ね、たっぷりと敷き詰めた。そして、さらにシダ類の葉をたっぷり載せた。

今日は、距離的にあまり歩いていない。まだ標高二〇〇メートルのあたりだ。分水嶺は遠く、このペースだとあと三時間はかかるだろう。

疲れがひどい時は、途中に休息日を設ける手段がある。以前、一度だけ試したことがあった。ウハラシュク川とウボ川を踏破した後、ウダラ浜で二泊した。疲れがとれ、予想以上に効果があったことを覚えている。ただ、今回は台風が気になる。一〇月の台風は概して大きい。

台風のさなかキャンプしたことは一度もない。しかし、台風の中、沢から海岸線を歩いたことはある。仲間川から山越えをしてクイラ川から船浮まで歩いた時の後半だ。眼も開けられないほどの豪雨で、つらいというより命に係わる状態だった。

今回、台風を山中でやり過ごすことも考えられる。しかし、そうなると数日は停滞することになる。考えた結果、予定を変更することに決めた。明日、ヒドリ川の分水嶺まで詰めたら、同じルートを下流まで引き返す。今回はクイラ川水系を省略する。つまり計画を三分の二に縮小する。台風を避けたいことと、NHKとの約束もあり、一一日までには白浜に出たい。

一五時ちょうど、外は雨。テント内でくつろぐ。床が水浸しだ。新しいテントだというのに、防水の限界なのだろうか。テントには雨避けのフライシートを被せてある。浸水するとしたら床下からだ。しかし、下にはグランドシートを広げているし、その下にはクロッグとシダの葉をたっぷりと敷き詰めてある。地表を雨水が流れても、こんなにびしょぬれにはならないはずだ。思い返すと、グランドシートは敷く前からびしょぬれだった。食器類を入れたバッグも濡れている。沢の深みを通った時、気を付けたつもりだが、ザックの下部が水に浸かってしまったのだろう。

今日の軌跡を確認しようと、GPSを起動させた。驚いたことに、今いる沢は予定していたヒドリ川ではない。いや、正しくは同じヒドリ川だが、違った支流を上っていたのだ。そこで、当初予定していた支流を「ヒドリ第一源流」、今いる沢を「ヒドリ第二源流」と呼ぶことにした。しかし、どうして分岐点の二俣に気づかなかったのだろう。二つの源流は同じくらいの太さだから、当然わかるはずだ。何か理由がありそうだ。経験したことのない、地形的に特殊な場所だったに違いない。GPSで見ると、二俣は滝（F02）のあたりに位置している。しかし、滝下で迂回ルートを探したわけだから、両岸ともしっかり見ている。滝上に出てからも、二俣はおろか、小さな分岐や出合さえもなかった。不思議だ。二俣の正確な位置は、後日、GPSのデータ解析で判明するから問題ない。しかし、ヒドリ川では第一源流が一番長く、ここの遡上を予定していた。地図を見る限り、第一源流と第二源流の稜線は、同じクイラ川との分水嶺上にあり、距離も近いようだ。クイラ川水系を中止したこともあり、明日はぜひ第一源流を歩いてみたい。

一〇月八日（金）未明雨、晴れ
六時起床。未明から雨だった。天候がどうであれ、今日も一日、事故なく歩くことを心がけよう。

七時三〇分、出発の準備ができた。あと五分ほどで出発できそうだ。雨は止んでいる。空は少し明るく、薄陽が出ている。この調子だと、日中は雨から逃れられるかもしれない。

標高二五〇メートルを超えると、稜線近くまで、傾斜がやや緩くなっていた。このあたりの通過はかなり長かったように感じた。沢が直線ではないので、前方に稜線らしいものが見えても、実際はそうでなく、その先にまた同じような景色が現れるのだ。谷が浅くなり、どこを見ても稜線に見えてくる。

一〇時、稜線が近いようだ。「第一源流に入る」という気持ちが確かなものとなる。南へ直進する谷ではなく、第一源流の頭に向けて、南東方向の谷を登った。稜線の直前には五メートルの壁があり、直登できなかった。それでも、右側を少し迂回しただけで稜線に出ることができた。

一〇時一五分、稜線に立つ。恐ろしいほどのブッシュだ。灌木とツルアダンに被われ、ほとんど通行不能である。もし真南の稜線に出ていたら、かなり厳しい藪漕ぎになっていただろう。ヤブレガサウラボシがちらほらとある。陽ざしがよく当たる場所ということだ。

稜線はクイラ川水系との分水嶺になっている。ヒドリ側は五メートルの壁、クイラ側である南斜面は崩れ落ちたような地形で、一〇メートルを超す崖と土の急斜面だ。稜線は狭く、幅一メートルくらい。梢を透かして海。灰色で、霞がかかったように見えている。手前に山があり、大浜やクイラ浜の海岸線は見ることができない。

稜線に出たからといって山道があるわけではない。第一源流を目指して稜線をしばらく辿る。ＧＰＳで見る限り、第一源流の稜線部はすぐ近くにある。猛烈なブッシュで、灌木がめちゃくちゃに密生している。ただ、これは強引に押せばなんとか隙間ができる。問題はツルアダンだ。何本もの蔓が灌木を縫うようにして横方向に伸びている。さらに、「これでもか」というように、棘のある細い蔓植物が絡みついている。五〇メートルほど、忠実に稜線を辿ろうとした。無数に張られたこれら「通行止めのロープ」を乗り越え、ちぎり、折っては進もうとする。しかし限界だ。もはや一歩も前進することができない。やむを得ず、斜面をわずかに下りた。

稜線から外れると、目に見えてツルアダンが少なくなった。小さな尾根を越え、その先は稜線を辿らず、足下の緩やかな溝を下った。この溝は第二源流に合流するのかもしれない。ところが、小まめにGPSを見ると、第二源流から離れて、明らかに第一源流を下っている。予定通りと一安心したが、二つの源流は、とてもよく似ていた。幅のある浅い谷で明るい。わずかだが稜線近くでも水が流れている。安定した石は少なく、礫や小さな岩が堆積している。シダ類を中心とした下草がことのほか多く、地表が見えにくい。太陽光がよく入るからなのだろう。シダ類はリュウビンタイのような巨大な種類ではなく、背の低い、せいぜい五〇センチくらいの高さの種類が多かった。そういえば、ヒカゲヘゴをまったく見ていない。少なくとも、源流部にヒカゲヘゴはなかった。

西表のもっと広い範囲に共通したことだが、スダジイとオキナワウラジロガシの巨木がない。こんなに山奥まで伐採した時代があったのだろう。沢筋では、多少とも巨木が残っている。ほとんどがアコウかギランイヌビワの木だ。これらの樹種はふつう、材を目的とした伐採はしない。

一一時一三分、階段状の岩場に来た。大きな段差を持つ不規則な階段状になった岩場で、全体は一五メートルの長さがある。ここは直接登り下りができる。水が掛かっていて、ちょっとした滝のようにも見える。

一二時三〇分、段々になった斜めの岩場。水が流れ、滝と呼んでもいいのかもしれない。滝口から滝下までの幅（水平距離）が一〇メートル以上あり、標高差も一〇メートルある。ここは、注意すればすぐ脇を登り下りすることができる。

一二時四五分、煙突のような滝（F01）。垂直で約一〇メートル。すべての水が落ち込んでいる。壺はなく、落水した部分から下流は岩盤の急峻な斜面になっている。全体の半分以上が幅一から一・五メートルの狭い溝になっている。滝口から写真を撮ったが、何を撮ったのかわかりにくい。迫力がまったく伝わってこない。右岸を大きく迂回した。現地点は標高一五〇メートル、ヒドリ川は、この辺りから一気に高度を下げていく。

両岸は切り立った山。谷は狭く、空は樹冠で塞がれている。川床まで太陽光が届かない。横に伸びた太い枝には、幾つものオオタニワタリが「鎮座」していた。

一三時一〇分、大きな滝の上に出た。どうも滝（F02）のようだ。ということは、第一・第二源流の二俣は滝口そのものだ。しかし、滝の上流は大きな岩と木々が連続していて、お互いに相手の沢も谷も見えない地形になっている。昨日気づかなかったのも無理はない。二俣の正確な位置を確認できたし、二つの源流を辿ることができたのだから、それでよしとしよう。

滝（F02）は右岸を迂回することにした。左岸は昨日通っているので、確かなルートがわかっている。しかし、滝口から眺めていたら、右岸のほうが楽に通過できそうに思えた。右岸も一部が崖で、足下にはえぐれたような斜面が続くが、安全に高巻きした。

じきに、滝（F03）に出た。昨日通った右岸の溝を下った。記憶よりずっと急峻で、よくぞ、こんな所を登ったものだと驚いた。

滝（F03）から下流にはもはや滝はなく、しばらく岩石帯が続く。特別に大きな岩はなく、一から二メートルくらいの岩が多い。ヒドリ川は、この迂回を除けば危険箇所はほとんどない。しかし、もちろんアイゼンは必要だ。キャンプの時、靴だけで水場へ下りたが、濡れた岩のよく滑ること。アイゼンのありがたさをしみじみと感じた。

滝（F03）の下流は、記憶より長く、随分と時間がかかった。やがて、岩が急に小さなものになり、じきに大きめの礫が混じるようになり、さらに礫だけの川原となった。

一六時八分、感潮域の上限に来た。先日、「手ごろなキャンプ地がある」と目を付けた場所だ。今日はここで一泊だ。段差一メートルの所に、適当なスペースがある。砂地でほぼ水平だ。アカテガニが這っていたりするが、まずは一安心。太陽が出ていたので、テントはすぐに張らず、グランドシート、フライシート、ザックと一緒に一時間ほど天日干しにした。

川原に下りて洗濯、さらに石けんを使って水浴を済ませた。水位が一番低い時間で、五センチしかない。少しでも深い所を探さないと、洗濯も水浴びもできない状態だ。しかも、真水が流れているものの、上げ潮とともに上ってきたマングローブの泥が底に残っていて、歩いただけでも泥が舞い上がって濁ってしまう。

今日は、昨日変更したルートに沿って、予定通り歩くことができた。しかし、疲れのせいで食欲がない。体力的にも不安で、明日は予定をさらに縮小し、もと来た海岸線を白浜へ戻るつもりだ。

一八時四〇分、オオクイナの声。オオクイナの声を聞くのは久しぶりだ。コノハズクが鳴きはじめた。樹洞にカニ。地上から一メートル、穴の直径一〇センチ。カニはこんなところにも上って潜んだりするのだと感心した。

さきほど、この地点から携帯電話が通じるかどうか試してみた。西表島の山歩きを再開した時、一度だけ携帯電話を持参したことがある。その時は崎山半島と南海岸を歩いた。幾つかの岬の先端に限って通じたが、基本的にはだめだった。以来、携帯電話を持参したことはない。しかし、今回は山から出る際にNHKに連絡する必要があり、特別に持参した。電源を切っておいたが、起動したら「バッテリー残量一パーセント」の表示が出た。これはまずい。山中でも通じるのかどうかを確かめようと思ったのだが、すぐに電源を切った。

空にはまだ明るさが残っているが、林内ではライトなしでは動けないほど暗くなっている。朝の六時四〇分がちょうどこんな状態だった。

ほとんど無風である。光が点滅している。ホタルだろう。地上から一メートルの高さ、木の葉に止まっているようだ。一匹だけだ。ずっと同じ場所にいて、飛ぶ気配はない。ゆっくりしたインターバルで点滅している。

三〇分くらいしたら数が増えていた。結構な数だ。あまり強い光ではない。今度は、すべて地上から一〇メートルの高さだが、やはり、移動はしていない。周囲を探してみても、飛んでいるものは一匹もいない。最初、梢越しに見える星かと思った。しかし、ライトで照らしても、翌朝、そのあたりを見渡してみても、樹冠が鬱閉《うっぺい》していて空はまったく見えなかった。

西表島からは九種類のホタルが記録されている。一〇月に成虫が見られるのはキイロスジボタルとオオシママドボタル、キベリクシヒゲボタルの三種類のようだ。どの種類か断定することはできなかったが、一〇月の山でホタルに出会えるというのも西表島ならではだ。

二〇時一〇分、遠くコノハズクの声、近くではマダラコオロギが鳴いている。しかし物音のない静かな夜だ。沢の音もまったく聞こえない。満潮に達したようだ。時々、魚の跳ねる音がする。明るいうちに見たが、ミナミクロダイがここまで上がってきている。ライトで赤っぽく反射するのはテナガエビの眼だ。

二一時一五分、かなりまとまった雨。今回は入山時からずっと雨だ。こんな山歩きもあるのだとあきらめるしかない。雨に遭うことは仕方がない。

これまでの西表島の山歩きでは、全体として天候に恵まれてきたように思う。眠くもないので、雨に祟られた昔の桑木山北沢、ギンゴガーラ源流のことを思い出して時間を過ごした。

一〇月九日（土）晴れ

六時五〇分。穏やかな朝、無風である。一時、コノハズクが鳴いていた。キョキョキョーッと、甲高い声が聞こえたが、何かわからない。オオクイナかもしれない。少し離れた所ではキジバトが鳴いている。もう一〇分近く鳴き続けている。当面、雨の心配はなさそうだが、昨晩もかなりの雨が降った。情けなくなるほどの量だった。今はフライシートも乾いた状態に戻っている。川風があり、気持ちがいい。イワサキゼミが盛んに鳴いている。

ヒドリ川 F02

段々になった落水

ヒドリ川のマングローブ，一度伐採されたようだ

ヒドリ川の分水嶺，通行不能なブッシュ

出発は八時半を考えている。今日は西海岸線南部を白浜まで戻る予定だ。途中の元成屋崎での藪漕ぎはごめんだ。干潮時間帯に一番の難所である元成屋崎と仲良川を通過したい。そのためには、出発を遅らせる必要がある。今、川原は水深五センチ、一見、干上がっているように見える。これから上げ潮に入る。出発時は満潮時にあたる。しばらくは川沿いの林内を歩くことになるが、それは覚悟の上だ。今日は、林内と海岸線を歩くからアイゼンは装着しない。

出発から一時間、マングローブから一段上がった林内を歩いている。蔓性で棘のあるバラや、竹によく似た蔓植物がやたらと多く前進しにくい。倒木もままあるが、それはあまり苦にならない。

バシャバシャと、水が撥ねる音がした。ボートでも来たのかと目をやると、イノシシがいた。マングローブから駆け上がり、私の一〇メートル前を走っていく。体は中くらい。オスの個体で、牙がしっかり生えていた。とっさのことでカメラを使うことはできなかった。イノシシは三〇メートル先で山の中へ消えていった。

一一時ちょうど。ヒドリ川のマングローブから脱出し、クイラ川に出る。ここからは、三日前に歩いて来た西海岸線南部を北上して白浜へ向かう。

（ヒドリ川河口から白浜への帰路へ続く）

浦内源流南沢

浦内源流南沢は全長（移動距離）五・九キロメートル。分水嶺の鞍部は標高三〇〇メートル。出合は標高一七〇メートルなので、その差一三〇メートル。しかも、全長の半分が標高二〇〇から二五〇メートルの間を流れている。そのため至って平坦な地形で、小さな蛇行が延々と続く。伏流帯も二カ所ある。土砂崩れで一度は遮断された部分が、今は伏流になっているのである。沢は狭く森林の中を流れているため、空はほとんど見えない。

標高二〇〇メートル地点に大きな滝がある。下流から滝までは、森林事務所の職員など稀に訪ねる人がある

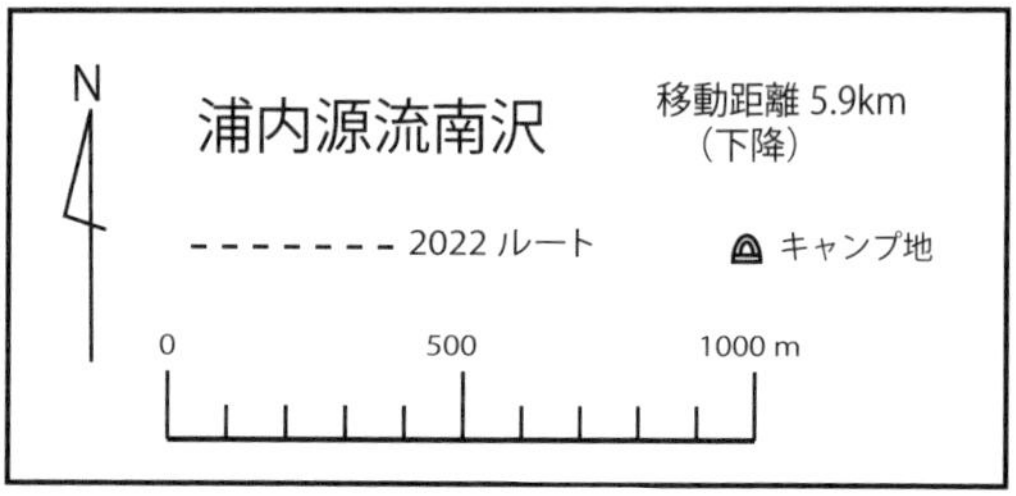

滝F03より下流
谷は狭く,両岸は急峻な斜面でV字谷を呈している.滝上と比べて水量が増す

滝F03
高さ18m,垂直.中央に2本,幅広の落水がある. 崖は緩い弧を描いて扇状に広がっている

滝F02
高さ8m.右岸近くの溝に太い1本の落水がある. 落水の前に巨岩がある.
左岸は連続した垂直の崖.砂岩の厚い層が積み重なっている.中段までシダ植物やツワブキが茂っている

滝F01～滝F02
ほとんど傾斜のない平地のような地形,流水はほとんど止まっているような感じ.繰り返す蛇行

滝F01
3段.上から1m,1.5m,2.5m.砂岩の薄層が何本も水平方向に走る.水量は少なく,全体に白糸を垂らしたような落水

①中間広場（第一山小屋跡）

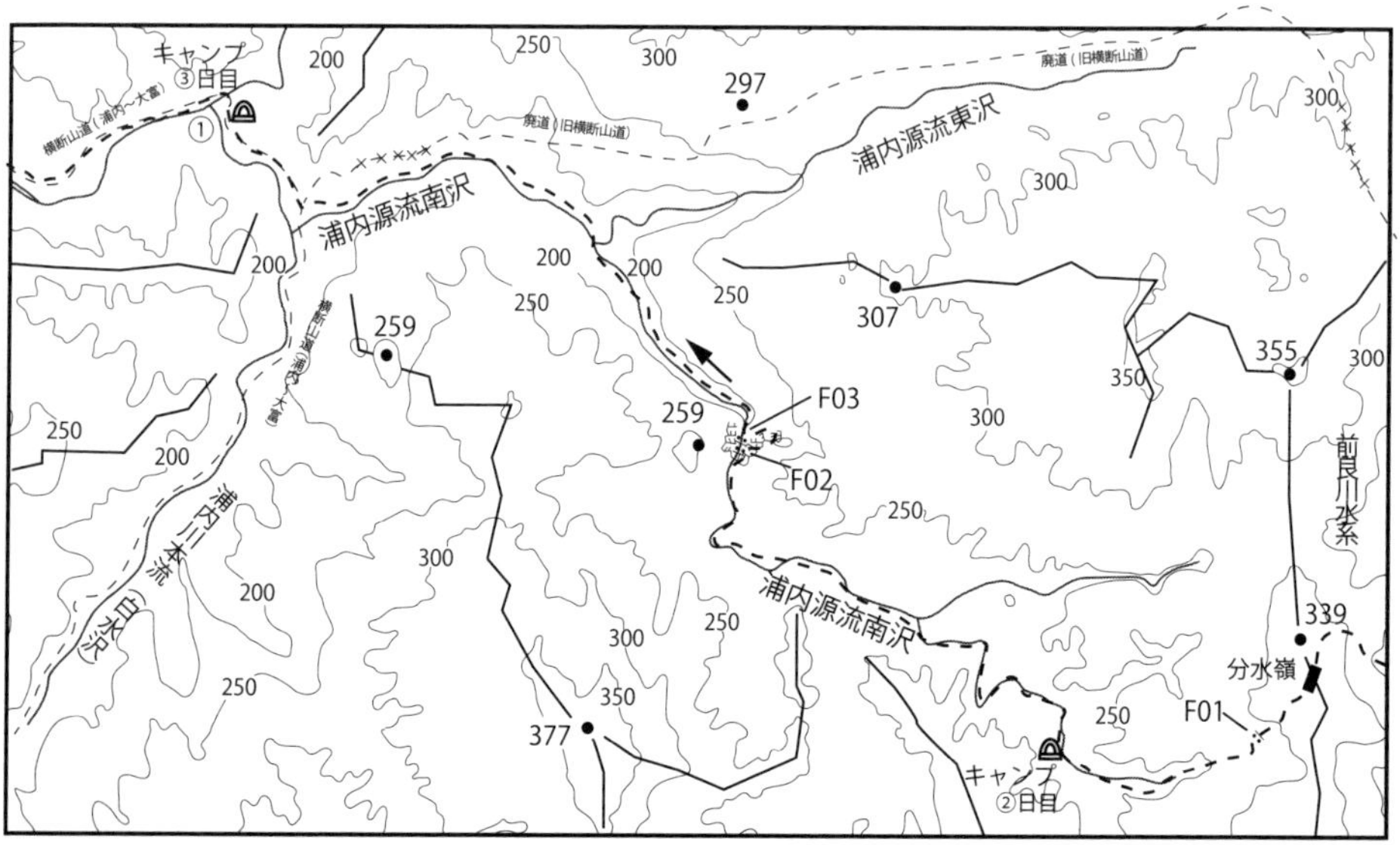

ようだ。しかし、滝から上はほとんど人が歩いていない。浦内川との出合と滝の中間点、出合から約一キロメートル地点で浦内源流東沢と合流し、一つの沢となって浦内川本流へ下って行く。

（前良第一支流遡上より続く）

浦内源流南沢下降

二〇二二年七月二二日（金）晴れ

前良第一支流を遡り、一四時ちょうど、分水嶺に達した。一休みした後、一四時一二分出発、浦内源流南沢下降のスタートである。

少しの間、大形のシダ類が繁茂する狭い溝を下る。クロヘゴ（オニヘゴ）が多い。急斜面である。やがて、わずかな水が流れるようになる。そして最初の滝に出会った。

一四時三四分、最初の滝（F01）。三段になっているが、段差のある岩の斜面といった感じだ。最上部一メートル、次が一・五メートル、下段が二・五メートル。水は少なく、水滴がやや多めに、糸を引いたように連続して垂れている。砂岩の層が水平方向に何本も走っている。ここは、両岸の脇をいずれも簡単に下ることができる。沢ははじまったばかりだが、谷を上ってくる風が心地よい。

一五時一〇分、一・五メートルの落水。そのわりに壺は大きく、長さ五メートル、幅八メートル、水深は一メートル前後ある。最初の滝を通過してまもなく、高低差がほとんどない小さな沢にかわり、緩いカーブの繰り返しが続く。流れも止まっているようにしか見えない。確かに沢を下っているのだが、前方を見ると、緩やかに上って行くような錯覚に陥いる。二カ所に伏流があった。狭い谷部で土砂崩れが起こり、一旦は沢を止めてしまったのだろう。しかし水流が弱いから、土砂は流失したものの岩や石が堆積したまま残っているのである。

一五時三〇分、標高二四〇メートルあたり、キャンプには手ごろなスペースがあった。川面から一・五メートルの高さでほぼ平ら。周囲は灌木林で、シダ植物はクロヘゴがほとんど。全体に緩い傾斜の地形である。直径一から二センチの灌木が多く、地上に出た根をナタで刈り取る。しっかり除去しないと、テントの底に穴を開けてしまうことになる。
川幅二メートル、深さは二〇から三〇センチの淀みが断続的に続く一帯である。中を歩くと底に溜まった泥で水が濁ってしまう。淀みと淀みの間に川原や岩床になった部分があり、二〇センチくらいの落差ができている。ここできれいな水を汲んだ。

七月二三日（土）晴れ
六時三〇分、起床。夜中、何回か目が覚めたが、よく眠れたように思う。昨晩は、まだ明るいうちはタイワンヒグラシ、それに続くイシガキヒグラシの大合唱があった。十分に暗くなった二一時頃には、四種類くらいのカエルが鳴いていた。樹洞に棲むアイフィンガーガエルも、チチチッと鳴いていた。夜半、一度だけコノハズクの声が聞こえてきた。他は音もなく、沢の音さえなく、夜の静寂さは異常なほどに思えるものだった。
今日もよい天気だ。しかし、疲れはしっかりある。この体調でどこまで歩くことができるだろうか。あと二晩の山中泊。まる三日を歩いて、二五日の夕方までに上原まで戻らなくてはならない。民宿を予約しているからだ。そのためには、どうしても今日中に第二山小屋跡を越えてカンナバラ沢をある程度、上っていなくてはならない。しかし、ここまでの距離と要した時間から計算すると、そこまで行くことは体力的にまず無理だ。そうなると、民宿に迷惑をかけることになってしまう。しばらく考えてみたが、今回、予定にあった後半のカンナバラ沢とヒナイ第一支流遡行をあきらめ、浦内川を軍艦石まで下り、ボートで浦内橋へ出ることにしよう。浦内川を下るルートなら、二五日には間違いなく上原に出ることが可能だろう。今日は浦内源流南沢を下るが、第一山小屋跡までは間違いなく行くことができるだろうし、あとのことは、そこで決めればいい。
七時四三分、出発。ほとんど傾斜のない極めて平坦な地形だ。沢は何回も蛇行しながら下っていく。両側の森林も平坦で、場所によっては蛇行を読みながらショートカットすることも可能だ。水量は増えつつあるが、流れはほとんど止まっているかのように見える。水は澄んでいるものの、底には泥や砂が堆積している。川中を歩くと泥が舞い上がってすぐに濁ってしまう。所々にある川床の岩にも泥が薄く積もっていた。

平たい地形は二つ目の滝の上まで続いていた。前半は浅いが、後半になると水量が増し、淀みに変わっていく。あまりこういうところを歩きたくない。深い所でも膝くらいだが、多少ぬかるむし、やはり歩きにくい。一メートルを超すオオウナギに遭遇した。私の出す水音に驚く様子がない。もちろんオオウナギは危険な生き物ではない。しかし、あまりにも大きかったので、足元に近づいてきた時は恐怖を覚えるほどの迫力があった。深い淀みはほとんど脇の林内を歩いた。林内ではキノボリトカゲを頻繁に見かけた。十分に成長した尾の長い個体から、孵化したばかりの三センチにも満たない個体もいた。サキシマカナヘビ、ヤエヤマヒバーにも遇った。

一〇時五五分、滝（F02）。高さ八メートル。右岸寄りを太い一本の滝になって水が落ちている。その部分は深い樋のようになっている。周囲はうっそうとした森林。滝は右岸を落水しており、中央から左岸は連続した垂直の壁になっているが、厚い砂岩の層が積み重なっている。滝の脇に巨岩がある。巨岩のすぐうしろにテラス状の岩があり、そこまで下ることができれば、巨岩に沿って谷底まで下り切ることができそうだ。実際、滝口から少し林内を登って、そこからテラスへ立ち、谷底まで下ることができた。

沢は、ここからガラリ様相を変え巨岩帯になった。三〇メートルほど先で、沢がせき止められたかのように右岸から左岸まで盛り上がった巨大な岩になっている。こういう所は概して滝口になっており、大きな滝があることが多い。

一一時五分、盛り上がった岩に来た。思ったとおり、切り立った大きな滝の上だった。谷底の沢が見える。しかし、滝壺は見ることができない。せり出した岩がじゃまをしているのだ。谷底を見る限り、一八メートル以上の高さがありそうだ。

沢を挟んだ両岸とも垂直の崖になっている。どう見ても今日一番の危険箇所だ。「さて、どこから下るか」。

ルートを探す。左岸は小尾根を登り切ったとしても、その先に崖のような急斜面が続いている。多少ともなだらかな下の斜面までは危険箇所の連続に見える。ここは避けるべきだ。そうなると右岸を高巻きするルート以外に選択肢はない。右岸の下側に大きな沢がある。水の流れはなさそうだが巨岩が積み重なっている。かなり急峻だが、沢を下って谷底まで降りることができそうだ。ただ、その沢へ入るためには、今いる滝口の右岸の小尾根をかなりの高さまで登らなくてはならない。登り切る、あるいは途中まで行ったら、沢に下れる場所が見つかるかもしれない。そう考えて林内に入った。安全をとって、崖の縁から二メートル奥を歩いた。予期せぬ崩壊が起こっても、林内だから足元まで崩れることはないだろう。三〇メートルほど進むと、下ることができそうな斜面が現れた。ここととて垂直に近い崖のような斜面だ。しかし、太い幹をした木やピンッと張った根がある。木の幹に掴まりながら沢に下り、本流の滝の直下まで下ることができた。

振りかえると、見上げるような大きな滝だった。二〇メートルの高さがあるかもしれない。弓状に広がる崖のほぼ中央に二本落水している。崖は垂直だが、シダ植物が全面に張り付いている。滝の幅は一・五メートルと一メートル。薄い落水で、絹布のような水を透かして緑色の崖の表面が見えている。滝壺はなく、積み重なった岩に滝が直接落ちている。

滝を通過すると谷の様相が一変した。水量がぐっと増し、はっきりと流れがわかる傾斜のある沢に変わった。谷は狭く、両側に急峻な山があり、V字谷を呈している。沢はグングンと高度を下げていく。小規模の岩石帯あり、岩床あり、滝とは呼べないが水が落ちる段差も次々と登場する。大きな淵も現れるようになった。十分に深いので、沢の中を通過するのが難しい。

滝の少し下流からピンクリボンが付けられている木が現れた。極めて古く、ちぎれて地表に落ちている。ところが、明らかに新しく、結び付けて一週間もたっていないようなリボンがあった。「沖縄森林管理署」の刻印が鮮明で、カビや汚れがまったく付着していない。じきに、湿地で靴の痕が見つかった。違った形のものが少なくとも三つ。リボンと合わせて察すると、つい最近、森林事務所の職員が通ったということだ。リボンに

浦内源流南沢 F02

浦内源流南沢 F03，
最大の危険箇所だが，全面のシダ類が美しい

導かれるようにして林内を進んだ。確かに歩きやすい。やっかいな蔓植物や小枝がほとんどない。リボンの案内は所々で川原に出て、沢中の石を渡ったり、対岸を進んだりしていた。

ピンクリボンは浦内源流東沢との出合を経て、なおしばらく続いていたが、最後に沢から離れて小尾根に登りきると、鮮明な山道に出た。現在も使われている横断山道の「大富ルート」である。浦内源流南沢の出合、浦内川本流との合流点は足下にある。こうして、浦内源流南沢下降が終了した。一四時二二分であった。

一四時四〇分、横断山道の第一山小屋跡に到着。ここで三泊目のキャンプ。広場一面に、背丈二〇センチくらいのシダ植物が広がっていた。柄の先端に葉を一枚だけ付けたノキシノブのようなシダだった。人が利用した形跡がない。最近はキャンプをする人が少ないのだろう。

二〇時九分、灌木の一・五メートルの高さでホタルが光っている。ポッ…ポッ…という短いインターバル。飛んだりすることなく静止している。周囲を見渡してみたが、この一匹以外は見つからなかった。

翌七月二四日、横断山道を歩き、カンビレーの滝の最上部で一泊した。頭上高くにはさそり座と北斗七星。新月が近い快晴の夜空には、星座を読むことができないほどたくさんの星があった。さらに翌七月二五日、山道の終点である軍艦石まで歩き、観光ボートを利用、一〇時には浦内橋の自動車通りに出た。

ヒナイ第一支流

※北海岸にあるヒナイ川の一支流だが、編集の都合上、本章で紹介する。

今回、カンナバラ沢へのアプローチとして、これまで通ったことのないこの沢をルートとして選択した。テドウ山は標高では西表島で三番目に高い山である。不鮮明とはいえ登山道がある。登山道は船浦農道の終

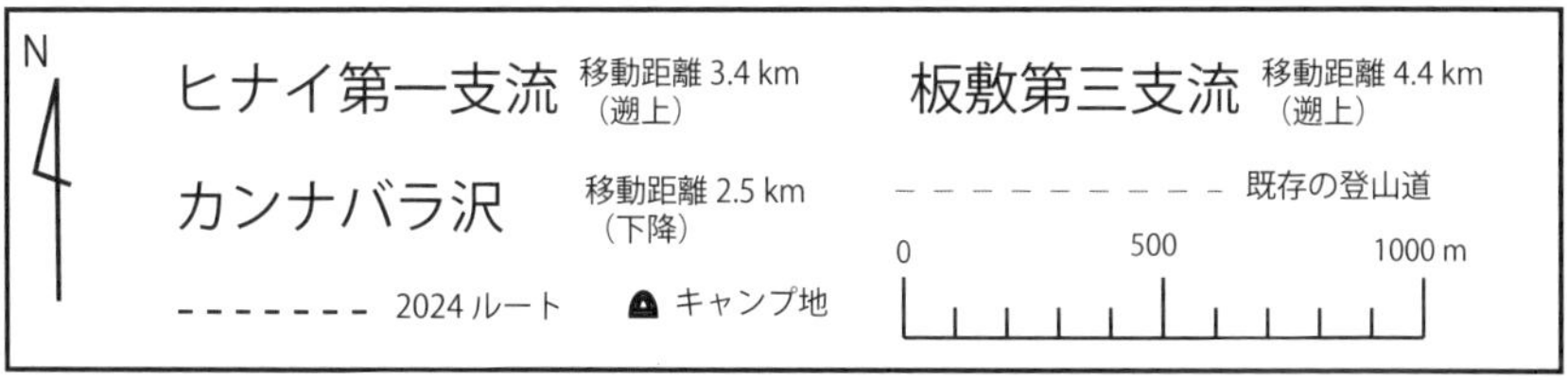

①ヒナイ第一支流出合

②キャンプ 1 日目

③カンナバラ小屋跡
（第二山小屋跡）

④キャンプ 2 日目

⑤ヒナイ源流二俣

⑥キャンプ 3 日目

カンビレーの滝方面
横断山道
浦内川

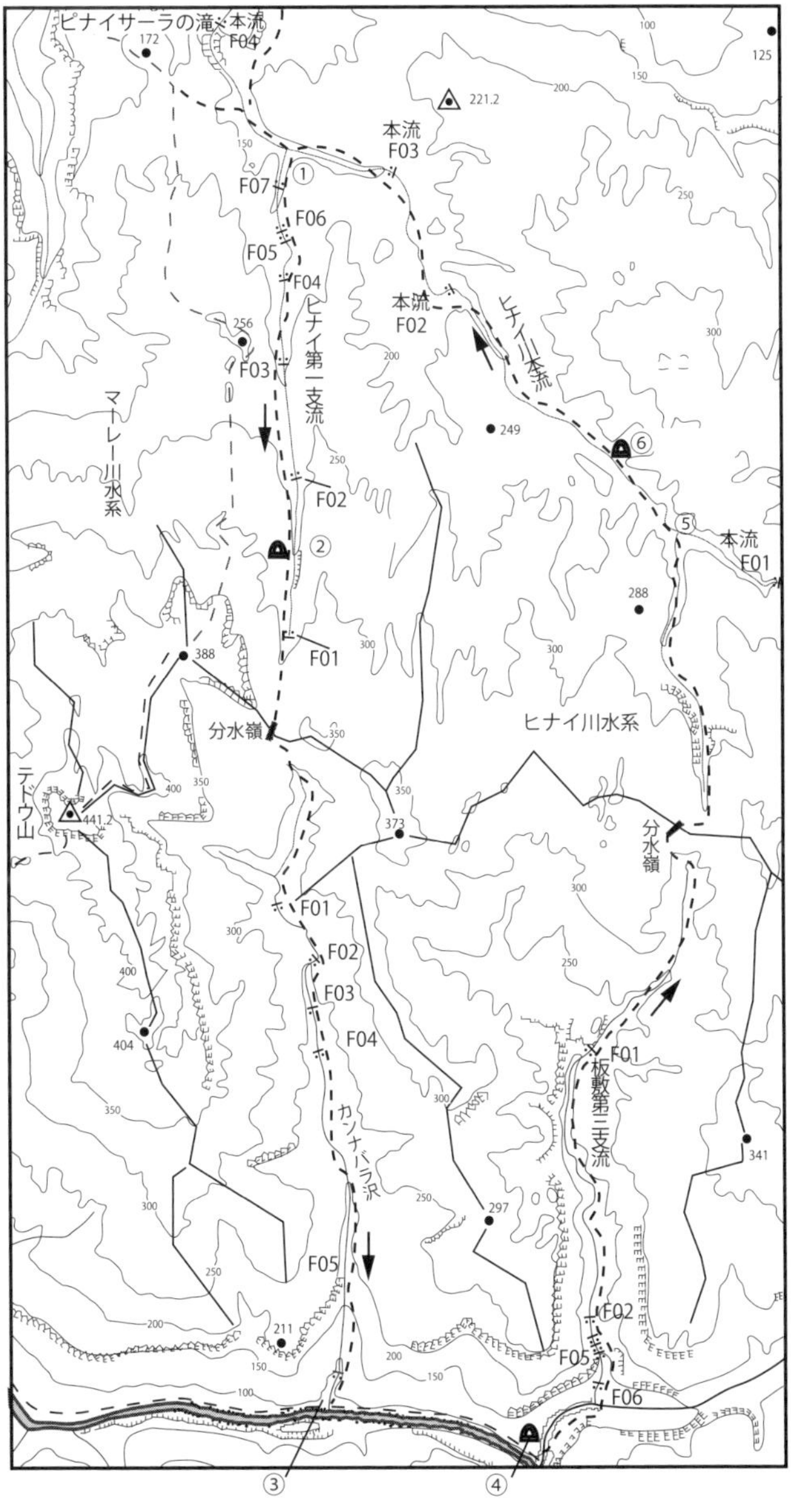

点を起点とし、一・七キロメートル地点でピナイサーラの滝口への道から分岐、基本的には尾根を辿って山頂へ向かっている。この尾根と並行する東側の谷を流れているのがヒナイ第一支流である。標高二〇〇メートルを過ぎたあたりに、沢から登山道が見えるほど両者が接近している地点もある。しかし、沢には道がなく、テドウ山登山でも、沢からのルートを選ぶ人はいない。全長三・四キロメートルの間に七つもの滝があり、ゴルジュや岩石帯もある。しかし滝の規模は小さく、あまり苦労せずに迂回することができる。礫が多い川原、一枚岩からなる滑床が各所にあり、全体としては、危険箇所の少ない歩きやすい沢である。

ヒナイ第一支流を遡上

二〇二四年六月一七日（月）終日くもり

七時三七分、上原を徒歩にて出発。空は厚い雲に覆われ、天気予報では雨になるとのことだ。今はまだ明るく、当面、雨の心配はなさそうだ。スーパー横の植栽されたサガリバナが開花している。カーチバイ（夏至南風）も吹きはじめ、西表島の梅雨明けはじきだろう。

九時三分、船浦の農道終点に着く。途中、マンゴー栽培のハウスの脇ではミズレンブが枝もたわわに実り、真っ赤に熟していた。ミズレンブはフトモモの仲間だ。高さ三メートルくらいになり、果実は直径五センチ、底が丸い富士山型をしている。水っぽいのにパサパサした食感で味はほとんどしない。果物として食べるより、刻んでサラダに混ぜるといいかもしれない。

一〇時四〇分、テドウ山との分岐点に来た。上原から三時間も経っている。一五年前までは、荷物が重くても二時間で来ていた。まあ仕方がない。「歳相応に歩け」ということだろう。実は、ここは先月一〇日に通ったばかりだ。六名のグループを案内し、テドウ山を往復した。

分岐点からピナイサーラの滝口へ向かったが、途中で登山道をはずれ、直接ヒナイ川へ下った。今日は下流にある滝まで、わざわざ行く必要がないのだ。さっそく「キケン立入禁止」と書いたテープがあった。ただ、特に危険な場所というわけではない。私はいつも歩いている。

一一時、ヒナイ川に出た。沢縁の岩に座り、アイゼンを装着する。先方に突き出た一対の爪を切除し、八本の爪を短く鋭く削ったものだ。さらに、前後に分かれた二つのパーツをワイヤーで固定してある。西表島の沢歩きに特化した自作のアイゼンだ。さあ出発だと第一歩を踏み出した瞬間、パシーッと音がして左脚に違和感が走った。「何事だろう」。座りなおして見ると、ブリッジが折れてアイゼンの前後が離れていた。こんなことは今までになかった。ワイヤーもペンチも持っていない。アイゼンはどうしても必要だ。テント用のヒモで、何とか修理した。布ヒモだから長持ちはしない。何度か縛り直し、その後四日間の沢歩きをすませ、上原に戻ってからワイヤーで修繕しなおした。

一二時一〇分、ヒナイ第一支流の出合に立つ。遡上の開始である。ヒナイ第一支流は岩石帯ではじまった。直径二メートルほどでそんなに大きいものではない。コケや小さな植物がビッシリと生えていて、岩の表面がまったく見えない。

一二時二一分、最初の滝（F07）。高さ三メートル、大岩が積み重なって、滝全体が緩やかな三段になっている。岩は角ばっていて、表面が艶々している。滝壺は浅く、沈んだ岩や少し頭を出している岩がある。

川底に石炭片があった。「一口羊羹」の大きさだ。周辺にも幾つかあった。大正時代の「波の上炭鉱」は、おそらくこのあたりの斜面の上部にあったのだろう。「波の上炭鉱のなぞ」（里井洋一）、「波上坑探索記」（安里淳）によれば、「坑口は標高約二一〇メートル。直下の谷間を流れる川を下ると見栄えのよい小滝があった……」などとあるが、図示されていないので、正確な位置はわからない。小規模な炭鉱だったようで、採掘された石炭は鳩間島の女性たちを含む人の手で運ばれ、伊武田崎近くに造られた埋立地で船に積まれたそうだ。一部の区間、トロッコもあったらしいのだが、資料が少なく詳細はわからないとある。

一二時五〇分、滝（F06）。一三時ちょうど、滝（F05）に来た。

一三時三〇分、滝（F05）の上流三〇メートルの所にある滝（F04）に到着。高さ三メートル、幅一メートル

ヒナイ第一支流 F03，
全長3.4キロの間に7つもの滝がある

ミズレンブ

ヒナイ第一支流 F07

ヒナイ第一支流出合，ヒナイ川本流の下流側を見る

の溝状になった緩い斜め滝。直登可能に思えるが、滝壺が深く近づくことができない。滝口から上流一五〇メートルの間はゴルジュになっている。狭く、数カ所に壺のような深みがあって、直接通過できない。両側は三から五メートルの岩壁。ここは林内の崖の上を迂回、特に危険ではないが、ちょっとした難所といえる。

一四時一五分、滝（F03）。高さ八メートル、上部の幅八メートル、下端は一三メートル。ごく薄い砂岩の層が幾重にも重なり、それが大きく二段になっている。上段では三本の落水、下段では無数の白糸を垂らしたように落水しており、薄絹のカーテンのようだ。やがて谷が少し広くなってきた。ゴルジュを通過した直後だから、なおさら広く感じる。滝口すれすれを、アカショウビンが左から右へ横切っていった。

滝（F03）の上流一〇メートルの左岸に、小さな沢の出合があった。「おや？」。奥に連続してピンクリボンが見えている。どうやらテドウ山への登山道のようだ。一カ月前に通った道だ。坂を下って直角に曲がり細い沢を詰める、特徴のある地点だった。

一五時二〇分、そろそろキャンプ地を探してもいい時刻だ。ここまで歩きやすい礫の多い川原が続いたが、急に水量が減り、少し心配になってきた。標高二五〇メートル地点である。両岸は急斜面だが、灌木を少しばかり伐り払って、テント一張り分のスペースを作った。川床から二メートルの高さ、万一スコールがあっても大丈夫だろう。沢には水深三〇センチの溝があり、ここで水浴を済ませた。

イワサキヒメハルゼミ、タイワンヒグラシ、イシガキヒグラシの声。梅雨明け間近の、西表島の日暮れがゆっくりと流れていった。

六月一八日（火）終日くもり
五時四〇分、起床、テントを開ける。谷間は無風、天気はまずまずのようだ。
六時一五分、アカショウビンの声。
七時五分、出発。林内はすでに明るく、ライトなしでも行動できる時間だ。

七時三二分、滝（F02）。見事に垂直だ。右岸から左岸へ約二〇度の下り傾斜、薄い砂岩の層が堆積し、表面がとりわけ美しい。無数の白糸を垂らしたような光景だが、水量はかなり少なくなっている。脇にある大岩から直登を試みたが、ホールドが小さすぎる。危険と判断し、右岸の林内を迂回する。

七時五〇分、滝（F01）。先ほどとはまったく違う様相の滝だ。高さ四メートル、下の一メートルは堆積した岩に隠れている。上部一メートルは厚く、やや斜めに庇になって出っ張っている。中間は上下の幅が一メートルの窪み。人が入っても、水にぬれない大きなへこみだ。水は左岸に集中している。谷の傾斜が緩やかになってきた。樹高もやや低くなり、全体が幾分明るくなった感じだ。

八時三三分、吹き上げてくる強風を感じた。分水嶺だ。アダンのブッシュで、まったく眺望が効かない。しかし、尾根は幅二メートルと狭い。これなら、惑うことなく反対側へ下れる。途中一泊したものの、ほぼ予定通りヒナイ第一支流遡上を完了した。

（カンナバラ沢下降へ続く）

カンナバラ沢

分水嶺から浦内川との出合まで、全長二・五キロメートル、標高差二三〇メートルの沢。一九六〇年代、出合に「カンナバラ小屋」、通称「第二山小屋」があった。往年の大学探検部やワンダーフォーゲル部の部員にとっては懐かしい地名だろう。しかし、昔も今も、カンナバラ沢を歩く人はいない。特に大きな沢ではないし、重要なルートに挙がることもないからだ。全長は短いのに分水嶺と出合との標高差があり、通過できない滝やゴルジュがある。

カンナバラ沢下降

（ヒナイ第一支流を遡上より続く）

二〇二四年六月一八日。

八時三三分、ヒナイ第一支流を遡上、分水嶺に立った。かなりの強風だ。浦内川の広い谷から吹き上げてくるのだろう。ここから、カンナバラ沢の下降がはじまる。

かなり急峻な斜面だ。木に掴まりながら、吊り下がるようにして下った。一〇分後にはカンナバラ沢の源流に来た。両岸が数メートルの高さの崖になっていて、移動しながら降り口を探し、川床に下りた。岩が多いが、しばらくは緩やかな下りが続く。

九時二五分、最初の滝（F01）。左岸を大きく高巻きし、川床に下りた。滝壺から二〇メートル下流だ。滝は二条。スクリーンのように広がった岩壁が谷を遮断している。中段に幅、奥行きとも二メートルの大きな溝が走っている。滝は、シダ類に覆われた緑色の部分を挟んで、向かって右の滝は八メートル、左の滝は一〇メートル。水量はほぼ同じだが、右の滝は太く一つにまとまって落水、左の滝は薄く幅広い落水になっている。さらに両方の滝が大きな壺で一つになっている。右の滝は私が下ってきた源流、左の滝は、地図で見る限りテドウの山頂から真東に下っている源流のようだ。ただ、気になるのは、ＧＰＳが示すポイントは、源流の合流点より一五〇メートル下流になっていることだ。滝壺は最深部二メートル、たくさんの岩が沈んでいる。

九時五〇分、滝（F02）。近づけない。梢越しに見ると、高さ五メートル前後、水量がたっぷりあり、恐ろしいほどの轟音が聞こえてくる。滝壺も青々として深そうだ。すぐ下流で大岩が堰を作っていて、その分、滝壺も深くなっている。一帯はゴルジュが続き、左岸の林内を大きく迂回した。

一〇時一四分、滝（F03）。高さ四メートル、左岸から右岸へ緩い勾配になっていて、水は右岸の脇に集中して流れている。滝（F02）からここまで一五〇メートル、直径二メートルを超す岩が谷を埋め尽くしている。谷の幅五メートル、両岸とも岩。岩石帯はまだしばらく続き、さらに急峻な下りになっていく。

一〇時三〇分、滝（F04）。高さ四メートル、垂直。砂岩の層が水平に重なっている。かなりの水量で二条になっているが、さらに水量が増せば、太い一本の落水になるだろう。

一一時、ゴルジュ。幅一から二メートル。両側は高さ五から一〇メートルの岸壁。急峻でしかも水量があり、

カンナバラ沢（標高150m），
大きな沢ではないが，岩石帯やゴルジュが多い

カンナバラ沢 F01，
2つの滝は異なる源流で，滝壺で合流する

中を通過することは不可能。左岸の林内を迂回したが、途中、滝みたいな部分が二、三カ所あった。しかし、すべてを覗くことはできず、正確なことはわからない。

ゴルジュを出て少し下ると沢が左に直角に折れていた。谷はやや広くなったが、この部分が全長一〇メートルの淵になっていて、水深三メートルもありそうに見えた。

一二時五分、次のゴルジュがあり、危険を避けて林内を迂回。二万五千分の一の地図にある一連の崖あたりだ。巨岩が沢を埋め尽くす岩石帯も続く。

一二時四五分、滝（F05）を迂回して、すぐ下流の川原に下りた。地図にある滝かもしれない。高さ三メートル、幅八メートル、左岸から右岸に向かって緩やかに流れ落ちている。その気になれば上り下りできそうだ。浦内川を挟んだ対岸の山が高く大きく迫っている。ここまで来れば浦内川との出合はそんなに遠くないと思われる。

出合が近づくとなだらかな滑床となり、谷は広く明るくなった。板敷川のミニ版といった感じだ。アプローチさえ楽な場所だったら、一日中、子どもたちを遊ばせてやりたいような沢だ。

一三時、浦内川に出た。出合の手前二〇メートルの両岸にピンクリボンがある。そこはカンビレーの滝から大富林道へ抜ける「横断山道」であり、カンナバラ沢の渡渉地点を示している。右岸を上がった所に一〇畳ほどの広場がある。ここが「第二山小屋跡」である。かつて営林署のカンナバラ小屋があった所だ。

一九六七年八月、この小屋に一人で泊まったことがあった。夕方七時頃、小屋の中はすでに薄暗かったが、梁の上を小動物が走るのを目撃した。大きなネズミくらいの大きさ、尻尾が太かった。私は何の疑いもなく「リス」だと思った。ところが、東京へ戻って本を調べてみると、西表島にはリスがいないことを知った。本の一つに「一九六〇年代、西表島船浦において、ネズミ駆除のためにイタチを放逐した」と書いてあった。その時はそうかと納得したが、平地や耕作地を好むイタチが山を越え、カンナバラの、しかも小屋に侵入するとは考えにくい。では正体は何なのか。一九七二年、沖縄県が日本復帰した。西表島にも多くの観光客が訪れるようになり、マリユドゥの滝への降り口には大きなチリ捨て穴が掘られた。そこでは、日中でもクマネズミが活動し、それを狙ったサキシマハブも多かった。あるいは、一九六七年、すでにクマネズミがいて、距離的に近いカンナバラ小屋にも棲みついていたのかもしれない。「太い尻尾」は誤認だったと考えれば納得できるが、今もって気になっている記憶の一つだ。

そんな想い出とともに、ここでカンナバラ沢下降は終了。カンナバラ沢は、浦内川の支流の中では決して大きな沢ではない。しかし、崎山半島のウボ川に匹敵する岩石帯が続くし、谷を埋め尽くす岩は、乗り越えることも隙間を潜り抜けることも無理だ。通過困難な滝やゴルジュがあり、多少とも難度の高い沢といえるだろう。疲れもあり、久しぶりに緊張した沢歩きだった。

一五分の休憩の後、横断山道を移動して、一三時三五分、板敷川出合に着いた。テントを設営できる手ごろな広場があり、水場も近い。ここで寝るのは何年ぶりだろうか。

（板敷第三支流遡上へ続く）

板敷第三支流

板敷川には大きな支流が三本ある。第一支流が全長三・二五キロメートル、標高差一五〇メートル。第二支流が全長一・七五キロメートル、標高差九〇メートル。第三支流が全長四・四キロメートル、標高差二二〇メートルである。ただし、全長は沢の正確な長さではなく、GPSで記録した私の移動距離である。傾斜の度合いは三つの支流とも大差ない。しかし、滝の数はそれぞれ四、一、六と異なり、第三支流に多い。中でも第三支流の滝（F05）は、あたり一帯で落差が最も大きな滝である。この沢も、歩く人はほとんどいない。森林事務所のピンクリボンもない。

（カンナバラ沢下降より続く）

板敷第三支流遡上

二〇二四年六月一九日（水）朝くもり、日中晴れ

五時三〇分起床。朝食後ゆっくり準備をしていたら七時になってしまった。今回は六月一七日に上原を出発、ヒナイ第一支流、カンナバラ沢を踏破、昨晩は板敷川が浦内川に合流する出合でキャンプした。今日は板敷第三支流を遡上、分水嶺を越えてヒナイ川を下る予定だ。

「仲良川感潮域南岸を歩く」のところで「西表島のヒルなど痛くもかゆくもない」と書いたが、キャンプ地一帯のヒルの多さには閉口する。昔から、横断山道でも、板敷川から第一山小屋跡の間は特にヒルが多かった。それが、今はもっと下流の第二山小屋跡からカンビレーの滝あたりにまで広がっている。今回は、ごく小さなヒルがほとんどだ。伸びた状態でも一・五センチほど、生まれて間もないものなのだろう。それでも一人前に食らいついてくるから始末が悪い。今朝も外に出しておいた靴の内側にビッシリと付着していた。移動中、大きなヒルに何カ所も吸血された。不用意にも、ヒル避けソックスを履いてこなかった。ソックスがあれば、まず咬まれることはなかったはずだ。

板敷川を一旦対岸へ渡り、マヤグスクの滝への登山ルートを辿った。板敷第三支流の出合は近い。広い滑床を歩いて、出合のある板敷川の右岸に戻った。

七時二〇分、最初の滝（F06）。板敷第三支流に入ってからほんのわずかな距離だ。高さ六メートル。垂直で、薄い砂岩の層が幾重にも重なり、ほぼ水平に走っている。滝全体は幅八メートル、中央に一・三メートルの幅で落水している。水量は多い。

左岸の林内に入る。沢の脇は垂直に近く危険きわまりない。沢から十分に離れ、沢と並行するように直登するが、そことてかなり急峻で油断はできない。しかしここ以外にルート選択の余地はない。

八時五分、二つ目の滝（F05）の上流五〇メートルにいる。滝（F06）の迂回にはじまって、ここまでずっと林内を登ってきた。気がつくと、滝（F05）を通り過ぎていた。滝（F05）は、『西表島探検』の第二章「古見

板敷第三支流 F01

板敷第三支流（標高260m）

板敷第三支流（標高240m）

板敷第三支流 F02，滝壺がなく，ナメ床になっている

岳に登り、由珍川から板敷川を下る」に登場する滝のことだ。滝口からの目測で、「高さ五〇メートル」と書いてある。正確な高さはわからないが、この一帯ではずば抜けて大きな滝であることは間違いない。そのすぐ上流に斜めの滝（F04）があるが、ここも林内を通り越してしまった。ただ、今いる位置からは、滝口が見えている。

滝（F04）の三〇メートル上流に滝（F03）がある。高さ二メートル、水量はたっぷりある。両側の森が迫り、沢は狭くなっている。近くには岩だらけの所があれば、一枚岩の滑床もある。

八時四五分、滝（F02）。高さ三メートル、段々になった岩壁が弓状に広がり、中心に滝がある。滝口の幅一メートル、下端の幅三メートル。滝壺はなく、緩やかな滑床が広がっている。かなり緩やかな谷で、全体的に明るい林。

滝（F02）を過ぎてから一五〇メートルの間、砂地、水深五〇センチほどの蛇行が続く。傾斜が極めて緩い場所に出来る特徴的な淀みだ。

九時三〇分、角がとれた丸い岩が散在する川原。川幅は一〇メートルあるが、水のない部分には草が生えていて、両岸から木の幹が倒れるように伸びて沢を覆っている。うっそうとしたいい雰囲気だ。

一〇時一〇分、滝（F01）。高さ六メートル、巨岩を積み重ねたような滝。大きな岩が無秩序に突き出ていて、岩に当たりながら水が落ちている。滝壺はなく、岩がたくさんある。滝口の幅一メートル、両側から岩が迫り、くびれたように狭い。滝の下流は岩石帯で、谷の幅は一〇メートルと広い。滝の上流も広い谷になっているようだ。

一一時四五分、約一〇〇メートルの間、かなり急峻な岩石帯が続く。無秩序に重なる巨岩を階段のように登っていくのだが、ここは完全な伏流になっている。

伏流帯を過ぎると再び水が出てきた。傾斜が緩くなり、分水嶺が近いと感じさせる。そして今回も、西表島の山行でよくある苦労がはじまった。地図では表せない小さな尾根や谷があって、自分の進むべき方向がわからなくなってしまうのだ。

一三時、分水嶺に立つ。おそらくヒナイ川へ下る峠だろう。実は、一時間前にすでに分水嶺に立っていたのだが、GPS内蔵の地図と周囲の小尾根や谷と一致しなかった。このあたりで、分水嶺だからといって安易に反対側へ下ると、カンナバラ沢、板敷川へ戻ってしまう可能性がある。そこで、まずは尾根の上を五〇メートルほど移動し、今どの方向へ進んでいるのかをGPS上で判断する。軌道修正を繰り返しながら、あらかじめ入力しておいた確かな山越えのポイントへ近づいていくのである。

一三時五分、一〇メートルも進まないうちに、GPSが「ピーッ」と鳴った。入力しておいた峠である。板敷第三支流を間違いなく登りきったことを確認。ここからは途中一泊して、安全にヒナイ川を下りきろう。

ピナイサーラの滝右岸を歩く

板敷第三支流とヒナイ川を分ける稜線は幅があり、広くツルアダンに覆われていた。ただ、峠にあたる鞍部では密生しておらず、シダ植物もあり、多少は歩きやすい。

出発してしばらくは土の斜面で、シダ植物がビッシリ茂っていた。葉に隠されて足元が見えないから油断は禁物だ。不安定な礫が多く、足をくじいたりしたらやっかいだ。やがて、雨の時だけ水が流れる礫混じりの涸れ沢が現われ、じきに、チョロチョロと水が流れる所まで来た。ヒナイ川のはじまりである。

一四時二〇分、最初の二俣。右側（東側）からの沢と合流する地点だ。以前通ったことのある源流だ（『南島探検』第二章「ヒナイ川」）。ただ、今日下ってきた沢のほうがわずかに幅があり、水量も多い。後日GPSのデータで見ると、今日の沢が一・二キロメートル、東側の沢より四〇〇メートルほど長かった。つまり、一番の源流ということだ。便宜上、東側の沢を「東源流」、今日の沢を「西源流」と呼ぶ。

二俣からは腰まで浸かる淵もあったが、林内を迂回したり、沢の中を直接歩いたりした。記憶はあいまいだが、一度は通ったことのあるルートだから、精神的にはかなり楽になっている。

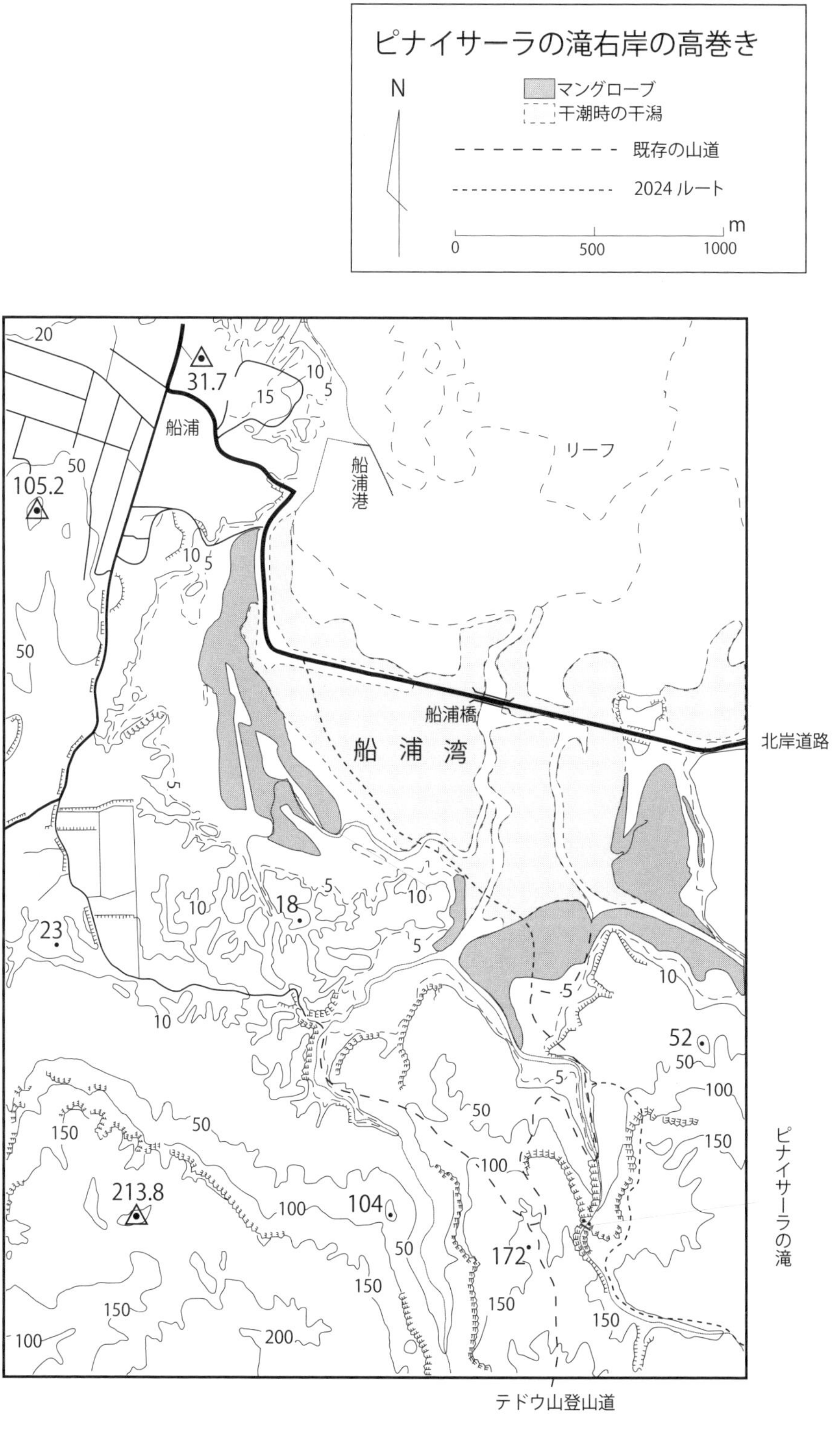
ピナイサーラの滝右岸の高巻き
N
マングローブ
干潮時の干潟
既存の山道
2024 ルート
m
0
500
1000
20
31.7
10
5
15
船浦
リーフ
船浦港
50
105.2
10
5
50
船浦橋
船浦湾
北岸道路
5
5
18
10
10
23
5
10
5
10
52
50
5
100
50
150
50
150
100
213.8
100
104
ピナイサーラの滝
50
172
150
150
150
150
100
200
テドウ山登山道

一五時ちょうど。水浴ができそうな場所があったので、今日のキャンプ地とする。標高二二〇メートル、後背地はやや急峻だが、沢の脇、高さ二メートルの所に、テント一張りできるスペースがあった。

一六時二〇分、夕方の陽ざしがテント近くの林床を照らしている。無風。外でくつろぎたいところだが、ブユが異常に多い。暑くてもテントに留まるしか手段がない。

六月二〇日（木）未明に雨、終日晴れ
四時、雨音で目覚める。外に吊るしてあったザックを急いで取り入れた。じきに止んだが、五時を過ぎてから、まとまった雨があり、大きな雷鳴が響き渡った。

八時一五分、出発の準備完了。今日は船浦湾の横断がある。一二時以降の干潮に合わせるため、出発を一時間遅らせた。未明の降雨で沢の水位が三センチ上がっている。しかし、濁りはまったくない。この程度の上昇なら遡行に影響はないはずだ。

この先、大きな滝が三つ、深みも幾つかある。とはいえ以前経験している沢だ。滝（F02）あたりからは古い山道の痕跡もあるはずだ（詳細は『南島探検』第二章「ヒナイ川」参照）。

一〇時五〇分、ヒナイ第一支流出合を通過、右岸に渡り、一二時一五分、ピナイサーラの滝口近くに来た。「キケン立入禁止」と印刷したテープが行く手を遮っている。五メートル先にも同じテープがあった。滝下から滝口への行き来は、左岸に登山道がある。一方、右岸に道はなく、尾根筋を外すと断崖絶壁が屏風のように続く危険地帯となる。ただ、私は、どうしてもこのルートを歩いてみたかった。

テープから一〇〇メートルほどまでは、道の痕跡があった。その先は、すべて獣道となり、どこを見ても同じような林床になった。ポカッと開いた樹木の切れ目からピナイサーラの滝口が見えた。ここからはほぼ同じ高さだ。深い谷を隔てているが、驚くほど近くに見える。三人の観光客がいる。一人は這いつくばって谷底をのぞき込んでいる。短パンにスニーカー、持ち物までが手に取るようだ。声を掛けようと思ったくらいだ。だが、彼等が私を見つけることは無理だ。向こうからは黒々と広がる大きな森しか見えないだろう。

ピナイサーラの滝の両岸は、高い崖が下流へ向かってV字型に広がっている。高さ二〇から五〇メートルもある。滝そのものが五五メートルの落差があるのだ。左岸は、崖のずっと上部の稜線に登山道があり、稜線の先端部からハシゴを立てたような急斜面を下って、ヒナイ川の谷底まで行くことができる。川辺に出たら、沢沿いにピナイサーラの滝下へ行けるし、沢を渡って川沿いに下り、船浦湾にも出られる。いずれも鮮明な登山道がある。

一方、右岸に登山道はない。右岸にも連続した崖があるが、一カ所わずかに切れた所があり、そこの極めて急峻な林内を下れば、滝壺のすぐ脇に出られる。

私は右岸をなるべく先端まで歩きたいと考えていたので、波打つように徐々に高度を下げていく尾根の上部を辿った。しかし、うっかり尾根を反対側へ下ってしまうと困るので、途中からヒナイ川側の斜面を少しずつ下った。気をつけていたので、尾根を反対側へは行かなかったが、下ったところは崖の上端になっていた。切り立った赤々とした岩肌が見えている。これは大変だ。しばらくは崖の上を横に移動。木の幹や太い枝など掴まるものがあるし、足場もしっかりしている。こうして徐々に下流へ向かい、崖が途切れたところで、右手から下ってきた尾根に取りついた。じきに現われた小さな沢に入り、ヒナイ川沿いの登山道まで下り切った。すでに汽水域で、ここからは湿地林、古い田んぼの跡の原野、そしてマングローブに連続した登山道が続く。

登山道を辿って船浦湾に出た。大潮の干潮時で、広大な干潟に変わっていた。強烈な日差しだ。風があるものの、頭がクラクラするような暑さだ。いつもなら一時間半で歩く上原までの距離を、三時間もかかってしまった。深い森の中の、しかも沢を歩いてきたから、直射日光もアスファルト道路の照り返しも残酷なほどきつい。

ただ、ここでは懐かしい想いもした。干潟を渡り切ってまもなく、一瞬、ヤマネコの臭いがしたのだ。周囲にソウシジュがないか探してみた。アカシア属の常緑樹で、葉の臭いがイリオモテヤマネコの獣臭と似ており、臭い違いかもしれないと思ったからだ。ソウシジュは、西表島では道路沿いや原野で野生化したものが多い。しかし、どこにも見当たらない。やはりイリオモテヤマネコの臭いだろう。私にとっては、忘れることのない臭いだ。木陰で一休みして歩きはじめると、一〇メートルも行かないうちにネコのフンがあった。まぎれもないイリオモテヤマネコのフンだ。おそらく、今朝がた排泄したものだろう。鼻が覚えていた記憶もうれしかったが、古い友人に会えたような、懐かしい気持ちがした。

一六時三〇分、無事に上原に到着。これにてヒナイ第一支流、カンナバラ沢、板敷第三支流、ピナイサーラの滝右岸。上原を出発し上原に戻る三泊四日の山行が終了した。民宿カンピラ荘に着くとご主人が開口一番「梅雨が明けましたよ」。未明に聞いた雷鳴、あれが、西表島の梅雨明け宣言だったのだ。

登山道に下り切る少し前、小さな沢があったので、そこで休憩した。川幅一メートル、左半分に水が流れていた。五〇センチの段差が小さな滝になっている。滝全体が、毛根というのか、木の根に覆われている。根の一本一本は太さ五ミリ、長さ三〇から五〇センチ、それが厚さ一〇センチ、幅五〇センチに渡って分厚く密に岩に付いているのだ。色は明るい褐色、太めの麺を束にして張り付けたようにも見える。水はたっぷりある。根の束を乗り越えて落ちてくる。ボトルで取水した。直接口を当てて飲むこともできる水場だ。

一口飲んでみた。「おいしい」。軟らかくて甘い。勘違いかなと思い、もう一口飲んだ。やはり、うまい。疲れているから、たっぷり汗をかいているから、そう感じるのだろうと思った。しかしそうではなさそうだ。やはりおいしい。甘い香りがする。ここから上原までは干潟と自動車道路、もはや水場はない。私は二本のボトルを満タンにし、帰路、幾度にも分けて飲んだ。やっぱり、うまい。他の沢の水とは明らかに違う。

民宿に着くと、コップ一杯分が残っていた。捨てようかと思ったが、冷やして飲もうと、氷をたっぷり入れた。するとどうだろう。ただの水の味に変わってしまった。やはり、沢からの水は特別だったのだ。しかし何

ピナイサーラの滝を右岸より眺める

ヒナイ川本流 F03

干潮時の船浦湾

ヤエヤマヒルギ（船浦湾）

田んぼ跡の原野

故だろう。地形や地質、森林をとってみても、他のヒナイ川水系の沢との間に違いがあるとは思えない。細い根の束に原因があったのだろうか。機会があったら、再び訪ねて確かめたいものだ。

第4章　崎山半島

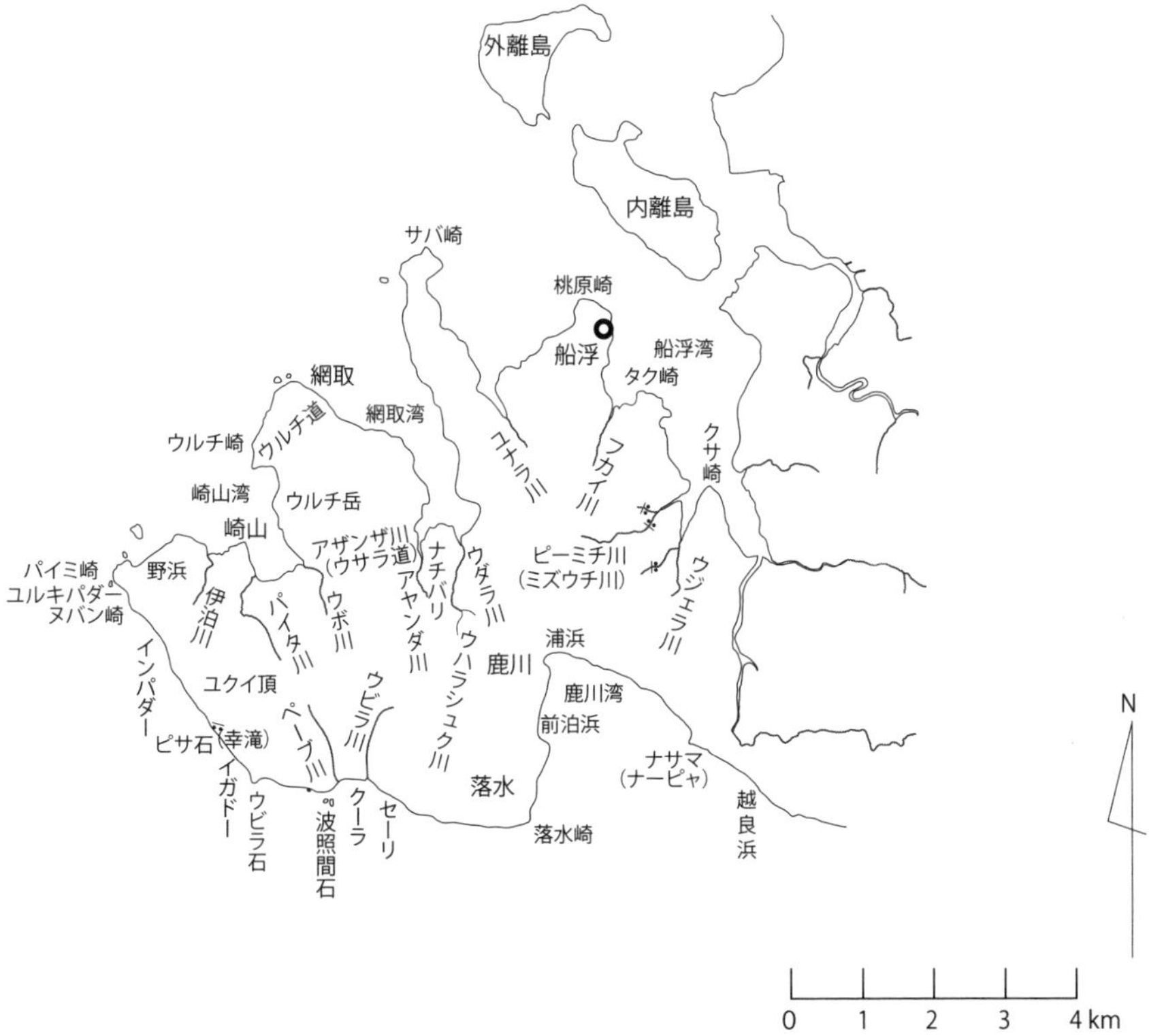
外離島
内離島
サバ崎
桃原崎
船浮
船浮湾
タク崎
網取
網取湾
ウルチ崎
ウルチ道
崎山湾
ウルチ岳
崎山
ユナラ川
フカイ川
クサ崎
アザンザ川
(ウサラ道)
ナチバリ
ウダラ川
ピーミチ川
(ミズウチ川)
ウジェラ川
パイミ崎
ユルキパダー
ヌバン崎
野浜
伊泊川
パイタ川
ウボ川
アヤンダ川
ウハラシュク川
鹿川
浦浜
インパダー
ユクイ頂
ウビラ川
鹿川湾
前泊浜
ピサ石
(幸滝)
ペーブ川
落水
ナサマ
(ナーピャ)
イガドー
ウビラ石
波照間石
クーラ
セーリ
落水崎
越良浜
N
0
1
2
3
4 km

アヤンダ川

今回のルートは船浮を起点として網取湾からアヤンダ川を遡上、ウビラ川を下って一旦南海岸へ出る。その後、ペーブ川から分水嶺を越え、パイタ川を下り崎山湾に出る。さらに、ウルチ道、網取湾西海岸線を辿りウダラ浜経由で船浮に戻るという、崎山半島中央部を二度縦断するものだ。その最初の沢がアヤンダ川である。アヤンダ川は全長（移動距離）四キロメートル、網取湾の最奥部にウダラ川と並んで開口している。アヤンダ川の第一支流であるアザンザ川には網取の人たちによる水田があり、「アザンザ」と呼ばれていた。網取が廃村となって久しい今、サガリバナの広い群落に変わっている。アザンザ川に沿った山道が「ウサラ道」で、かつては崎山と鹿川を結ぶ重要な山道だった。ウサラ道はアヤンダ川本流を標高四〇メートル地点で渡渉、山越えをしてウダラ川沿いのクイチ道に合流、南の鹿川へ向かっていた。鹿川は一九〇四年に廃村となった。

一方、アヤンダ川本流には稲作が行なわれた形跡がない。あったとしても小さな田んぼだったのだろう。分水嶺を越えて南へ下っても村はなく、セーリ、クーラ、ペーブといった、西表島では最大の難所といえる岩石海岸が続いている。そんなことから、「アヤンダ」の名前はあったものの、隣接するウダラ川、パイタ川、ウボ川と比べてあまり利用されなかった沢のように思われる。

アヤンダ川遡上

二〇二四年四月八日（月）晴れ

白浜を八時四五分の船で船浮に渡る。この日は船浮小中学校の始業式にあたり、同船でＮＨＫ八重山支局の橋本さん、八重山日報の新垣さん、教育委員会の川満晃弘さん、校長の崎枝さんと一緒になった。船浮へ上陸後、式にはまだ早いということで、皆でふなうき荘に立ち寄り、主人の池田米蔵さんを交えての雑談となった。

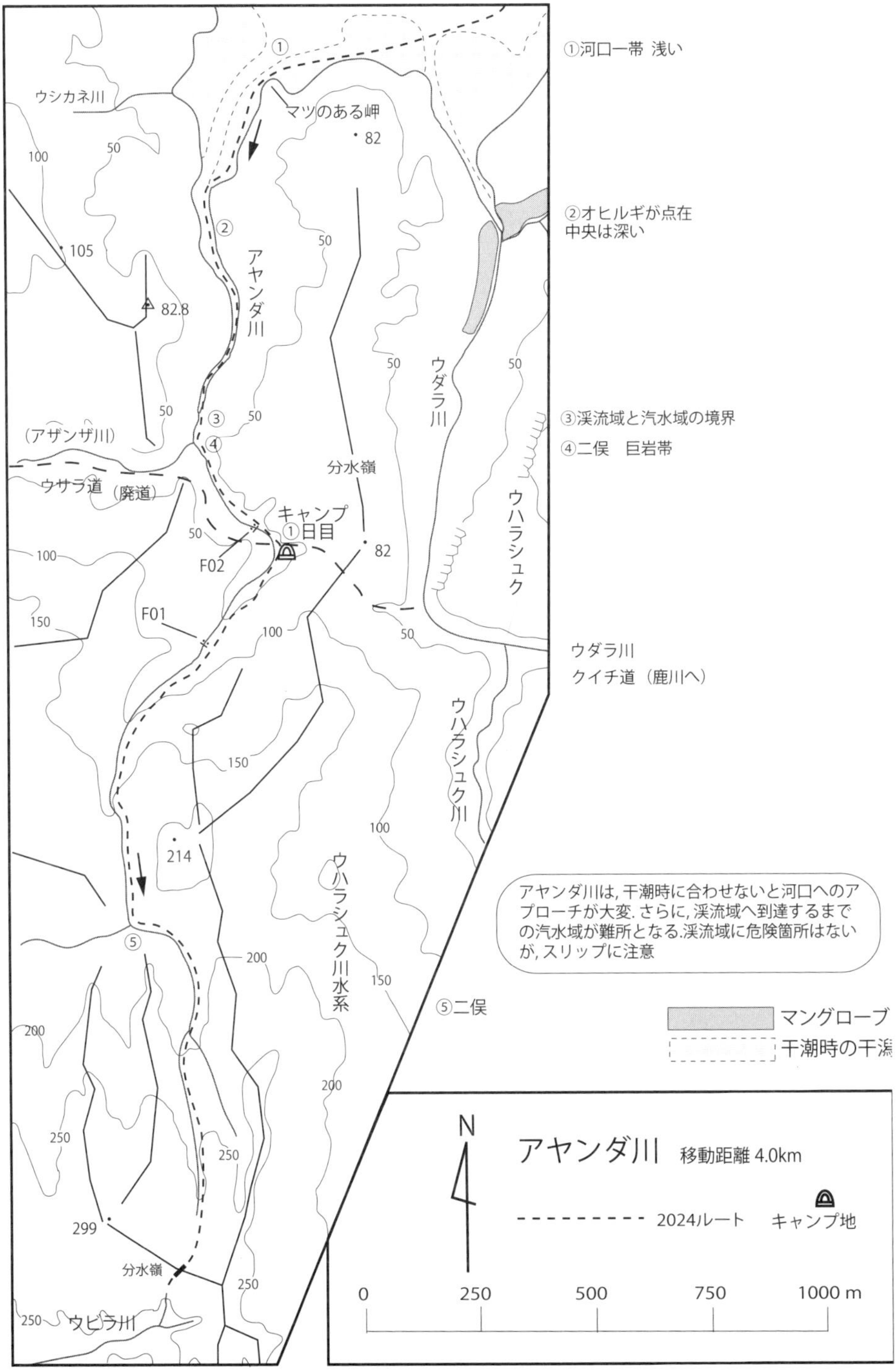
①河口一帯 浅い
②オヒルギが点在
中央は深い
③渓流域と汽水域の境界
④二俣 巨岩帯
⑤二俣
ウシカネ川
マツのある岬
アヤンダ川
ウダラ川
(アザンザ川)
ウサラ道(廃道)
キャンプ①日目
F01
F02
分水嶺
ウハラシュク
ウダラ川
クイチ道(鹿川へ)
ウハラシュク川
ウハラシュク川水系
ウビラ川
82
82.8
105
214
299
アヤンダ川は,干潮時に合わせないと河口へのアプローチが大変.さらに,渓流域へ到達するまでの汽水域が難所となる.渓流域に危険箇所はないが,スリップに注意
マングローブ
干潮時の干潟
N
アヤンダ川 移動距離 4.0km
2024ルート
キャンプ地
0 250 500 750 1000 m

私は米蔵さんに今回のルートを伝え、特に網取湾の西海岸線について、危険箇所はないかなどアドバイスをもらった。米蔵さんからは「もう歳でしょう。無理ですよ。これからは助手を付けてくださいね」と笑われてしまった。

九時五分、船浮を出発。井田の浜にてアイゼンを装着、いよいよ山歩きのスタートだ。慣れたルートだが、潮の引いていない岩場で時間を食い、ユナラ湾の渡渉地点まで二時間近くかかった。ユナラ湾を横断、ナータ道も順調に越え、一三時、ウダラ浜の北端に着いた。この時間になると、潮がだいぶ引いてきており、網取湾の奥には干潟が広がっていた。そこで、ウダラ浜を歩くことなく、アヤンダ川の河口目指して、直接干潟を歩いた。

ウダラ川の河口は完全に干上がって、流れが止まっている。アヤンダ川も河口付近は幅一〇メートルに狭まり、水深三〇センチしかない。これなら、多少潮が満ちていても通過できる。順調にいけば数日後にここを渡るはずなので、潮の満ち干について神経質にならないで済むことに、少し安心した。

一三時三〇分、マツが生えている小さな岬を通過する。アヤンダ川の河口にあたる岩場だ。干潟はアヤンダ川の両岸からベランダのように伸び、少しの距離だけ続いたが、一三時四二分、次の小岬でプッツリと途絶えた。その先は、干潮時でさえ渡ることができない程の深さになった。マングローブと呼べる規模ではないが、岸からせり出た浅瀬に、オヒルギがポツンポツンと生えている。さらに二〇〇メートル進むと、浅瀬もオヒルギもなくなり、山の斜面が川に迫る地形に変わった。かろうじて岸に接した浅い部分を辿って歩いたが、潮が満ちていたら、林内を歩かねばならなかっただろう。林内はブッシュで歩くのに苦労をしそうだ。ほとんど静止している川の流れを見ながら三〇〇メートル進むと、にわかに渓流となり、さらに進むと巨岩が川を埋め尽くしている場所に来た。記憶にあるアザンザ川との二俣地点だ。アザンザ川はアヤンダ第一支流のことで、幅も水量も本流とほとんど変わらない。

二俣から少しの距離だが、アヤンダ川は二〇一八年に遡上している。その時はゴルジュになっているここの巨岩帯を直接通過できず、左側の林内を歩いた。今回は水量が少なかったお陰か、岩を潜るようにして川の中を歩いた。

一五時三〇分、滝（F02）に来た。『南島探検』の「アヤンダ川本流」のくだりに「幅は一〇メートルあるが、高さは二メートルそこそこ、斜めに滑り落ちている」と記し、地図では滝（F01）としている滝だ。一つの岩に見えた滝は、水が少ない状態で見ると、四段の階段状になっていることがわかった。また、実際の位置は今回の地図に記したものが正しい。

一五時四五分、ウサラ道の渡渉地点に到着。予定していた今晩の宿泊地である。今日は、午後の干潮に合わせてアヤンダ川に入るために、前夜、白浜に宿を取り、今朝の一便で船浮に渡った。もし、いつものように上原に宿泊し一便のバスで白浜へ来たとしたら、船浮出発が一一時頃になる。そうするとウダラ浜が最初の宿泊地となり、午前中の満ち潮で、アヤンダ川に取りつくだけで相当苦労を強いられたことだろう。

ここは標高四〇メートル、往年のウサラ道はとうに消えてなくなっているが、六年前に比べても灌木がはびこり、草が伸び、ここに山道があったとは信じがたい状態だ。川は水深二〇センチ、水は澄んでいる。平たい石や小石がまばらにある川原になっている。水辺近くの平らな場所を選び、テントを設営した。雨の心配はなさそうだが、降っても豪雨でない限り、水はここまで来ないだろう。

四月九日（火）晴れ
六時起床、七時二〇分、出発。
七時四〇分、谷がやや狭くなり岩石帯となる。一メートルを超す四角い岩が連続し、すき間を小さな岩が埋め尽くしている。両岸には灌木、ヒカゲヘゴ、リュウビンタイが茂っている。

七時五一分、滝（F01）。幾重にもなった砂岩の層が、左岸から右岸に向かって緩い傾斜を作っている。滝の前には平たい岩が崩れ落ちている。滝の右脇を注意深く直登で通過した。岩石帯が延々と続くが、特に危険を

船浮集落（1970年）

ユナラ湾と外離島

アヤンダ川（標高140m）

船浮集落（1970年）

網取湾の最奥部，写真左奥がウダラ川河口，手前右がアヤンダ川河口へ

感じる場所はない。所々に滝とはいえないような落水。脇の岩壁から落ちている滝もあった。

九時五〇分、二俣に来た。小さな斜面に突き当たるような地形で、二本の沢が左右から合流している。右手、西からの沢はウボ川との分水嶺から下ってきているはずだ。だから、私は水量が多い左手の沢を上った。今回は、ウボ川ではなく、ウビラ川へ向かわなければいけないのだ。たどった沢は、間違いなくアヤンダ川の本流で、一〇〇メートルほど進むと右手に直角に折れ、真南に伸びていた。沢はますます狭くなっていくが、谷は比較的明るい。直径一メートル前後の岩が沢を埋め尽くしている。その岩が次第に小さくなると涸れ沢となり、広く浅い溝のような斜面に変わっていった。

一一時三五分、分水嶺に立つ。幅広くほとんど平ら、直径五から一〇センチ程度の木がまばらに生えている。よく晴れているためか、一帯はとても明るい。ここまで崖や障害物もなく、緩やかな斜面を登り切った。GPSは標高二七四メートルを表示している。しかし、地図を読む限り、それより一〇メートルほど低いようだ。キャンプ地を出発して以降、危険な場所は皆無で、歩くこと自体、それほど大変な沢ではなかった。しかし、他の沢ではよく見かけるピンクリボンやビニルテープがまったくなかった。アヤンダ川に入る人はいないのだろうと思われた。

（ウビラ川下降へ続く）

ウビラ川

ウビラ川は全長（移動距離）一一・五キロメートル、崎山半島の南海岸に流出している。分水嶺から河口までの標高差が二六五メートル。このうち、標高二〇〇メートル以下の部分が一・八キロメートルある。分水嶺を挟んで北へ下っているアヤンダ川は全長（移動距離）四キロメートル。標高二〇〇メートル以下の部分は三・一キロメートルである。両川を比較すると、南へ下るウビラ川がいかに急峻であるかが理解できる。河口に汽水域や砂浜がなく、水は狭い岩石帯に潜り込むようにして海に注いでいる。河口一帯を「クーラ」と呼ぶが、

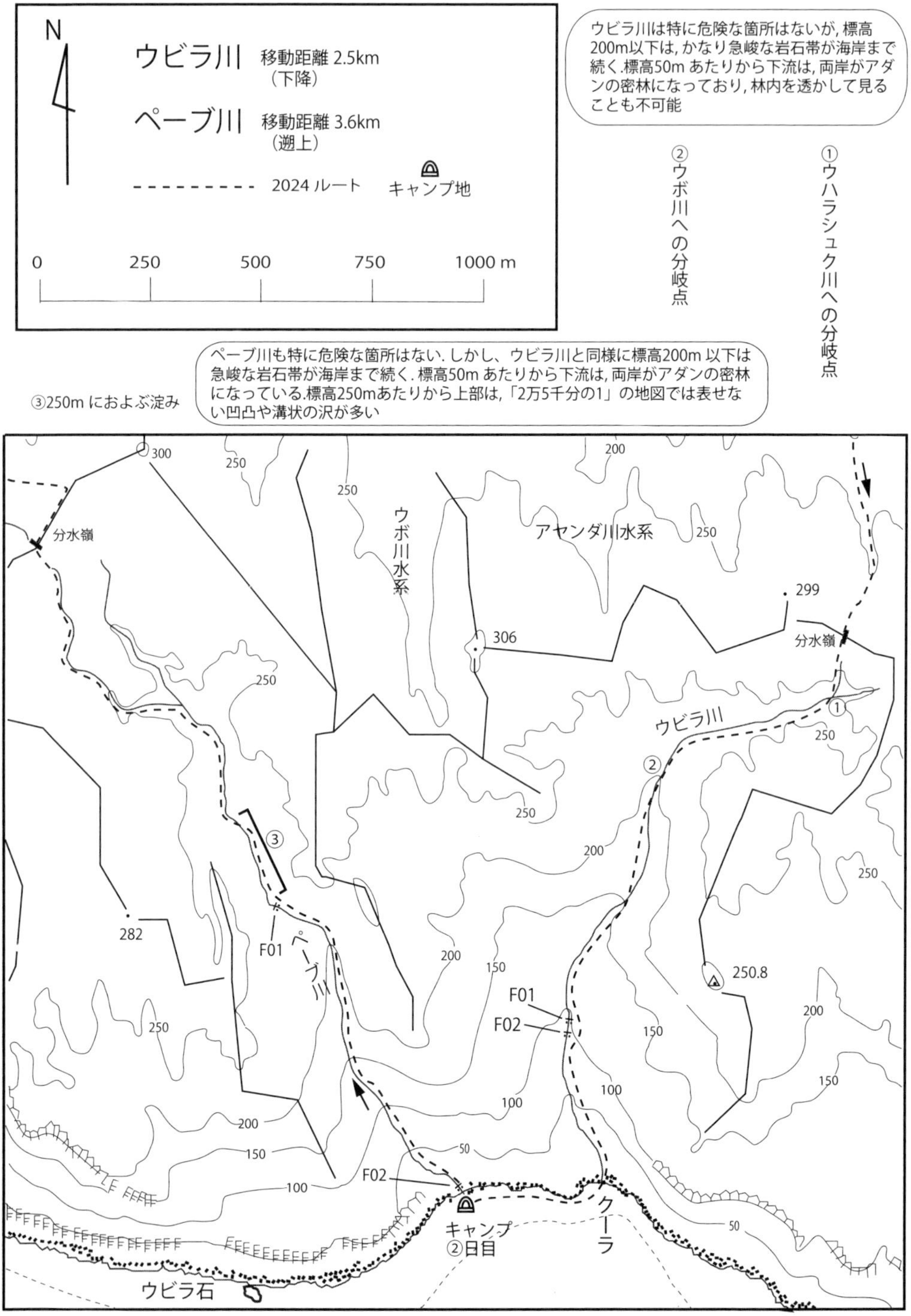
N
ウビラ川　移動距離 2.5km
（下降）
ペーブ川　移動距離 3.6km
（遡上）
2024 ルート
キャンプ地
0
250
500
750
1000 m
ウビラ川は特に危険な箇所はないが, 標高200m以下は, かなり急峻な岩石帯が海岸まで続く.標高50m あたりから下流は, 両岸がアダンの密林になっており, 林内を透かして見ることも不可能
②ウボ川への分岐点
①ウハラシュク川への分岐点
ペーブ川も特に危険な箇所はない. しかし、ウビラ川と同様に標高200m 以下は急峻な岩石帯が海岸まで続く. 標高50m あたりから下流は, 両岸がアダンの密林になっている.標高250mあたりから上部は, 「2万5千分の1」の地図では表せない凹凸や溝状の沢が多い
③250m におよぶ淀み
300
分水嶺
ウボ川水系
アヤンダ川水系
299
306
分水嶺
ウビラ川
282
F01
ペーブ川
250.8
F01
F02
F02
キャンプ
②日目
クーラ
ウビラ石

以前見た地図に「ウビラ川」の名があり、その呼称を用いることにする。

（アヤンダ川遡上より続く）

ウビラ川下降

四月九日（火）、一一時三五分。アヤンダ川を上り切ってウビラ川との分水嶺に立った。休憩を挟まずウビラ川下降をスタートさせた。

一〇〇メートルほど下ると、左手から細い沢が合流した。水はほとんどない。分岐点に古いピンクリボンが吊り下げてあった。ウハラシュク川からのルートで、二〇一八年、私が下ってきた沢である。ウビラ川とて、アヤンダ川同様めったに人が通らない沢である。しかし、ウビラ石や幸滝など崎山半島の南海岸から船浮へ出ようとする場合、鹿川経由ではなく、直接ウビラ川からウハラシュク川へ抜けるルートを選ぶ人もいることだろう。ウダラ浜までの距離をかなり短縮できるからだ。ウビラ川は、そんな時に利用されるのである。

この古いピンクリボンがあった分岐点から下って、標高二〇〇メートルにあるウボ川へ向かう支流との分岐点までの間、約六五〇メートルは、一度歩いているはずだ。後日、GPSの記録を見てみたが、確かに重なっている。ところが、灌木が伸びてさらに草が茂っており、当時の記憶と一致する部分がない。たった六年間で、こんなにも変わるものなのか。唯一、テントを張ることができた平地でさえ、確認できなかった。ただ、六年前にウボ川へ向かう支流を探す際、ウビラ川をさらに下ったら、じきに岩場になった記憶がある。一二時二五分、その岩場を確認した。岩場や滝はそんなに変化しないものなのである。

一三時九分、岩石帯。標高一五〇メートルあたりから河口まで、連続して大きな岩が谷を埋め尽くしている。

一三時五〇分、滝（F01）。そんなに大きくないが、直接下ることができない。左岸の林内を迂回する。クロツグの葉越しに滝が見えた。垂直の滝、幅三メートル、相当な水量だ。林内は急斜だが、比較的歩きやすい。

三日後の四月一二日朝のことだが、海岸線を歩いた際にICレコーダーを水に浸けてしまった。メモリーカードは大丈夫だったので、後日、再生できるものと思っていた。ところが、音声データはICレコーダー本体のハードに入っていたことが判明、現地で録音した詳細な内容は再生できなかった。そのことから、今回の記録はすべて記憶によるものだ。滝の大きさや環境などを書くことができない。ただ、時間と位置、歩いた距離などは正確だ。ＧＰＳに記録されているからである。また、要所、要所の写真が若干ある。

一四時ちょうど、滝（F02）。岩に深い溝を掘ったような廊下になっている。底部の幅一メートル少々、両側の壁は三メートルの高さがある。緩やかにカーブしているが、かなり急峻だ。五メートルほど下り、その先は見えていないが、おそらく垂直の小さな滝になっていると思われる。左岸の林内を迂回したが、滝全体が見える場所が見つからなかった。

標高一〇〇メートルあたりから下流は、両岸から覆いかぶさるようにアダンが密生している。一歩たりとも林内に足を踏み入れることができない。沢そのものもかなり急峻な下りになっており、巨岩の上を一つ一つ慎重に歩く。

一四時五八分、南海岸に出る。海岸は、直径一メートルを超す岩で埋め尽くされている。荒波に削られてどの岩も丸く表面がツルツルだ。砂地はまったくない。ウビラ川は真水のまま海に流れ出るのだが、山際からの岩石帯が広く、しかも岩がびっしりと詰まり、水は伏流となっている。だから水場がない。海岸は東も西も岩石帯がずっと先まで続いている。東のはずれに落水崎へ通じる断崖絶壁が見えている。

振り返ってウビラ川を見てみると、標高五〇メートルくらいまでは傾斜が緩く、広く明るい谷になっている。両側の斜面は、上部のわずかな岩場を除いて、びっしりとアダンに覆われている。どう見ても最悪のブッシュだ。ここを上るのは無理だろう。

河口からは、潮が引いて出来た浅瀬を辿り、ペーブ川へ向かった。

（ペーブ川遡上へ続く）

ウビラ川の谷とクーラの海岸

クーラの岩石海岸，この先落水崎までの海岸が，南海岸最大の危険地帯

ペーブ川

ペーブ川はウビラ川の西隣りに位置する沢で、二つの沢は約四〇〇メートル離れている。全長（移動距離）三・六キロメートル。海岸でもある河口から分水嶺までは標高差約三〇〇メートル。南東から北西へ向かってほぼ直線に上っていく谷で、標高一八〇メートルあたりまではかなり急峻である。一方、パイタ川との分水嶺一帯は高低差が小さく、地図に表せない凹凸や小さな谷が数多くある。川の名前はどの地図にもない。しかし、河口一帯が「ペーブ」と呼ばれているので、この名称を用いることにした。

ペーブ川遡上

（ウビラ川下降より続く）

四月九日（火）。ウビラ川を下降した後、連続する岩礁地帯の浅瀬を辿り、ペーブ川へ向かった。潮が引いており、岩の上を歩かずにすんだ。

一五時一四分。ペーブ川に着いた。沢らしいものはないが、ウビラ川から来て最初の谷だから、おそらくここがペーブ川だろう。予定していた今日のキャンプ地である。水が来る方向を眺めてみると、水が流れていた。間違いなくペーブ川だ。予定していた今日のキャンプ地である。岩場にザックを降ろし周辺の巨岩の間を覗いてみた。三〇メートルほど緩やかに上った所に崖がある。黒々とした岩。縦、横に深い筋が入っている。崖の一部ではなく、積もった巨岩もあるようだ。水は見えないが、全体が滝になっているはずだ。両岸も急峻な崖で、ビッシリとアダンに覆いつくされている。これは手ごわい。

テント場を探す。波打ち際から崖の下まで巨岩に埋め尽くされていて、砂場や草の生えた場所がまったくない。探すこと五分、二メートルを超す巨岩の脇にやや平らな岩があった。畳二枚分の広さ。巨岩は強固で崩れた形跡はない。大地震でも起こらない限り、テントを押しつぶすことにはならないだろうし、満潮になっても、潮はこのすぐ下で止まるだろう。水場まで五メートルと近く、これも都合がよい。

　夜は満天の星。波照間島の灯りが見えた。集落上の灯台が五秒くらいの間隔で点いたり消えたりしていた。


四月一〇日（水）晴れ。

七時一七分、出発を前に、眼前の岩場・滝（F02）をとくと観察。直登は無理だろう。両岸もかなり急峻だ。しかも、アダンがビッシリと茂っている。アダンではなく別の木だったらよじ登ることができるかもしれない。だが、アダンはだめだ。通過できる隙間がないし、私とザックの重さを支えてくれないだろう。どこを探しても通過は無理のようだ。しかし、そんなことを言ったところで解決にはならない。滝の上に行かねばならないのだ。

「滝に続く右手（左岸）の崖に沿って登り、登り切ったら小丘を横断、少し下って滝上に出る」。何度も目視でシミュレーションを繰り返し、ようやく決断した。わずか一〇〇メートルの距離だが、通過するには一時間、あるいはもっとかかるだろう。アダンの厚い密林を一人で突破することは、ほとんど不可能に近いことなのである。

　覚悟を決めて出発。じきに滝下へ来た。改めて見ると、右手の崖に沿った部分は想像以上に急峻だ。大きなザックでは通過できそうにない。ところが、滝の直下で見ると、逆に滝そのものは直登できそうなのだ。溝や棚状の部分を利用して、階段を昇るようなルートがあるようだ。ただ一カ所、私には無理かもしれない場所がある。そこで一旦ザックを置いて、空身で登ってみることにした。

　想像以上に簡単に登りきれた。改めてザックを背負い、登り詰めた。下からでは見えなかった足場が幾つかあり、危険と思われた二メートルの間も、這いつくばって通過した。振り向くと、折しも満潮時で、テントサイトのすぐ下まで波が押し寄せ、少し沖には波照間石が見えた。

　滝は下から見た最上部よりさらに上まで続いていたが、そこは階段状になっていた。こうして最初の難所を越え、しばらくはアダンのブッシュに挟まれた急峻な岩石帯を登った。アダンの密林と岩石帯は昨日のウビラ川とよく似ていた。

標高五〇メートルを超したあたりから、急激にアダンが少なくなった。かわってクロツグ、ツルアダン、イチジクの仲間が目立つようになり、両岸の林内も見渡せるようになった。しかし、沢を埋め尽くしている岩は、ますます大きくなっている。

コウガイビルがいた。濃い黄色一色、模様はない。表面がテカテカと光っていて、触ったらベターッとくっつきそうだ。インターネットで西表島産のコウガイビルが紹介されている。いずれも二センチから五センチくらいのものだ。とんでもない、ペーブ川で見たものは優に五〇センチを超えていた。せっかくだから写真に収めた。コウガイビルは環形動物の吸血性のヒルとは異なり、扁形動物の中の陸生プラナリアの仲間である。カタツムリやナメクジ、ミミズや小型の昆虫などを捕食している。頭部が特徴的な半月状になっており、これが名前の由来だ。「こうがい（笄）」とは、昔、髪をかき上げるのに使い、女性が髷（まげ）に横に挿して飾りにした道具である。

一〇時四〇分、標高一二〇メートル。小さな滝（F01）に来た。幅五メートルの沢全体が岩場になっている。そこに約二メートルの段差があり、右手の脇（左岸寄り）が滝になっている。両岸は灌木が茂る明るい林。リュウビンタイ、わずかにツルアダンが見える。

滝を越えたら沢の様子が一変した。もはや岩はなく、土砂が堆積した淀みになっている。川幅五メートル、流れは緩やかだ。底に障害物もなく歩きやすいのだが、じきに膝までの深さになり、さらに深くなっていくので、左岸の林の中を歩いた。

沢の曲がり具合を見ながら、浅瀬を右岸に渡った。つまり、沢を右手にして林内を歩いている。流れはほとんど止まっているように見える。滝から二五〇メートルほど上った所で、左からの小さな沢を渡った。幅一メートル、水深一〇センチほどだが、飛び石を利用して沢をまたいだ。

ベープ川 F02上より,
南海岸最大の難所、崖が続く

ベープ川の岩石帯（標高120m）

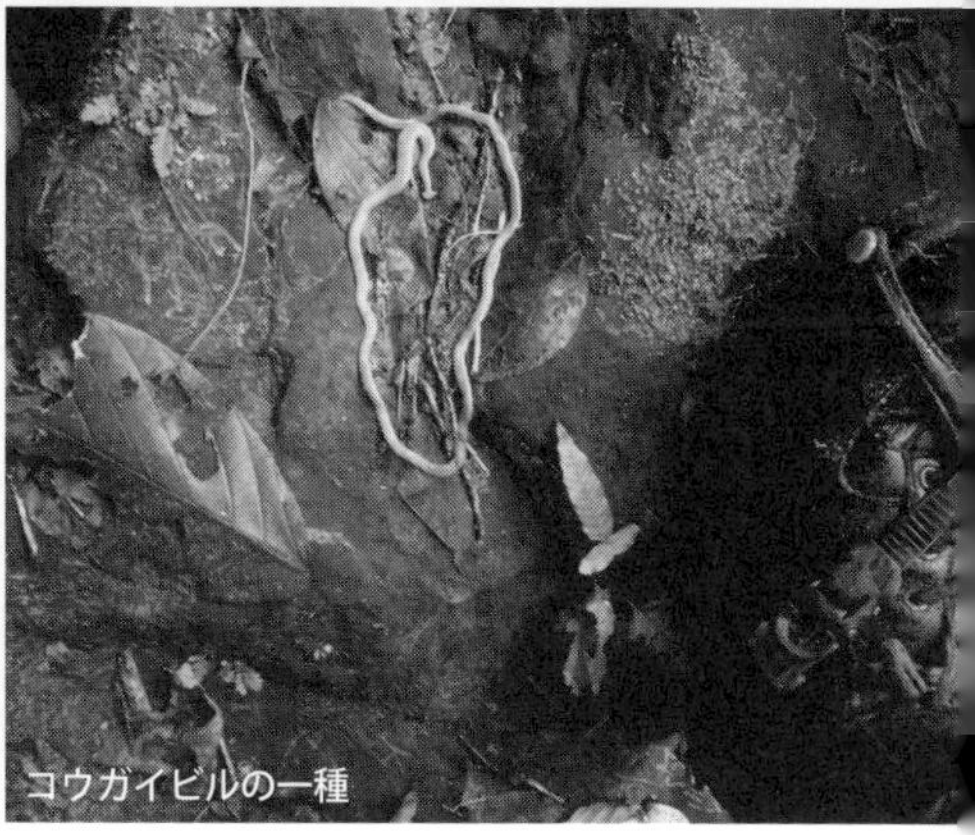
コウガイビルの一種

ベープの海岸と波照間石

少し行って、「ハッ」と驚いた。右手の沢が、私が向かう方向に流れていくのだ。つまり、気づかぬうちに対岸に渡ってしまい、沢に沿って下りはじめていたようだ。「これは大失敗」。思い当たる小さな沢まで戻った。支流と勘違いした小さな沢は本流そのもので、私が渡渉した地点はくびれて狭かったが、その先は幅三メートルを超す沢になっていた。GPSで確認すると、目指している真北の方角に伸びている。本流に間違いない。どうして、こんな間違いをしてしまったのだろうか。本流がくびれていて、その先が見えなかったこと。実際は違うのに、沢が大きくカーブしており、土手に隠れて見えていないが、自分は沢に沿って上っているのだと勝手に思い込んだことが原因だ。距離にして一八〇メートル、二〇分のロスだった。

傾斜が緩くなり、さらに大きな岩も少なくなってきた、歩きやすくなった半面、沢の水が減り、同じくらいの沢が次々と現れてきて、どこが辿るべきルートなのかわからなくなってきた。そしてまた失敗。三二分のロス、三四一メートルを無駄に歩いてしまった。

一四時ちょうど。尾根に出る。GPSは標高三一三メートルを示している。しかし、果たして向こう側は目指すパイタ川の斜面なのだろうか。これだけ複雑な地形だと、枝尾根を越えて、登ってきたペーブ川へ下りてしまう可能性だってある。そこでまず、地図で確認しながら稜線を三〇〇メートル、時間にして四〇分進んでみた。北へ下るという確信がもてた地点に来てようやく、浅い溝を辿って下山をはじめた。後日、地図を見たら、一四時に到達した尾根もペーブ川とパイタ川の分水嶺であることがわかった。しかし、安全を期したことに後悔はない。

（パイタ川下降へ続く）

パイタ川

パイタ川は、ウボ川と共に崎山半島の北西部、崎山湾に開口する沢である。全長（移動距離）二・五キロメートル、河口から分水嶺までの標高差は三〇〇メートルある。そのうち標高一五〇から二五〇メートルの間

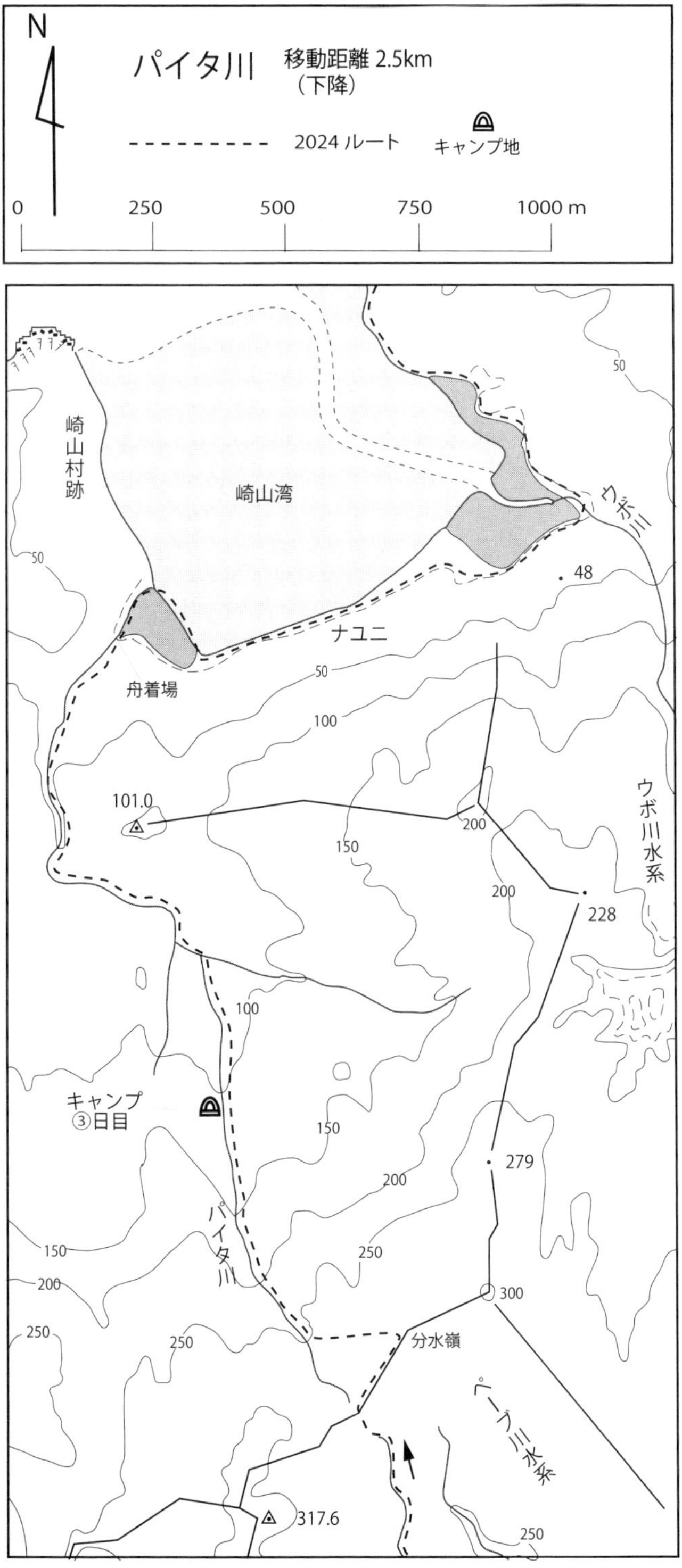

マングローブ
干潮時の干潟

パイタ川に危険な場所はない. しかし, 標高150 から250m の間では, 小さな崖や落水, 大岩を避けて通過しなくてはならない場所もある
崎山湾は, 干潮時には広大な干潟となり, 横断も可能である. 満潮時にはマングローブの奥,山裾との境界を忠実に辿ること.ウボ川河口のマングローブと山裾との境界部に約10m の区間, 棘植物の強烈なブッシュがある
崎山湾からウダラ浜へ向かう「ウサラ道」は,ウボ川の渓流域に変わる場所の右岸に起点がある

が急峻だが、他は比較的なだらかな斜面を流れている。

パイタは「南の田んぼ」の意味。崎山集落に最も近い沢であり、人頭税の時代、さかんに稲作が行なわれていたのだろうと私は想像していた。ところが実際に歩いてみると、田んぼがあった形跡がまったくない。昔の田んぼ跡には必ずあるサガリバナ群落が、ここパイタ川にはないのである。隣接したウボ川では、標高二〇〇メートル前後にかなり広い田んぼの跡が残っている。両岸から出た川中の棚でも稲作が行なわれていた。ではなぜ、パイタ川ではイネが栽培されなかったのだろう。これは、歩いてみればわかる。田んぼを開く平らな土地がないのだ。少なくとも、痕跡が残る規模の稲作はなかったということだ。

パイタ川の河口ではマングローブが見られ、崎山湾の奥部海岸線に沿い、ナユニ、ウボ川、その先まで連続して発達している。崎山半島では北に面して開口する崎山湾、網取湾、ユナラ湾、越良川及びその支流の奥部にマングローブがあるが、南海岸にマングローブはない。これは地形の違いが原因である。北海岸には汽水域の河口があり、干潮時には干潟となる湾が多い。これに対して南海岸はすべて岩石海岸であり、普通の川でいう河口がないのである。

地図によっては「パイタ川」ではなく「パインタ」と表示してある。これはどちらも正しい。人によって呼び方が違うと理解すればいいだろう。特別の意味はないが、地名によっては「ン」を入れることで　発音しやすく、響きをよくする効果があるとされている。西表島北部にある崎田川は、今は「サキタ」、沖縄の復帰前は「サキンダ」と呼んでいた。私の想像だが、崎山半島のアヤンダ川も、元はアヤタ川で、「綾田」の漢字を当てていたのかもしれない。

パイタ川に危険な場所はない。しかし、標高一五〇から二五〇メートルの間では、小さな崖や落水、大岩を避けて通過しなくてはならない場所もある。

（ペーブ川遡上より続く）

パイタ川下降

四月一〇日（水）晴れ

南海岸のペーブ川を遡上。一四時ちょうど。分水嶺に立った。その後、分水嶺上を北上。一四時四〇分、パイタ川下降を開始。標高二五〇メートルくらいまでは分水嶺と似たような、緩い斜面で明るい林が続いた。尾根だというのに、ツルアダンが非常に少ない。ありがたいことだ。快適に進んでいける。そういえば、アヤンダ川、ウビラ川、ペーブ川にしても、もちろんツルアダンはあるが、山岳地帯に入ってさえも少ない。これが崎山半島を出て、越良川、北海岸、東海岸となると、ツルアダン群落の洗礼なしに分水嶺をまたぐことはほとんど不可能だ。テドウ山に至っては、山道が整備されているものの、ツルアダンが厚い壁を作っていて、林内に一歩も踏み入ることができない所がしばらく続いている。一方、南海岸のように、本来海岸林の植物であるアダンが標高五〇から一〇〇メートルの高さまで大群落を作っている場所がある。土壌の違い、日当たり具合、岩場や崖が多いかどうかなど、さまざまな要因から決まってくるのだろう。同じタコノキ属であるツルアダンとアダンとの種間関係はどうなっているのか。植物学者でもないのに、そんなことに考えを巡らすこともある。

標高二五〇メートルを下ると谷が狭くなり、急に傾斜が増してきた。すでに本格的な沢の様相だ。岩石帯が現れたりもするが、危険箇所は皆無である。六年前に下ったウボ川には、大きな滝や巨岩帯、底なし沼のような湿地帯があった。パイタ川はウボ川のすぐ隣りだというのに、そういった難所がない。拍子抜けする感じだ。キャンプ地を探しながら順調に下っていった。

一五時五六分。急斜面ばかりで適当な場所がなかったが、ここにきてテントを張れそうなスペースが見つかった。時間も時間だし、今日はここで一泊しよう。沢の流れから一〇メートル離れている。地図で確認すると標高一一〇メートル、ずいぶん下ってきている。明日は、早々に崎山湾に出られるだろう。

時折、アカショウビンの声。この時期、どこにいても声を聞くことができる。朝一番に鳴くのがアカショウビンで、日没後しばらく鳴いているのもアカショウビンだ。ただ、今年は例年より鳴き声が少ないように思える。南からの渡りが少し遅れているのかもしれない。

四月一一日（木）晴れ

七時四二分、キャンプ地を出発。今日も天気の心配はなさそうだ。

昨日の延長でもあるかのように、危険を感じることもなく淡々と下る。気がつくと、川沿いの林内に古い山道の痕跡があった。「これはありがたい」。倒木、張り出した枝がままあるが、かつて道だった所はそれなりに歩きやすい。私は、基本的にその痕跡を辿った。さらに途中で、新しいナタ目が見つかった。山道を塞ぐ灌木や、はみ出した小枝を切り落とした痕である。おそらく一カ月以内に人が通っている。直径三センチくらいの灌木を、スッパリと一太刀で切断しているところをみると、山に慣れた人なのだろう。森林事務所の職員かもしれない。しかし、ピンクリボンがどこにもない。ということは、この辺りでイノシシ猟をしている猟師かもしれない。

さらに進むと山道が鮮明になり、最後の急な下り坂に入った。左手の下方に舟着場のような裸地が見えた。パイタ川のマングローブの上限だ。坂を下りきって、マングローブに突入した。

九時三四分、マングローブを抜けて崎山湾に出た。パーッと視界が開けた。ここでパイタ川下降が終わった。

崎山湾は深くない。だから、当初の予定ではショートカットして時間を短縮、昼には網取集落跡に着きたいと考えていた。ところが、パイタ川のマングローブでさえ膝を超す深さがあり、苦労して脱出したものの崎山湾は大潮の満潮時、たちまち腰まで水に浸かってしまった。この先、ウボ川の河口が一番深い。湾の横断は無理だ。

ほうほうの体で、山裾まで引き返した。五〇メートルの距離とはいうものの、オヒルギの膝根と泥沼で、障害物競争をしているようだ。マングローブの外縁が深い川になっていたり、潮が合わない時は、マングローブ

パイタ川河口．崎山湾最奥部

崎山湾（東海岸の浜）

崎山村があった斜面

の奥、山との境界線を辿ることが鉄則である。それを忠実に守れば、アダンの棘や岩場があったとしても、必ず通過できる。ナユニのマングローブからウボ川の渡渉、崎山湾の東海岸線を歩き、一二時二七分、ウルチ浜に着いた。

（ウルチ道を歩くへ続く）

ウルチ道（地図232−233ページ）

ウルチ道は網取集落跡と崎山湾のウルチ浜を結ぶ全長（移動距離）二・四キロメートルの山道である。

現在、網取と崎山湾の間を歩く人はいない。崎山へ行く西表島の住人がいるとしたら、イノシシを捕る猟師か、崎山湾においてウミガメの調査のために浅瀬に設置したフェンスの管理をしている人だが、そういう人たちは必ず舟を使う。歩いていっては仕事にならない。フェンスというのは、ウミガメによる食害から「藻場」を守る防護網のことだ。ウミショウブやアマモが群落を作る砂地は、グルクン（タカサゴの仲間、沖縄の県魚）やスク（アイゴの仲間の稚魚）などにとって重要な棲み処である。ところが近年、アオウミガメによる食害で藻場が壊滅状態になっている。そこで、藻場の回復と生態系の保護のために、環境省がフェンスを設置しているのである。

観光客で崎山方面へ行く人がいる。目的はダイビングやシュノーケリングだ。ツアーに参加し、決まってボートで出かけている。いずれにしても、崎山湾まで歩く人がいないのである。昔は大学の探検部やワンダーフォーゲル部が大きなキスリングを背負い、隊をなして歩いていた。そういった学生にとって、今の西表島は魅力に欠けるらしい。まれに歩く人はいる。物好きな個人の旅行者だ。私はそういった人の存在が大好きだ。しかし、その人たちは峠越えをする「ウルチ道」の存在を知らない。書物で存在を知っている人でさえ、海岸線を選んでいる。山道がなくなった今、網取からウルチ浜へは、海岸線を辿るほうが迷う心配がなく、時間的にも早いのである。

ウルチ道は、完全に消失している。通る人もいない。西表島の山中で目にするピンクリボンは、すべて森林事務所の職員が吊るしたものだが、それさえここにはない。とはいえ、網取と崎山集落が共に存在した約二〇〇年間、ウルチ道は両村を結ぶもっとも近くて、かつ安全なルートだった。峠から網取までの緩やかな谷筋には、連続してサガリバナの群落が広がっている。稲作が行なわれた時代が続いた証拠だ。当時は山道も整備されていたことだろう。毎日、人の往来があったことも想像に難くない。網取の成立年は不明だが、一六五一年には、船浮と合わせて六八名が住んでいた。廃村となったのは沖縄の日本復帰の前年、一九七一年である。崎山は一七五五年、網取と鹿川の移民で造られた村で、一九四八年に廃村となった。

（パイタ川下降より続く）

崎山湾から網取へ

二〇二四年四月一一日（木）晴れ。

パイタ川を下り崎山湾に出たが、満潮時で湾の横断ができない。マングローブの奥側、山裾を歩くこと三時間、ウルチ浜には一二時二七分に着いた。ここからウルチ道、峠越えのスタートである。

砂浜を上り切って、薄いアダンとオオハマボウが茂る海岸林を突っ切ると、幅三メートルの廊下のような沢があった。水深わずか五センチだが、平らな岩の上を澄んだ水が流れている。まずは一口、常夏の西表島だから冷たいわけがないが、十分においしい。

目印のリボンはないが、地形からして、ここが山道であることは間違いなさそうだ。沢を辿っていくと、じきに水がなくなり、荒く角ばった石がゴロゴロする涸れ沢にかわった。幅も一メートル位になり、緩やかに高度を上げていく。大きな木がポツンポツンとあり、灌木が茂る明るい林でとても歩きやすい。棘のあるツルも下草もない。地図を見ると、ルートと思われる幅の広い谷は一つで、ウルチ浜から北上し、途中で東に折れて峠に達している。「これならば、簡単に行けるだろう」と軽く思っていた。ところが、標高五〇メートルを超えると、同じような涸れ沢が次々と枝分かれして現れた。「こちらだろう」と、見当をつけて登っていくのだが、そのたびに間違いに気づき軌道修正をする。結構無駄な時間をくってしまった。

分水嶺上の私が立った地点は峠から北の方向に一〇〇メートル離れている。わずか一〇メートルだが、標高も少しばかり高い所だ。古地図を見ると、ここから距離にして一五〇メートル、標高一二〇メートルまで登ると、「ウルチヌシーチャン」という頂がある。これが、民謡『ウルチィ岳節』の舞台である「ウルチ岳」ではないだろうか。『ウルチィ岳節』は、白保の『ボスポー節』と並んで、八重山では数少ない表に出ている性に関する民謡である。喜舎場永珣著『八重山民謡誌』には、以下のような記述がある。

「ウリチィ岳は、網取部落から西方約五〇〇メートル位、崎山部落から東方へ約四キロメートル位にある岡である。崎山一帯の風光が一眺の中に展望されるよき場所である。筆者（喜舎場）は大正三年に実地踏査をした。両部落から緩やかな坂道を辿って岳上に登ると、そこには約一アール程度の平坦なる広場があった。これが遊庭（アスビミヤ）で、昔は、このような村から離れた所の芝生の上や白浜で、若い男女たちが、自由奔放に遊んでいた」

ただ、喜舎場氏の記述した方角からは、崎山湾に面したヌチカ海岸の崖にそびえる標高一四九・四メートルの三角点のある山の可能性がある。さらに別の地図では、網取のウチタバルの真南にある一六八メートルの標高点をウルチ岳としている。このようなあいまいさはどこから来るのだろか。略図でよいので図示してほしいものだ。後世になって著したものなら、可能な限りの文献を参考にして、より真実に近いと考えられる結論を引き出すべきではないだろうか。ちなみに、『ボスポー節』はレコード化されている。しかし、『ウルチィ岳節』に関しては、レコードも譜面を載せた本も見当たらない。


分水嶺を、昔の峠であったと思われる標高九〇メートルの鞍部まで下った。峠を越えた網取側はさらに広く浅い谷だ。とにかく下っていけばいいのだろう。じきに水が流れはじめ、広くて明るいサガリバナの群落に入った。カサシタという田んぼの跡だ。浅く全体に水が流れているが、靴が沈むこともなく歩きやすい。カサシタの下限まで来たら、左手の隅にまとまった流れができていて、一メートルの段差に塩ビパイプが固定されていた。網取の取水口だ。直径二〇センチ、長さ四メートル、かなり古いもののように見えた。今は使われておらず、二本目が外れている。網取が廃村となって、すでに五〇年が経っているのだ。ここからは、パイプに沿って歩いた。ありがたい道しるべだ。

一五時二二分、ウブヌチに来た。ここもかつて田んぼだった所だ。広い湿地帯だが、今は、人が一歩も立ち入ることができないアダンの密林に変わっている。左手の山沿いにあるパイプに沿って歩き、今は訪れる人もいない墓地を抜け、一六時ちょうど、網取集落跡に着いた。

（網取からウダラ浜へ続く）

フカイ川

フカイ川は全長約二・八キロメートル（移動距離）、そのうち、〇・四キロメートルが汽水域で、干潮時には中央の浅い流れを残して干潟にかわる。

フカイ川は船浮の歴史と共に歩んできた沢だ。今なお集落にとって最も重要な水源であり、淡水域に入って九〇〇メートルの所に取水ダムがある。汽水域の左岸にはかつて畑があり、バナナが栽培されたり、結核患者の隔離住居があったりした。

フカイ川遡上

二〇二四年六月二五日（火）朝スコール、日中晴れ

八時一五分、西の空に虹。白浜港で船浮行きの連絡船を待っている。八時四五分出航の一便に乗るべく、昨晩は白浜の金城旅館に宿泊した。

船浮は、一六五一年にはすでに村があったという古い集落である。現在、西表島では唯一陸路のない集落で、

「奥西表」「西表島の奥座敷」のキャッチフレーズで、最近では西表島内からの日帰り観光客が多い所でもある。

今回は、崎山半島の基部、というより、船浮のすぐ後ろにあるフカイ川とユナラ川を一泊二日で歩く予定だ。八〇歳を前に、西表島の山歩きに一段落をつけたいと考えている。その最後となるのが、この山行である。

気になることがある。二つの沢とも、船浮と河口までの間は海岸線を歩かねばならない。迂回路はない。今日は旧暦五月二〇日だから、朝の満潮が九時か一〇時頃だ。この時間帯、どちらの海岸のほうが浅く、より安全に通過できるかということが問題になる。帰路は午後の干潮時にあたるので、どちらでも問題ない。これまでの経験から、海岸線が長く、何カ所か深みがあるユナラ湾を後回しにして、先にフカイ川へ行くことにした。フカイ川の河口は干潮時には完全に干上がるし、これまで、通過できなかったことはない。しかし、船待ちの間、内離島や仲良川河口を眺めていると、ちょっと不安になってきた。どこを見ても砂浜が見えない。それどころか、岸の崖の部分まで一部水没しているのだ。

連絡船が来た。池田米蔵さんが乗っている。連絡船を運営する「船浮海運」の経営者だ。普段は船長だけなのに、今日はサガリバナ鑑賞と海水浴の客で特別に忙しいのだろう。

「先生、久しぶりですね」。米蔵さんのほうから声を掛けてくれた。フカイ川の河口について尋ねた。「今日から中潮だが、いつもより水位が高いね。荷物があると歩けない」。それを聞いて、どうすべきかと逡巡した。ところが、続けて「舟で送りますよ」ということになった。

船浮に着いた。スコールも止んでいる。真っ先に船を下りた米蔵さんが、小型の観光船を桟橋に回してくれた。息子さんがツアー客を乗せて仲良川や崎山湾などをクルージングする「じゃじゃ丸二号」だ。私が乗り込むとすぐに出航、フカイ川を目指した。途中、さらに沖合のブイに係留してあるボートに乗り換えた。船浮からの海岸線には波がヒタヒタと押し寄せている。どう見ても歩ける水位ではない。フカイ川の汽水域も同じだ。今日は奥の奥まで水位が高い。

九時一〇分、渓流域との境界まで送ってもらった。「明日、寄りますからね」。そう言って米蔵さんを見送っ

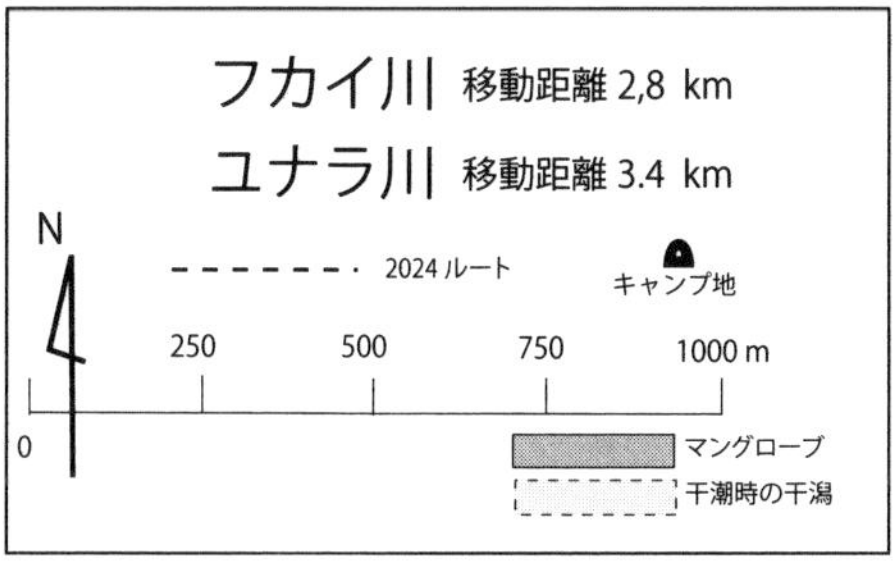

①取水ダム

②ミマタ
ウダラ浜, 水落の滝への分岐点だった地点

③キャンプ地

F06 ユナラの大滝

④ユナラ湾東側渡渉地点

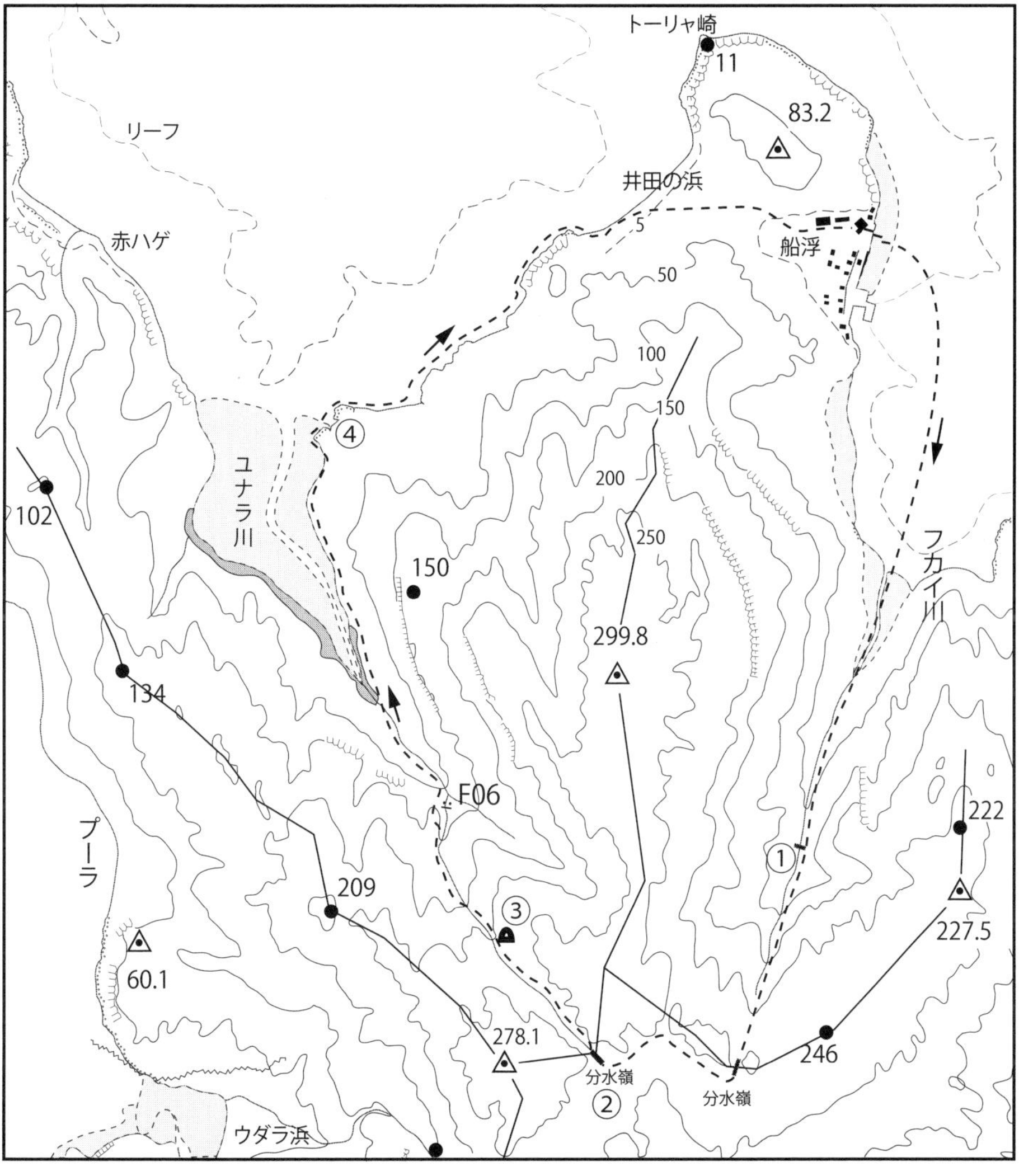

た。

船浮で、「引潮まで三時間くらい待たねばならないだろう」と覚悟はしていた。しかし、そうなると前泊し、わざわざ一便の船に乗った意味がなくなってしまう。米蔵さんがフカイ川の河口まで送ってくれたことは本当にありがたかった。海の水が普段の渓流域までさかのぼっていた。ミナミボラの大群が、ゆっくりと回遊している。ミナミクロダイ、サヨリもいる。

九時三〇分、アイゼンを装着し、身の回りを今一度チェック。徒歩にて出発。

フカイ川には取水ダムがある。そこまでは送水パイプが敷設されており、見回り用の山道がある。今となっては痕跡程度だが、沢の脇の林内を通り、何度も沢を渡っている。山道といっても簡単に辿れるわけではない。利用できる場所は利用し、また沢の中を直接歩いたりしながら、徐々に高度を上げていった。しばらくはなだらかな傾斜が続く。ほぼ岩石帯だ。林内にはポッンポッンと巨木がある。アコウやギランイヌビワ。スダジイも少しあった。一帯は昔から船浮の人たちが家や舟材、薪として利用してきた森林だ。ただ、企業による大規模伐採は入っていない。

一〇時三〇分、取水ダムに来た。川幅五メートル、沢を遮って堰がある。取水口は堰のすぐ上流にあるが、川底に潜っていて上からは見えない。水深は三〇センチほど、あふれた水が堰を越えていた。ダムを挟んだ一帯は川原で、大きな石はない。ここからは、分水嶺まで沢の中を登った。

一一時一分、正面に垂直の壁、薄い砂岩の層がきれいに積み重なっている。高さ八から一〇メートル、横に長く続いているが水がない。滝ではないようだ。さて、どちら側を迂回しようか。右側は壁、左側は急峻な斜面だが、林だから通過できそうだ。とりあえず少し沢を詰めてみた。すると沢は左に折れ、すぐに右に折れていた。つまり、正面は突き当りではなく、S字状になった沢の右手（左岸）に続く岩壁だった。結局、転石の多い沢の中を直登した。

休憩中も歩いていても、ブユがたかってくる。体長五ミリほどの微小な吸血性のハエだ。幼虫は水のきれい

フカイ川汽水域上限，ミナミボラが群れていた

フカイ川の渓流域，滝や岩場のない歩きやすい沢

な渓流で育つから、西表島の森林ならどこにでもいる。私はほとんど気にならない。アブもたまにやってくる。追っても追っても肌に止まろうとする。これは叩き落とすしかない。ブユといえば、五月に登ったテドウ山の往復、先日のヒナイ第一支流からカンナバラ沢、ヒナイ川本流のことが思い出される。あの一帯では異常に多かった。両耳、耳のうしろにビッシリとたかってくる。追い払っても叩いても、張り付いて離れない。そのうちに痒くなり、挙句の果てに発狂しそうになってしまった。西表島で怖いのはハブやサソリではない。こんなちっぽけな虫が一番やっかいなのだ。普段は持ち歩かないのだが、「虫よけ剤」があったらよかったのにと後悔した。一方、ヒルはこちらでも多かったが、板敷川出合ほどではない。ヒルは病気を媒介しないが、これだけ頻繁に咬まれると、体内にそれ相応の量の異種タンパク質が注入されたことになる。何カ月にもわたる痒みとか、後遺症が出たりしないだろうか。

一一時一〇分、V字型の谷に変わり、急峻な上りになった。地図を見ても、ここから稜線までは等高線の間隔が密になっている。谷底は幅五メートルの岩石帯。両側は森林で、丈は低いものの、うっそうとして薄暗い。稜線に向かってしばらく涸れ沢が続く。そして、一三時一〇分、分水嶺とおぼしき尾根に立った。やや背の低い灌木林で、ほとんど厚いツルアダンのブッシュになっている。眺望がまったく効かない。ここまで来るルートも谷間の森林の中、今日は、まだ遠くの景色を見ていない。

こうしてフカイ川遡上が終了した。珍しく、滝が一つもなかったし、緊張する崖や岩場のない快適な遡上だった。

（ユナラ川への分水嶺を歩くへ続く）

ユナラ川

ユナラ川は、全長約三・四キロメートル（移動距離）、そのうち、約〇・八キロメートルが汽水域である。汽水域の右岸は山と接しているが、左岸にはオヒルギ、ヤエヤマヒルギからなるマングローブが発達している。

わずかだがヒルギモドキとヒルギダマシも生育している。汽水域では中央部に深い流れがある。ただ、海への開口部は砂地で浅く、干潮時にはほとんど干上がってしまう。

船浮から、鹿川、網取、崎山など、崎山半島の奥地へ徒歩で行く場合、必ず渡らねばならない海がユナラ湾である。ユナラ川の開口部の浅瀬を横断するわけだ。横断半ばを過ぎると、ユナラ川に掛かる大滝が見えるようになる。船浦湾から見るピナイサーラの滝と似た、とてもよい眺めだ。大滝を見たら、「行ってみたい」という気持ちがわいてくる。私と同様、そう思う人が少なからずいるはずだ。ツアーによっては、汽水域をカヌーで進み、渓流を歩いて滝下まで案内するプログラムがあるようだ。


（フカイ川遡上より続く）

ユナラ川への分水嶺を歩く

フカイ川を登り切り、ユナラ川源流を目指す。この二つの沢は、共通の大きな分水嶺の同じ北側に流れ下っている。船浮半島を南北に走る脊梁尾根を隔てて、フカイ川は船浮湾へ、ユナラ川はユナラ湾へ流れている。フカイ川からユナラ川へ行くためには、分水嶺を越えるのではなく、分水嶺の上を移動することになる。その距離は直線で四〇〇メートル、実際は尾根に上り下りがあるから、もっと長い。

どうやら、ルートを間違えてしまったようだ。尾根が徐々に下っていく。コンパスで確認すると、北へ向かっている。ユナラ川へは西へ向かわなければいけない。フカイ川から分水嶺に上りきった直後、枝尾根を分水嶺と勘違いしてしまったようだ。分水嶺を辿るためには、この枝尾根の頭まで登って、それを越えなければいけなかったのだ。

まずは、枝尾根を戻り、さらに分水嶺にある頭まで上り詰めた。一三時四五分だった。三五分のロスですんだ。一時間以上迷ってしまうことはざらにある。西表島には、すんなり越えることのできる分水嶺は少ない。稜線付近は、小さな沢と尾根が入り組んでいるのが普通なのだ。

分水嶺は、恐ろしいほどのツルアダンのブッシュだった。ブッシュは、分水嶺を挟んで二〇メートルの幅に広がっており、その様といったら、絡み合った太いロープを無秩序に二メートルの高さにまで積み重ねたようだ。脚がツルアダンに潜らないように何本もの蔓に足を掛け、その上を這いずるようにして前進した。もがきついでに振り返ってみると、狭いフカイ川の谷が見えた。その先にフカイ湾、船浮湾。さらに内離島と成屋崎の間の海峡に挟まれて、その奥の白浜小学校体育館が見えた。今日初めて見る、少し離れた距離からの景色だ。

分水嶺を辿ることは不可能だった。私は一旦、反対側の南斜面を下り、ツルアダンが少なくなったあたりを水平移動することにした。地図にも表せない小尾根を含め、一〇近い枝尾根を一つ一つトラバースし、そのたびに一旦、沢に下り、その沢を少し登り、そしてまた次の小尾根を横切るというジグザグ前進を繰り返すのである。

しばらく進むと、少し大きな沢に出た。標高二五〇メートル近いのに、まだ水がある。地図で見ると、ここを登り詰めればユナラ川への峠のようだ。ようやくユナラ川のスタート地点に立った。ちょうど一六時だった。ここは「ミマタ」と呼ばれる地点で、昔は船浮から尾根を辿っていく山道があったそうだ。ミマタからは、水落ちの滝（ピーミチ川）へと下る道、ウダラ浜へ向かう道があった。つまり「三又」である。今は道の痕跡すらなく、米蔵さんが言っていた「木に刻んだ目印」も、見つけることができなかった。

ユナラ川下降

二〇二四年六月二五日（火）晴れ

一六時、分水嶺、標高二五〇メートルからユナラ川の下降をはじめる。ほんのわずかだが急勾配がある。しかし、一〇〇メートルも下らないうちに平らになり、水が流れはじめた。浅く広い谷で、全体が明るい森林。

平らに近い傾斜はしばらく続き、沢の流れが止まっているように見えたりする。水面がキラキラと光るので、流れていることはわかるのだが、下流の方が高く見えたり、伏流になって水が見えなかったりする所もある。大きな岩はなく、礫の川原が続く。

一六時三三分、しばらく下ると川床が岩に変わった。標高二〇〇メートル、小規模の滑床が段々状になっており、ポットホールから水があふれている所があった。ここは水場に使える。二〇センチくらいの深さだったが、底に溜った石ころと砂を取り出した。一時濁ったが、数分もすると澄んだ水に戻った。水はコッフェルを使って汲みだした。ただ、テント場がない。時間が時間だし、この先、いい場所が見つかるとは限らない。いささか急勾配すぎるが、ここをキャンプ地と決めた。一晩くらいなら我慢もできるというものだ。翌日のユナラ川下降では、しばらくはテントサイトがなかったから、この選択は正解だった。夜はコノハズクが鳴いた。テントのフライシートが震えるくらいの至近だった。

六月二六日（水）晴れ

今日の出発は、九時頃を考えている。船浮に出て、一五時一〇分か最終の一七時一〇分の連絡船に乗るつもりだ。ユナラ川を下り切れば、ユナラ湾の東海岸だ。幾度か通っている慣れたルートである。早く出発してもユナラ湾の水位が高く、通過に苦労するはずだ。

八時四五分、少し早い気もするが出発。ゆっくり慎重に下り、ユナラ湾の潮が高いようだったら、そこで時間待ちすればいいだろう。もう一息だ。ここまでやってこられたことに満足しているが、最後にきてトラブルを起こしたら何にもならない。安全第一、今まで以上に注意を払っていこう。ここまで滝がなかった。しかし、周囲を眺めてみると、この先は急峻な谷になっている。海から遠望できる大滝があるし、地図にない滝もあることだろう。

八時五〇分、キャンプ地から二〇メートルも下らないうちに大きな段差、滝（F01）。高さ五メートル、幅三メートル、大きく二段になっている。厚い階段状。水は上から落ちてくるのではなく、下の部分から流れ出ている。両岸は緩やかな斜面の林。滝の下からは滑床が三段になって連なり、五メートル先に次の滝（F02）がある。

滝（F02）は、高さ六メートル、幅は八メートルあって、薄い砂岩の層がほぼ水平に重なっている。垂直の滝で、滝口が庇状に一メートルほど前に突き出ている。従って、水は岩壁を伝うことなく落ちている。壺はない。滝の直下は岩床に岩が積もっている。下流はやや傾斜が緩やかになり、明るい森林に変わっている。

九時一五分、梢越しにユナラ湾が見えた。意外にも近いので驚いた。直後に大きな滝（F03）。梢越しでよく見えないが二段になっており、高さ二〇メートル、水はあまりない。薄い砂岩の層が密に重なっている。ほぼ水平。一帯はゴルジュ。左岸の林内を大きく遠回りをして川床に下りた。

滝（F04）。一番高い部分は三・五メートル、全体に二段になっており、上段はせいぜい三メートルの幅、しかし二段目は左岸の端から谷を斜めに横断しているので、一三メートルと長い。二段目の一番高い部分は二メートル、他は一・五メートルくらいの高さ、沢の中央にあたる部分に細く三条の落水がある。谷はやや広く、明るい。巨木はないが、所々にやや大きなアコウの木がある。他にはリュウビンタイ、クロツグが目立つ。

滝の上流側の左岸は数十メートルに渡って薄い砂岩層が重なった崖になっている。高さ五から一〇メートル。不規則な階段状で、注意をすれば登れるだろう。しかし、直登はやはり危険だ。米蔵さんが言っていた崖とはここのことだろうか。ユナラ川を通して、それらしい場所は他に見当たらない。米蔵さんの話というのは、「以前、ユナラ川の崖の棚で木棺が見つかった。中には骨だけの遺体があった。調べてみると下肢（脛骨）が長く、日本人でないことは明らかだった。さらに、棺そのものが、西表島にはない木材で作られていた」というものだった。棺は、その後調査されることもなく、同じ場所で半ば土に埋もれて今もあるのだという。船浮には昔からヨーロッパの船が寄港したり、漂着したりしている。そんな船の関係者だったのだろうか。あるいは、船浮の祖先にあたる人だったのか。知りたいところだ。

一〇時、ウナギが上がってきた。体の三分の二が水から出ている。全長四〇センチ、そんなに大きなウナギではない。滑床を走るようにして、私の前を横切った。そして、一メートルも行かないうちに方向を変え、私が座っている平たい岩に頭を突っ込んだ。潜り込んでしまうのかと思ったが、そこは庇のようになっている浅い窪みだった。ウナギは激しく尾を振り、体を左右に大きく揺らせていた。きっと、潜んでいたカエルかテナガエビを襲ったのだろう。西表島だからおそらくオオウナギだと思うが、この個体は緑色を帯びた褐色で斑紋がなく、外見はニホンウナギにそっくりだった。

一〇時一〇分、大きな滝（F05）に来た。大きく二段になっている。深い溝というか、屋根のない駅の跨線橋が崩れ落ちて斜めに立っている感じだ。滝口から覗き込むと、途中に壺があり、青々としている。一メートル以上の深さがあるだろう。壺からあふれた水は岩盤を流れて一メートル先の下段の滝口に達している。狭いトンネルの出口のようになっていて、下流の森が見えている。両岸はすごい高さの崖で、私は左岸を大きく迂回したが、崖でない斜面でもかなり急峻だった。この一帯がユナラ川最大の難所だろう。登りきった小尾根に太いリュウキュウマツが数本あった。

滝壺まで下りた。滝は、全体では一六か一七メートル。下段は高さ八メートル、ほぼ垂直で、水は岩壁を伝って落ちている。ここも砂岩と泥岩の互層である。滝口はポッカリと開いた穴で、トンネルの出口そのものだ。垂直とはいうものの、岩の出っ張りがかなりあり、一部、階段状になった所がある。滝壺は浅く、岩がたくさん沈んでいる。

一〇時二六分、滝（F06）の上に来た。海が見えた。よく晴れて、周囲の山もくっきりと見えている。素晴らしい眺めだ。この滝は、ユナラ湾の西海岸や渡渉中の西半分から遠望できる滝に間違いない。滝上で腹ばいになり体を伸ばしてみたが、滝壺を見ることはできなかった。両岸は深い森で斜面だが、大きく高巻きをすれば通過できるだろう。再び、左岸の急峻な林内を大きく高巻きし、沢に戻ったのだが、そこは滝壺から五〇メートルくらい下流で、滝を詳しく観察できなかった。

ここからは緩やかな谷に変わった。大きな岩が少なくなり、歩きやすい川原となった。岩にはアマオブネが付着しており、河口が近いことを感じた。アマオブネは汽水域に棲息する貝だが、海に近い淡水域に棲む種類がある。

ユナラ川 F05，2段になっており，上段は深い溝状、下段は崖の表面を流れ落ちる

ユナラ川 F06より下流をのぞく

ユナラ川 F06より，ユナラ湾とサバ崎が見える

フカイ川の取水ダム

ユナラ湾（東海岸）

送水パイプ，川床を船浮までのびている

じきにオオハマボウの花を見つけ、また海岸性のアダンを見て、汽水域に出たことを確認。ほぼ安全圏に戻ったことになる。

オヒルギがポツンポツンと生えていた。岸から張り出た棚の上だ。棚は幅が一から二メートル、崎山半島のウダラ川やアヤンダ川に同じような地形がある。干潮時なら楽に歩くことができるが、私はアダンを避けながら林内を通ったり、浅い所は直接、棚の上を進んだりした。岸から張り出している枝や蔓が多く、思ったほど簡単ではなかった。

一三時一三分、ユナラ湾の東側の渡渉地点に来た。満潮時でも顔を出している平たい岩が目印だ。ここで、ユナラ川下降が終了した。振り返ってみた。大きな谷が濃い緑色をしていた。しかし、左側の枝尾根がじゃまをして、大滝は見えなかった。それが唯一の心残りだ。でも、きっと再訪の時が来ることだろう。

森林を抜けると強烈な陽ざし。疲れもあって歩き続けるのがつらい。しかし、慣れたルートだ。岬、岬の深い場所がわかるし、靴が潜って歩きにくい浜のことも承知している。深い所はザックを肩からはずし、肩かけに首を通し、首の後ろに寝かせて背負い、腰まで浸かって通過した。

一四時一七分、井田の浜に上陸。船浮はもうすぐそこだ。集落に出る前に着替えをしようと思って木陰へ入ったら、そんなところにも観光客がいる。しかたなく、泥だらけの破れたズボンのまま船浮へ向かった。

一四時四七分、船浮に出て、米蔵さんの家に着く。「米蔵さーん」。大声で呼んだら、台所の方から「港へ行ってまーす」と返事があった。奥さんの声だ。今なら一五時一〇分の船に間に合う。私は桟橋へ急いだ。

ザックを下ろし、GPSをオフにした。一休みしていたら、米蔵さんが、冷たい飲み物を手にやってきた。山行の報告をしながら白浜へ渡り、礼を述べ、再会を約束して別れた。

第5章　海岸線

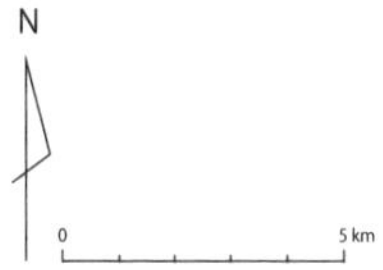
N
0
5 km

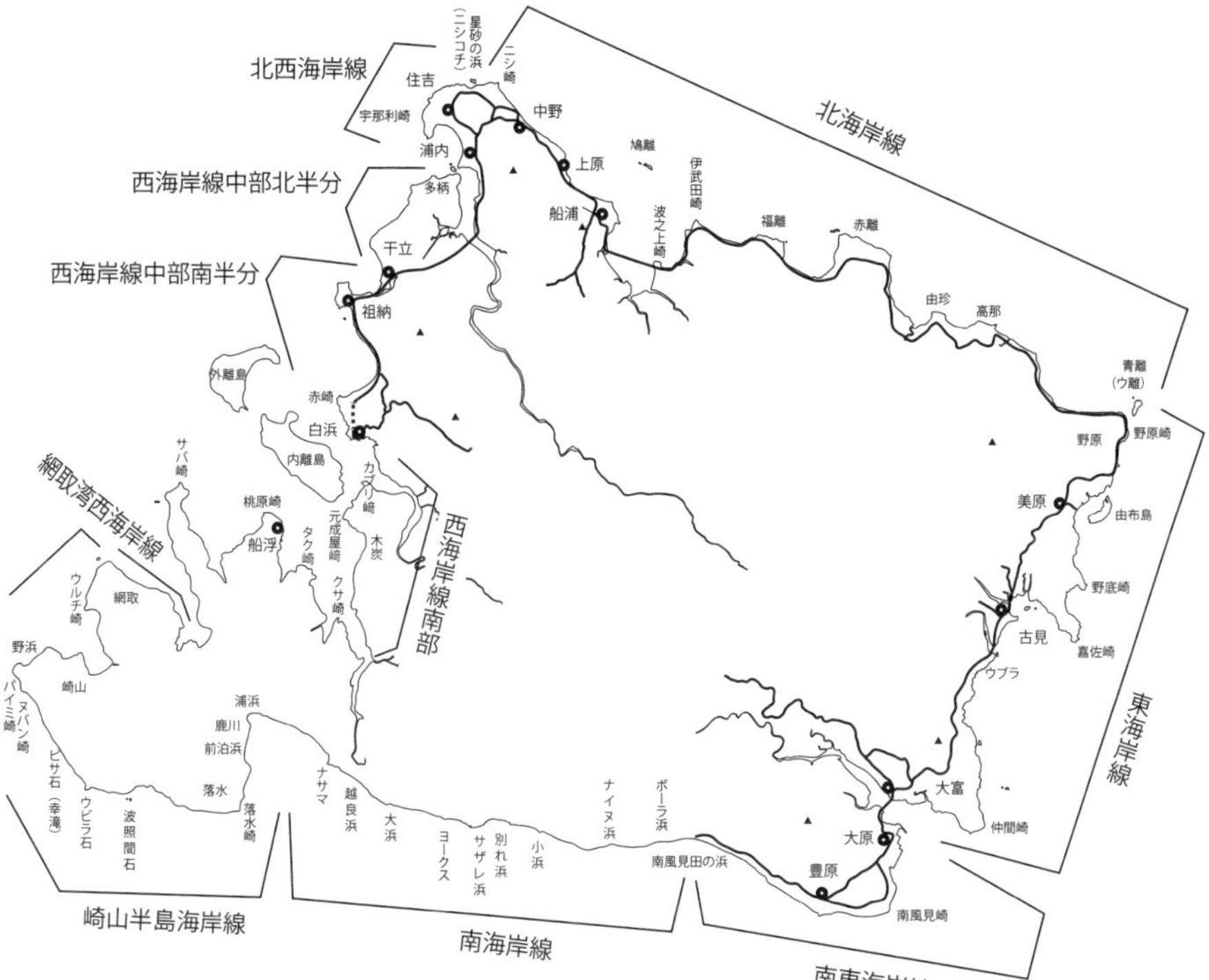
北西海岸線
西海岸線中部北半分
西海岸線中部南半分
網取湾西海岸線
西海岸線南部
北海岸線
東海岸線
崎山半島海岸線
南海岸線
南東海岸線
星砂の浜（ニシコチ）
ニシ崎
住吉
宇那利崎
中野
浦内
上原
鳩離
伊武田崎
多柄
船浦
波之上崎
福離
赤離
干立
祖納
由珍
高那
外離島
青離（ウ離）
赤崎
白浜
野原
野原崎
内離島
サバ崎
カマリ崎
桃原崎
美原
由布島
元成屋崎
タク崎
船浮
木炭
クサ崎
ウルチ崎
網取
野底崎
古見
嘉佐崎
野浜
ウブラ
崎山
パイミ崎
ヌバン崎
浦浜
鹿川
前泊浜
ヒサ石（幸滝）
落水
ウビラ石
波照間石
落水崎
ナサマ
越良浜
大浜
ヨークス
サザレ浜
別れ浜
小浜
ナイヌ浜
ボーラ浜
南風見田の浜
大富
大原
仲間崎
豊原
南風見崎

東南海岸線

二〇一七年。六月一四日から一九日まで船浮からピーミチ川とアミータ川を経由してウダラ浜へ。その後、ウダラ浜から鹿川を往復し、船浮経由で上原へ戻った。

三日間休養の後、六月二二日。上原から平川橋まで北岸道路を歩いた。そこからバスで大原へ。大原では二晩を民宿「池田屋」で過ごし、日中は私が大原で生活していた当時の大家であった古波蔵さんを訪ね、トートメ（仏壇）に向かって焼香したり、久しぶりに集落内を散策したりした。

南風見田の浜から大原へ

六月二四日（土）晴れ。

今日は自動車道を南風見田の浜まで歩き、帰路は海岸線を辿って大原まで戻る予定だ。八時四〇分、大原を出発。豊原は集落内の道路を避けて、裏手の農道を迂回した。

一九六五年、初めて西表島へ来た時、大原の旅館で数泊滞在した。着いた日の翌日、さっそく南海岸を訪ねた。今日と同じように、途中で通ったのがこの豊原集落だった。当時は舗装された道路ではなく、道幅も水牛車がやっとすれ違いできる程度のものだった。一面にサトウキビ畑が広がり、集落を過ぎたあたりからフケガーラにかけては、パイナップル畑も多かった。サトウキビとパイナップルは、西表島の東部地区、西部地区のいずれにおいても重要な農作物だが、当時は、パイナップルは東部地区、サトウキビは西部地区に多かったような記憶がある。

一〇時三〇分、南風見田の浜、スタダレーに着く。大原を出発してから一時間五〇分かかっている。陽ざしは強いが、午前中ということもあって、先日の北岸道路ほど厳しいものではない。それでも日陰を探しつつ、一休みを繰り返しながら歩いてきた。

六月二二日にカーチバイ（夏至南風）が吹いた。その日、沖縄県全域に梅雨明け宣言が出た。カーチバイとは真夏の到来を告げる南風のことだ。八重山は県の梅雨明け宣言より数日早く明けており、一九日から真夏日になっている。

南風見田の浜は、南海岸では大浜、クイラ浜に次ぐ大きな浜だ。ただし、砂浜が東の通称「ヌギリヌパ」（鋸の歯）という岩場まで連続している。ここまでを南風見田の浜とすれば、文句なしに南海岸で最長の浜になる。グンバイヒルガオやスナヅルなどの海浜植生の観察には絶好の浜辺だ。ヌギリヌパは「忘勿石（わすれないし）の碑」が建つ場所である。

スタダレーとは、南風見田の浜の奥側にある小さな滝のことだ。私にとっては西表島で最初に訪ねた、記念すべき場所である。滝は昔と変わっていないが、水量が少ないように見える。あるいは時期的なことかもしれない。ただ、昔は浜から直接滝が見えていたが、今は見えない。滝の前側にあるアダンやオオハマボウが成長し、海岸に向かって張り出してきているからである。なにせ二〇歳という青春真っただ中、今から五〇年以上も昔の話だ。そんな昔のことを思いだしながら、スタダレーで二〇分ほど休息し、のんびりと時間を過ごした。

今日は午後早々の干潮なので、それに合わせて東南海岸線を大原まで歩いて戻るつもりでいる。潮が満ちている時は、深みを避け、海岸林の中を迂回しなくてはならない場所がある。ところが大潮の干潮時には、ずっと波打ち際の砂浜を歩くことができる。大潮の干潮時は、海岸線を楽に歩けるチャンスなのだ。ただし、浜伝いだから日陰はない。わずかな岩陰や海岸林から張り出した木の下で休み休みしながら戻ろう。あまり疲れたり、通りにくい所があったら、途中からでも道路へ出てしまえばいい。浜から道路へ出る踏み分け道はいくらでもある。

一〇時五三分、南風見田の浜を出発。長い浜を抜けて、ヌギリヌパに着いた。平たい岩の上を少し行くと、

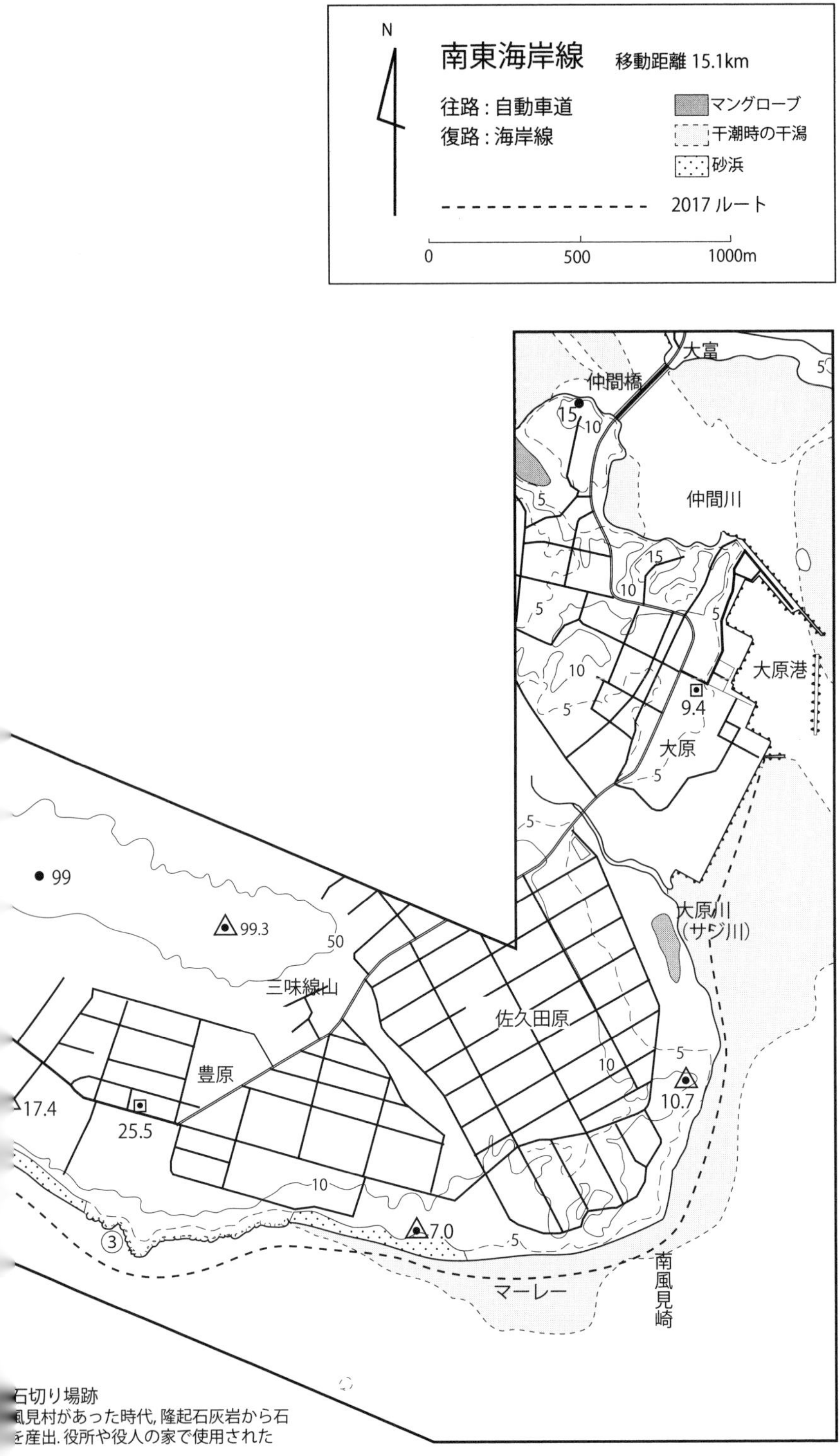
N
南東海岸線
移動距離 15.1km
往路 : 自動車道
復路 : 海岸線
マングローブ
干潮時の干潟
砂浜
2017 ルート
0
500
1000m
大富
仲間橋
15
10
5
仲間川
大原港
9.4
大原
大原川
(サジ川)
99
99.3
50
三味線山
佐久田原
豊原
17.4
25.5
10.7
7.0
③
マーレー
南風見崎
石切り場跡
風見村があった時代, 隆起石灰岩から石
を産出. 役所や役人の家で使用された

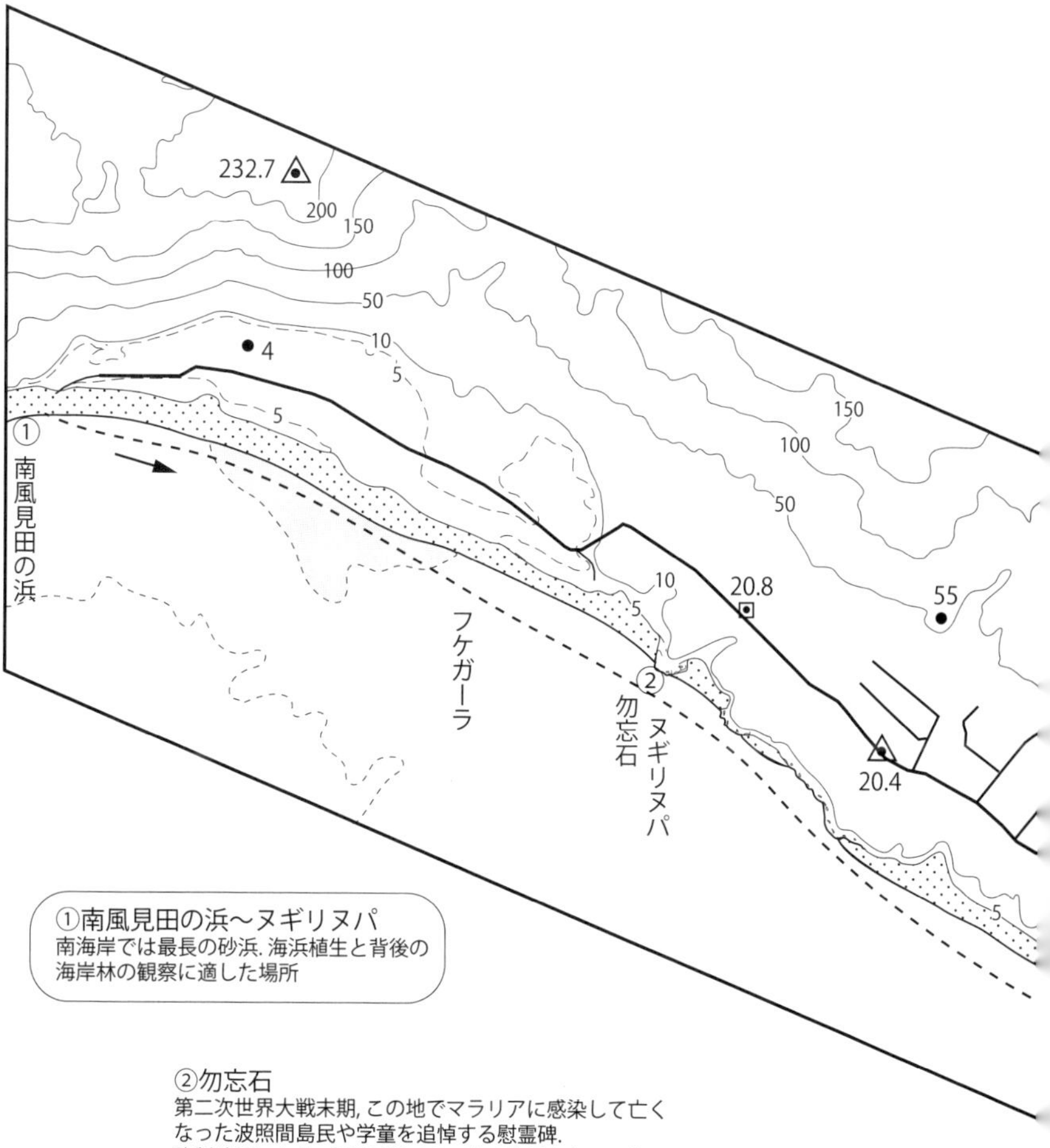

①南風見田の浜〜ヌギリヌパ
南海岸では最長の砂浜. 海浜植生と背後の海岸林の観察に適した場所

②勿忘石
第二次世界大戦末期, この地でマラリアに感染して亡くなった波照間島民や学童を追悼する慰霊碑.
強制疎開により, 全島民がこの一帯で生活をしていた

ヌギリヌパ〜③石切り場跡
小さな砂浜と隆起石灰岩の岩場が繰り返し続く. ヤシガニの主な生息地

「忘勿石の碑」が建っている。碑は第二次世界大戦末期、この地でマラリアに感染して亡くなった波照間島民や学童を追悼するものである。戦争末期、日本軍の命令による強制疎開で、波照間島の全住民がこの地での生活を余儀なくされた。南風見田は古くからマラリアが蔓延している土地として恐れられていた一帯で、マラリアにより多くの犠牲者が出てしまったのである。

沖を眺めると、わずかに白波を立てているリーフ。その先は青黒い海。今日は、波もなく穏やかに見える。その先に波照間島。のっぺりと、盆を伏せたように横へ伸びている。決して遠い距離ではない。しかし、渡りたくても舟を出すことができなかった戦時下。郷里の島を目の前に眺めながら、子供たちはどんな思いで力尽きていったのだろうか。

ヌギリヌパからは林立する大岩の間を縫うようにして歩く。しばらく行くと、隆起サンゴ礁が壁のように続く所に出た。砂浜はなく、潮が合わなければ腰まで水に浸かる場所だ。そういえば、この辺りにヤシガニを捕りに来たことがある。一九六〇年代の末、私が大学生の頃、夏の間だけ大原に滞在した当時の話だ。

午後八時過ぎ、夕食を済ませた集落の子供たち数人と連れ立って、一時間半かけて、この海岸にきた。私は旅の身でライトを持参していなかった。懐中電灯が貴重な時代だったから、子供たちは当たり前のように「タイマツ」を作った。タイマツといっても、コーラの空き瓶に半分ほど灯油を入れ、布で栓をしただけのものだ。使う時は布の先端にマッチで火をつける。布が出過ぎていると、黒煙だけがモクモクと立ち上がり役に立たない。当時「サン・コーラ」という銘柄があって一本五セント（約一五円）だった。子供たちは、お互いに前になったり後ろになったり、口笛を吹き、ラジオで覚えたのか当時の流行歌さえ歌い、はしゃいで歩いていた。

初めてヤシガニを見た時は、その異様な姿に驚いた。巨大なクモのようで、脚を広げると直径が四〇センチくらいあった。前肢が巨大なハサミになっていて、「いつでも来い」といわんばかりに身構えているのだ。全体が青みを帯びた赤紫色、そんな色のカニは見たことがなかったから、一瞬恐怖さえ覚えた。

ヤシガニは何匹もいた。海岸林の中の岩や、浜に面した岩場に張り付いていた。浜へ下りているものや、途中で農道を横切っている個体もあった。

　特別に大きな個体を見つけ、これを捕えることに決めた。右の掌を大きく開き、甲羅の後縁部をわしづかみにした。ノコギリガザミを掴んだことがあるが、その時の要領だ。しかしヤシガニは想像以上の力があって、掴んだままでいると手が引きずられてしまう。力いっぱい岩からはぎ取るようにして、ようやく手づかみにすることができた。遊びのつもりだったので、特別な捕獲道具や入れ物を持参していなかった。宿泊先の宮良長祥さんから教えてもらった、わら縄と肥料袋を持っているだけだ。捕えたヤシガニを縄で縛り、袋に入れて持ち帰るためのものだ。一つの袋に一匹を入れるだけなら問題ないが、同じ袋に複数のヤシガニを入れるとお互いに挟み合って傷だらけになってしまうので、一匹ずつ縄で縛る必要があるのだ。

　ところが、縄で縛るという作業が、慣れない者には結構難しいのである。左手でヤシガニを地面に押さえつけたまま、右手だけで縄を扱うのだが、うっかりしていると、活発な肢の巧みな動きに乗せられて、指がメディシンボールみたいに前へ前へ運ばれて、あやうく強烈なハサミで挟まれそうになる。そのため、両方の爪で縄を挟ませ、すかさず幾重にも巻いて前肢を固定した。次に残りの脚を片方ずつまとめて縛り上げ、最後はヤシガニ全体をグルグル巻きにしてしまうのである。帰路、袋の中で幾度も縄が外れ、そのたびに取り出して縛りなおした。村へ戻るのは午前零時過ぎ、遅い時は二時近くになることもあった。しかし、ここでしか体験できないヤシガニ捕りとあって、最高の気分で意気揚々と引き揚げていた。それにしても、夏休み中とはいうものの、子供たちが旅の青年と夜の海へ行くことを、よく親が許してくれたものだ。申し訳ない気持ちと感謝の念が、思い出の中で交錯している。

　ヤシガニは体重が一キログラム以上にもなるカニだ。インド洋と西太平洋に広く分布しており、日本では、奄美諸島の一部から八重山諸島に棲息している。カニといっても短尾類ではなくオカヤドカリの一種である。貝殻から出たヤドカリの長い腹部を丸めて見るとヤシガニの形になるし、ヤシガニの左右のハサミの大きさが違うことからも、両者が同じ仲間だということがわかる。小さい頃はヤドカリと同様に貝殻を背負っているが、成長すると貝殻を捨てる。大きくなるために貝殻を捨てたのだろう。貝殻を捨てた時、長くてじゃまな腹部を丸くまとめた。

大原にはヤシガニを食べたことのある人が何人かいた。しかし、誰もが「新城島のものは大丈夫、南風見田のものは食べない」と言っていた。詳しく聞くと、ヤシガニには毒をもったものがあり、それはヤシガニが食べたもので決まるらしい。毒のヤシガニを人が食べると、吐いたり、手足が麻痺したり、死ぬこともあるというのだ。

「オシンラーニキ。ほら、鈴みたいな花をつけた木があるでしょ。あの実を食べると毒になるさ」。オシンラーニキとはハスノハギリのことだ。八重山の海岸林にはふつうにある高木だ。葉の形と柄のつき方がハスに似ているのでこの名があるが、花は肉質の総苞につつまれていて風鈴のような形をしている。これが有毒なのである。新城島のヤシガニは、ハスノハギリを食べていないので安心。豊原から南風見田にかけてのヤシガニは危険だというのである。

「毒をもったヤシガニは茹でても赤くならん」。そう言うものだから、私が「エビやカニは、みんな赤くなるんじゃない?」と口をはさむと、「いや、正確にはね、体は赤くなるけど、毒のものは、関節部分が青く残るんだ」と教えてくれた。

数日後、私は二匹だけを持って、石垣島へ戻った。大きな一匹を剥製にし、小さなほうは茹でてみた。一度は味わってみたかったのである。茹で上がったヤシガニは、赤というより鮮やかな朱色に変わり、表面に小さな白い斑点がたくさんついていた。関節部分も赤くなっているので、私は思いきって試食した。

手足は、ふつうに食べるカニと同じ味だが、やはり毛ガニやタラバガニにはかなわない。醍醐味は腹の中味だというので、腹をさいてみると、油の塊みたいなものが詰まっていた。スプーンですくって食べてみたが、ちょっと私には合わなかった。調理の仕方に問題があったのかもしれない。それ以来、機会はあったのだが、ヤシガニを食べていない。

実際にヤシガニで中毒死した事例がある。第二次世界大戦中か直前のこと、石垣島の川平で家族数名が亡くなっている。食事中異変を感じたので、完食する前に飼育しているブタに食べさせた。そのブタも最後は死んでしまったそうだ。この事件は私の記憶違いではない。一九六〇年代末に、確かに本で読んでいる。ただ、どこを探しても、その文献が見つからない。

石切り場跡に来た。南風見村があった時代、ここで隆起石灰岩を伐り出していた。もっぱら、役所や役人の家で使う石材として搬出されたようだ。石切り場近くの深みを避けてサンゴ礁原を迂回すると、じきに豊原の浜に出た。

豊原集落は一九五三（昭和二八）年、新城島下地の島民が中心となって作った集落である。近くには一七三四年から一九二〇（大正九）年まで約一九〇年続いた南風見村跡がある。元は、波照間島からの四〇〇人からなる移住者によって建てられた村である。私が初めて訪ねた一九六五年、村落跡はサトウキビ畑になっていて、その中に石垣や貝塚が残っていた。貝塚は昔のチリ捨て場で、シャコ貝やマガキガイの殻などが層を成して埋もれていた。

私が大原に住んだ時の大家さんの母は、明治生まれの人だった。一九四一（昭和一六）年に家族と一緒に新城島から大原へ移住しているが、南風見村の最後の家族を覚えていると、生前話してくれた。最後まであった二軒は廃村後、新城島へ移ったそうだ。

一七七一（明和八）年、石垣島南東部で大規模な海底陥没が起こった。直後、これによる大津波が八重山、宮古両群島を襲った。最大の波高を記録したのは宮良村で、二八丈二尺（八五・四メートル）あったと記録されている。津波による被害は八重山の歴史上、類を見ないものであった。八重山諸島全体で九、三一三人の死者及び行方不明者が出て、人口の三二・二パーセントを失った。当時、八重山全島には男一三、七六五名、女一五、一三一名、合計二八、八九六名の人が住んでいた。そんな時代に、どうして正確な人口がわかるのかというと、当時、宮古・八重山諸島は琉球王府による人頭税という制度の下に置かれていたからだ。一人一人が税の対象となるわけだから、役所により正確な人口調査が行なわれ、また管理されていたのである。

津波が起こった当時、南風見村には男二五〇名、女二三九名、合計四八九名の人が住んでいた。幸い村落内での死者はなかった。しかし、村人のうち男七名、女四名の計十一名が石垣島で津波に巻き込まれて亡くなっている。いずれも公事で出張していた人たちだったようだ。村落では住家七戸が全壊、使役牛二頭死亡 六反帆船一艘損壊の被害が出ている。 畑は十九町七反三畝一〇歩（約一九・五ヘクタール）が波を被り、農作物が全滅した。田は十一町三反一畝二〇歩（約一一・二ヘクタール）が引き流され、当分の間、稲作ができない状態になってしまった。ただ、村全面が津波に襲われたわけではなく、多くの住家、御嶽、井戸などは無事だったと記録されている。

二一世紀に入って農地開発のための土地改良事業が行なわれた。これによって南風見村跡は消えてしまったが、私の記憶にある貝塚はホテル「ラ・ティーダ」の道を隔てたすぐ山側で、現在、ウシの放牧場になっているあたりだった。海抜二〇から三〇メートルの一帯である。「明和の大津波」は、南風見村でも、その高さまで海水が押し寄せたということだ。

豊原の海岸から南風見崎へ向かう。南風見崎は西表島の南東の角にあたる岬だ。また、このあたり一帯をマーレーと呼んでいる。幅の広い海岸が続き、発達した海浜植生が見事だ。

南風見崎までの中間あたりからは、リーフが遠く離れ、岸からは砂地で遠浅の海に変わってくる。この一帯の海ではウミショウブが群落を作っている。海草の一種で、海中で生えている姿がショウブを連想させることから付いた名前のようだ。

ウミショウブは変わった方法で受粉する。海の中で放出された雄花が、風に乗り海面を流れるようにして移動、やがて雌花に辿り着く。雄花は白色で三ミリメートル程の大きさだが、無数といっていいほどに放出されるから実にきれいだ。受粉は夏の晴天の日の昼間、しかも大潮の干潮時に限られるから、天候と潮が合わなければ見ることができない。それでも、今では六月末の風物詩として、多くの人たちがウミショウブの受粉を観察するために西表島にやってくる。

石垣島で教員をしていた一九七〇年のこと。五月の連休を利用して数日間大原に滞在した時、マーレーの海へ貝を採集に来たことがある。よく晴れた日で、肩にジリジリと陽ざしを感じ、メンパ（顔全体を覆う水中眼鏡）で海底を見つめながらゆっくりと歩いていた。海底には障害物がなく、ウミショウブがポツン、ポツンと生えているくらいの砂地だった。

胸くらいの深さに来た時、一瞬、海中が真っ暗になった。「何ごとだ?」。スコールでも来たのかと、水面から顔を上げた。しかし、まったく異常はない。頭上には雲一つ浮いていなかった。

もう一度、水中に顔を戻した。「魚だ。これ、すべて魚だ」。二センチそこその小魚がウヨウヨ、墨汁を流したように広がっている。手を出すとサーッとひくが、自分の海水パンツもむき出しの腿も腹も見えないほどだ。

初めての体験であったが、「スク」だと確信した。村人から聞いたことがあったからだ。スクとはアイゴの稚魚だ。五月の初め頃、大挙して浅瀬の藻場に押し寄せるが、いつ来るのか正確にはわからない。昔は見つけた人が村へ戻り、早鐘を鳴らし、村人総出で浜へ駆けつけた。網ですくい上げ、樽やドラム缶に入れて塩漬けにし、一年分の食糧にした。

今でも住人総出のスク漁があるかどうかは知らないが、二〇二一年一月、ＮＨＫの日曜番組「小さな旅」でスク漁を紹介しているのを見た。沖縄本島南部にある奥武島では、一月から春にかけて小型漁船を使ったスク漁をやる。一〇名程の漁師が乗り込んで浅瀬を航行し、船上からスクの群れを探す。見つけると、網を流して群れを巻き込んでいく。この時、海に入った漁師たちが、石などを使って音を立てスクを追い込みながら、網と海底の間にできた隙間を塞いでいく。こうして、スクの群れを一網打尽にするのである。沖縄にある伝統的な「追い込み漁」そのものである。

沖縄料理にスクガラス（スクの塩辛）という保存食がある。一般にはスクを豆腐の上に「川の字」に並べ、「スク豆腐」として酒のつまみにする。ほどよく豆腐に染み込んだ塩辛さとザクザクとしたスクの歯ごたえが心地よい。

群れで生活をしていた稚魚は、その後バラバラにわかれ、主に藻場で生活するようになる。成魚はアイゴといい、沖縄ではエイグァー、八重山ではアイズと呼んでいる。日本近海からオーストラリアあたりまで主に西太平洋に広く分布する魚だ。昔の図鑑には、沖縄に分布するものをミナミアイゴまたはシモフリアイゴと書いてあった。しかし、今は同種としているようだ。この他、沖縄には近似種アミアイゴも分布している。

アイゴの内臓は磯臭いので、食べずに捨てる。稚魚の段階では臭くないが、海草を食べるようになると磯臭くなると村人から聞いた。肉そのものは刺身にしてもおいしいが、沖縄ではマース煮（塩味の煮物）にすることが多い。また、鰭の棘に毒腺があり、生きていても死んだ後でも、刺されると大変に痛い。ジワーッと膨らむような痛さだ。調理の際には気を付けなければいけない。

久しぶりに歩いた豊原から南風見崎への海岸線。陸にあたる砂浜と海浜植物は昔とあまり変わっていないように感じた。しかし、波打ち際から続く礁原、つまり満潮時には水没するが、干潮になると海上にできた広い道路のようになる場所では、今は生き物も少なく、薄く汚れが積もったような光景に変わっていた。

ここはかつて、波に洗われた砂岩が特に美しい場所だった。ベタ一面ノリが付着していて、裸足やサンダルでは滑って歩けないような石もあったが、深い緑色をした海藻はとてもきれいだった。逆に藻類の付着がなく表面が露出している砂岩は、裸足で乗ると足の裏がザラザラして気持ちがいいものだった。そういった石は、単純な褐色や肌色ではなく、赤っぽい褐色から茶色や肌色まで、微妙に色の違った部分から成っている。それらが、ある石では何本もの帯状になったり層を成したり、また何重にもなった目玉模様を描いているのである。さらに、側面にはアマガイやノシガイなど、小さな貝がたくさん付着していた。残念なことに、今はそういう

大原（1978年）

勿忘石

ヤシガニ

大原港（1979年）

かつての石切場

ことのすべてが消えてしまっている。

どうして、こんなふうに変わってしまったのだろうか。海の生き物を捕りすぎた結果なのか、あるいは海水温の上昇によるサンゴの死滅など、原因は多々あるのだろう。しかし、やはり二一世紀に入って進められた、農地開発のための土地改良事業が最も影響を及ぼしているのではないだろうか。大量の赤土や農薬、肥料の流出が、簡単には回復できない状態にまで沿岸を痛めてしまったように思う。土地改良事業で恩恵を得た人がいる一方で、現状を淋しく感じている人もいることだろう。

南風見崎に新城島へ向かっているパイプがあった。西表島から新城島へは、一九七五年に送水、一九八八年からは送電が行なわれている。私はパイプをまたぎ、干上がった平らな岩場を歩いて、すぐ先に見えている大原港を目指して足を速めた。大原の民宿には一四時一〇分に着いた。

西海岸線中部北半分

西表島西海岸線のうち、浦内川河口から干立、祖納を経由して白浜までを「西海岸線中部」と定義し、さらに与那田川を境として北半分と南半分に二分した。

西海岸線中部北半分の海岸沿い、浦内川の河口にアトゥク島がある。長さ二〇〇メートル、幅約一〇〇メートル、標高三六・六メートルの切り立った砂岩の島である。浦内御嶽の拝所だが、古くから「海賊キッドが金銀財宝を隠した」という言い伝えがあり、一九二〇（大正九）年には宝探しが行なわれたらしい。宝は出てこなかったが、アトゥク島は今でも「宝島」と呼ばれることがある。

アトゥク島から干立に至る海岸線には、岩場になった岬と、比較的大きな砂浜が交互にあり、景観が素晴らしい。岩場には人が掘ったと思われる洞穴が幾つかある。

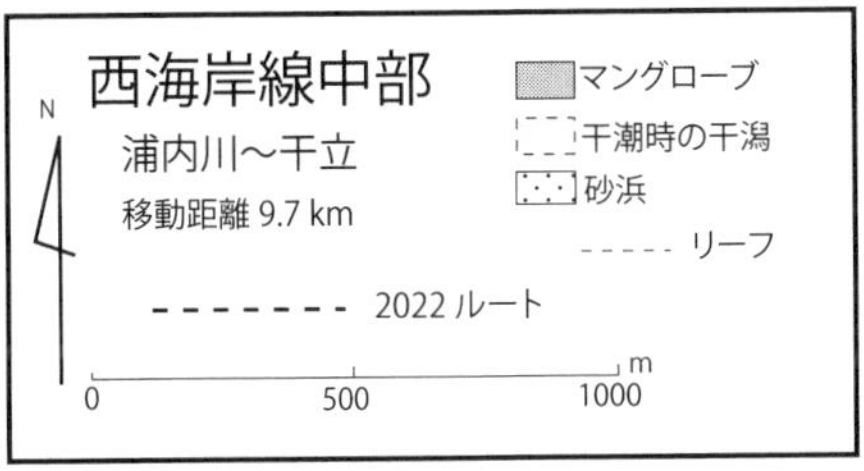

西海岸中部の海岸線には,特に危険な箇所はない

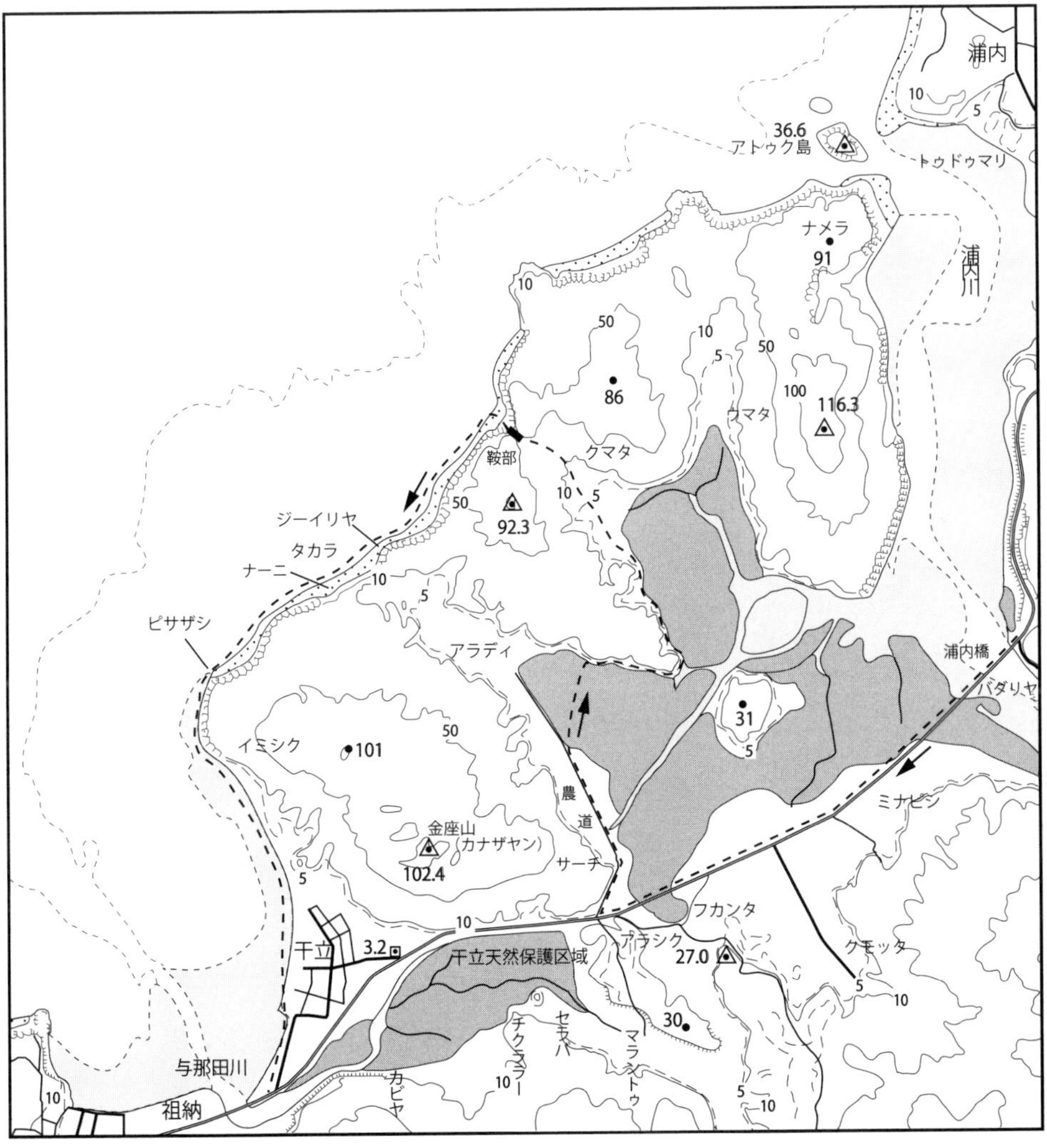

マングローブの農道に隣接した部分（オヒルギ群落）は通過に苦労する（背が低く横枝が多いため）.
一方,農道の奥側3分の1は荒れたブッシュで通行困難.しかし,可能な限り奥まで進み,5mラインに沿って山裾を歩くことが望ましい

浦内川から干立へ

二〇二一年四月二五日（月）晴れ

船浦を九時五〇分のバスで出発、浦内川バス停には一〇時一〇分に着いた。非常によく晴れて、早朝から暑い。今回は浦内橋から浦内川の河口を目指してアトゥク島まで行き、そこから海岸を干立まで歩く予定だ。

当初、浦内橋からすぐに川へ降り、左岸の縁を歩くことを考えた。つまり、マングローブに入らず、マングローブの水路を渡り、一気に浦内川の河口を目指そうというわけだ。しかし、浦内橋から水路を渡った岬まではわずか五〇〇メートル。それでは簡単すぎる。そこで、あえてマングローブの奥側をぐるりと回り、そこから浦内川の左岸に出ることに決めた。ここのマングローブは面積八〇・五ヘクタール、西表島では仲間川天然保護区域に次ぐ規模である。奥側を歩くとなると、水路の先の岬まで四・五キロメートルの距離になる。時間はかかるだろうが、それだけ見るものも多い。

浦内橋の上に立った。まだ、かなりの潮位がある。これではマングローブの水路を横断できない。結局、望む望まないに関係なく、マングローブの奥側を行くしか方法がない。

一〇時四五分、浦内橋から一・五キロメートル、県道白浜南風見線の十字路に来た。県道を横切るように、稲葉と多柄へ向かう農道が交わっている。右折すればマングローブの奥側へ通じる多柄の農道である。

農道に入った。右側はアダンやイボタクサギが混じったブッシュ。そのすぐ奥はマングローブになっている。左側は幅一〇メートルのブッシュを挟んで、金座山からの斜面が迫っており、少し上にマツが生えている。

地図にある農道の三分の二あたりまでは、軽トラックなら進入できる状態だった。左手に田んぼの跡。県道からの入口にはロープが張られ、「進入禁止」の札があった。田んぼの主が吊るしたのだろう。ここから先は、すでに廃道といってもいい状態だ。泥地ではないが、少し靴がもぐる。オキナワアナジャコ、あるいはオカガニやベンケイガニの巣穴が無数にある。それでいて草がぼうぼうと茂り、地表が見えにくいので、ひっきりなしに泥塚につまずいてしまう。そんな道も、五〇メートルも行かないうちにアダンのブッシュに遮られ、完全な行き止まりになってしまった。

いよいよ、マングローブか。ブッシュをかき分けてマングローブに入った。まず驚いたのは、一帯がドロドロとぬかるんでいることだった。浅く、水が溜まっている部分もある。さらに始末の悪いことには、オヒルギの純林だというのに、木々の背丈が低いのだ。一般に、マングローブの一番奥側は土混じりの安定した地面になっている。また、オヒルギは高木になり、高さ四メートルくらいまで枝がほとんどない。林内に入っても遠くまで見渡すことができるし、比較的歩きやすいのだ。膝根が邪魔をして歩きにくいことは確かだが、方向を定めて一歩一歩進むのなら特に問題はない。ところが、ここのオヒルギはせいぜい二メートルの高さ。しかも細い木ばかりだ。膝から目線の高さまでびっしりと枝が広がっていて、通過が極めて困難だ。

正面にマツの木の頭が見えた。丘陵がある証拠だ。まずは陸に向かおうとそちらを目指した。ところが、相変わらずの密生したオヒルギ。さらにアダンが加わり、前進は困難を極めた。こういった状態になるのは、近くで耕作が行なわれていたことなどが影響しているのだろう。ようやく辿り着いた丘陵の縁は、わずかにアダンがある湿地に続き、背の高いオヒルギの純林があった。ここからは林縁に沿って歩いたり、潮が引いたマングローブの中を歩いたりした。

しかし今日は、いつも以上に疲れる。農道からマングローブに入った途端に疲れを感じた。つい先日は、一五キロの荷物を背負いながら、まずまずの体調で仲間川感潮域のスケジュールをこなした。今日はたかだか五キロの荷物だ。それなのに休息する回数が多いし、一回ごとの休息時間も長い。出発から二時間以上も経ったのに、まだマングローブの中半だ。予想では、一二時半に浦内川へ出て、遅くとも一三時半にはアトゥク島あたりに行っているはずだった。

このままでは干立からのバスに間に合いそうにない。最終バスは一六時五〇分だ。普段ならそれでも問題はない。どこかで一晩過ごせばすむ。ビバークは苦にならない。しかし、今回は日帰りの予定で民宿を予約している。私が現われなければ遭難騒ぎになるかもしれない。にもかかわらず、私は落ち着いていた。というのも、今回は携帯電話を持参しているのである。海岸に出れば、民宿への連絡もできるだろう。地図上で現在地を確認し、予定を変更することにした。マングローブの中間部から谷部を西へ進めば、半島をショートカットして西海岸に出ることができそうだ。

判断は正しかったように思う。しかし、もっとよく地図を見るべきだった。谷の中心部を進むべきだったのである。広くて浅い谷なので、広げた手の平のように、小さな尾根と小さな谷（溝）が交互に幾つも出てくる。そのたびに涸れ沢を遡ったり、小尾根を乗り越えたりするから、無駄な距離を歩き、とてつもなく時間がかかってしまったのだ。

標高五メートル前後の低地部には、ホウライチクの群落が各所にあった。昔、人が住んだか耕作したことがあったのだろう。標高四〇メートルあたりでは、わずかだがツルアダンとリュウキュウチクの群落があった。

一六時ちょうど。分水嶺に着いた。標高五〇メートル、鞍部になっている。下草がなく明るい林床で、適度に落葉が積もっている。クロツグの株があるほか、中高木がポツンポツンと程よく配置されている。鳥もカエルも、虫の声もなく静寂そのものである。低山では珍しく、風情のある峠だ。一般に、この標高だとアダンやツルアダンに覆われていたり、陽当たりのいい場所ではススキが生い茂っていたりするものだ。

先を急ごう。わずかの間、切り通しのような狭い谷があった。五〇メートル下ったあたりから古いロープが木々に結ばれていた。ロープは、くの字くの字に曲がり、一五〇メートルほど続いていた。何のためなのだろう。干立の人がここを通って、マングローブでガザミやシレナシジミを捕らえたり、タケノコ狩りをすることがあるのかもしれない。

ロープが終わり、わずかに下り、アダン群落を抜けると、ぱっと視界が開けた。砂浜の向こうは広い海だった。ひとまず、日没までには里へ出られる場所に来たことになる。

西表島は、東海岸が地史的に隆起した緩やかな地形であるのに対し、西海岸は沈降海岸である。海は急深で、海岸線には垂直の崖が多い。なかでも、浦内川河口から干立の間にある海岸は、岬になった岩場と砂浜が交互にあって、なかなか見ごたえのある区間だ。

岬になった岩場は大小合わせて八つくらいある。五から二〇メートルの垂直の崖になっており、下部は砂岩の層が階段状になっている。暗褐色の岩の層と表面の艶が美しい。波打ち際には、巨大な丸い岩もある。しかし、安全に通過できる浅瀬が必ずある。また、三カ所か四カ所、洞窟のある岩場がある。幅五メートル、奥行き五メートル以上ある大きなものもあった。飲み水さえ確保できればそのまま生活できそうな岩穴だ。おそらく人が掘ったものだろうし、漁具や舟などを保管した時代があったのだろう。この時期、崖の途中にはテッポウユリが咲いている。崖の上にはアダンとリュウキュウマツが生えていた。

岬と岬の間は、やや奥行きのある砂浜になっている。全体は明るい褐色。サンゴが砕けてできた粒の粗い砂と、砂岩起源の細かな砂が混じっている。

波打ち際にはサンゴや貝のかけらが帯状に薄く堆積している。帯の幅は五〇センチほど。角のとれたガラス片も混じっている。しかし、プラスチックやペットボトル、発泡スチロールがない。もちろん砂浜の奥まった部分にはそういったゴミがある。しかし、驚くほど少ないのだ。誰かが定期的に掃除をしているのだろうか。いや、その可能性は低い。観光地ではなく、清掃の対象となる地域ではないからだ。ここの海岸は冬の季節風の影響を受けにくい所だ。浦内川河口のウナリ崎が西へ大きく迫り出しているから、北からの漂流物が漂着しにくいのだろう。

浜の奥まった部分には二つのタイプがある。一つは五から二〇メートルくらいの岸壁。ほぼ垂直で直登は難しい。その手前にはグンバイヒルガオなどの草本群落が見られる。上側は森になっている。もう一つのタイプの浜には崖がない。奥まった部分に草本群落があり、連続してアダン、オオハマボウが混じった海岸林に移行する。さらに後方には、森林が稜線まで延びている。

二つ目のタイプの浜は三つくらいあった。そのうちの一つには山の斜面にクバ（ビロウ）の群落があり、昔、集落あるいは御嶽（拝所）があったことがわかる。ちょうど、浦内川河口から干立までの稜線の一番低い部分にあたり、標高一〇メートルそこそこの鞍部になっている。ここを越えると、私が今朝歩いてきた農道に出られる。おそらくこの一帯が、往年の多柄村だったのだろう。多柄村は隣接する干立村より古く、一六五一年以前からあったようだ。しかし、一八〇〇年代末に廃村になっている。後日見た地図の一つには、この浜の位置に「タカラ」と書いてあった。

一七時四〇分。干立の自動車道路に出た。さっそく民宿に電話を入れ、遅くなることを伝えると、「今、どこ」という話になり、白浜の金城旅館のご主人が迎えに来てくださった。民宿では、常連で貝集めを趣味にしているSさんと再会、夜遅くまで歓談した。

今回は予定通りのコースを歩くことができなかった。いつか、潮の合う日に浦内橋から浦内川左岸をアトゥク島まで歩いてみたい。

四月二六日（火）晴れ。

起床後、汚れものを洗濯しベランダに干した後、ノート整理と休養で一日を過ごした。左脚の不調は相変わらずだ。走ったり早歩きができない。それにしても、昨日は異常なまでの疲労だった。こういうことが度々起こるとなると、今後、グループでの山行に参加する自信がなくなる。単独であっても、日程やコースなどを考えなければいけないだろう。

今回、右足の一、二、三の爪が剥がれた。四番目は内出血で黒く変色している。左足は四番目の爪をなくした。ただ、靴は足に合っており、使いやすかった。今回使っているのは山用のトレッキングシューズではなく、ホームセンターなどにある編み上げの作業靴だ。沢や海の浅瀬を歩く西表島では最適の靴だと感じている。上の部分がピッタリと閉まり、砂や泥が入らないことがありがたい。ノート整理と関係しているのか、右手親指の先端部がチクチクと痛むように、しびれている。

干立の海岸，奥に与那田橋

干立（1979年），石垣，屋敷林などは昔を残している

アダンのブッシュ，通過は困難

祖納岳より浦内川を望む（1973年）

タカラ海岸の崖

西海岸中部南半分

西表島西海岸線のうち、浦内川河口から干立、祖納を経由して白浜までを「西海岸線中部」と定義し、さらに与那田川を境として北半分と南半分に二分した。

石垣金星さんの霊前で焼香

二〇二二年七月二八日（木）晴れ

上原を九時五八分のバスで出発、一〇時一八分に干立バス停に着いた。干立で降りたのは、石垣金星さんの霊前に焼香するためだった。

バス停から金星さんの家に向かった。もう四〇年近くになるが、当時、屋根を葺き替えたばかりの印象的な赤瓦の家だった。似たような家屋が並ぶ中でもよく覚えているのである。当時撮った写真は、これまで本などで使わせてもらっている。

南向きの入口から入ると母屋の玄関が開いていた。声を掛けると、あぐらをかいていた主人が、振り返って対応してくれた。「焼香のために寄らせていただいた」と話すと、しばらく主人の一方的な話が続いた。「確かに金星はこの家に住んでいた。しかし一五年ほど前、隣に引っ越しをした。ここはもともと私の家だったが、三八年前に金星に貸した。『ガジャン家』と名付けられて迷惑した」と愚痴を聞かされたりもした。ガジャンとは蚊のことだ。金星さんは我が家を風流な愛称で呼んでいたようだ。しかし家主には不愉快なことだったらしい。話の間に、私は何度か謝った。なぜ私が謝らなければならないのかわからない。金星さんが亡くなったばかりで、主人は一通りしゃべらないと気が収まらなかったようだ。一言礼を述べて、どちら側の隣家なのかを尋ねると、「橋を渡ったところだ」との返事。隣の家ではなく、隣の集落、祖納に家があるということだっ

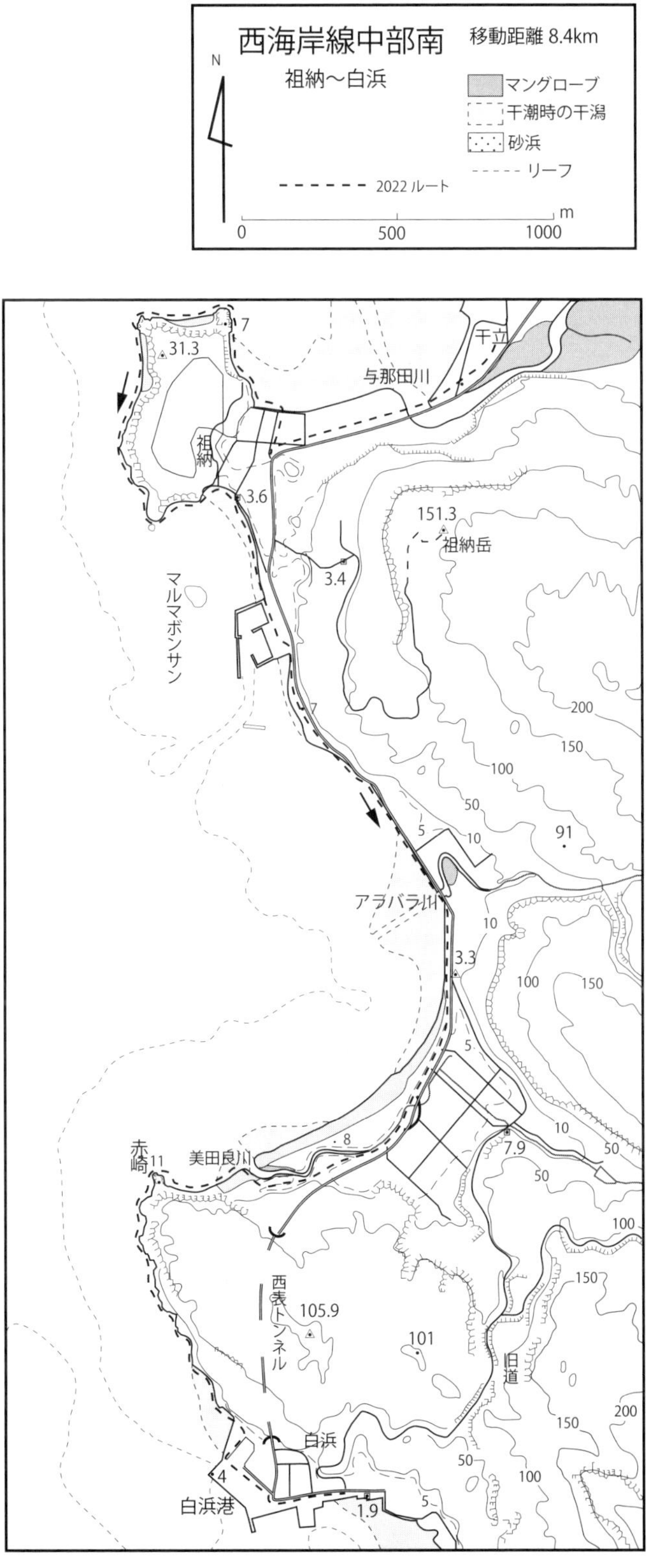

祖納半島海岸線
危険な箇所はないが,満潮時は通過困難な場所がある

アラバラ川～赤崎
潮の干満に関わらず海岸を歩くのがよい

美田良川
自動車道と河口との間50mは,ブッシュと,オヒルギからなるマングローブ

赤崎～白浜
危険な箇所はないが,満潮時は通過困難な箇所がある

た。

与那田橋を渡り祖納小中学校の前を通過、集落の中心に来た。改めて尋ねると、金星さんの自宅は郵便局のすぐ近くだった。

ガラス窓越しに仏壇が見えた。金星さんの全身写真が飾られていた。「ごめんください」。声をかけてみたが返事はない。テレビが点いたままなので、近くにいるのだろうと、勝手に上がり込んで焼香をさせてもらった。しばらくして奥さんの昭子さんが戻って来た。近所の家に行っていたそうだ。

石垣金星さんは去る六月三〇日に急逝し、まだ四十九日が明けていない。祖納の出身で、西表島の自然保護活動や伝統文化の継承に尽力した人だった。

私が金星さんのことを知ったのは一九七四年のことだった。当時、私は大原に住み、イリオモテヤマネコの研究を進めていた。その一時期、新城教夫君が私の借家に居候をしながら、大学受験に向けての勉強を続けていた。そこに、彼の友人である比嘉俊彦君が来島し、少しの間滞在した。彼は琉球大学の学生で、二人は首里高校の同級生だった。何かの折に「高校の先生が西表島出身だった」という話が出た。聞くと、それが金星さんだった。金星さんは一時期、那覇の首里高校で教員を勤め、比嘉君が所属した体操部の顧問もしていたそうだ。

初めて金星さんと会ったのはそれから数年経った一九七八年八月だった。私の短い旅行に同行してくれた雑誌記者の提案で、西表島の数名の若者との座談会が開かれた時のことだ。

当時、西表島は「開発か自然保護か」で大きく揺れていた。ことの発端は、日本復帰前の一九六九年六月、琉球政府が着工した「西表縦貫道路」である。島の東西を結ぶ自動車道路の実現は、島民の長い間の悲願であった。ところが、いざ工事がはじまると森林が破壊され、生じた泥土が仲間川などを汚染するようになったのである。これに対し一九七〇年、日本自然保護協会などが道路の変更または工事中止を琉球政府に要請、自然保護と開発の問題が表面化した。同年、日本生態学会からも工事の中止要請が出された。

日本復帰後の一九七三年三月に、日本政府と沖縄県庁は事態の重要性から道路建設を中止した。さらに環境庁が自然保護を理由に中止命令を出すに至った。当時、東西を結ぶ新しい道として「北岸道路」の建設がはじまっていたにもかかわらず、島民の不満は高まっていった。

その年一一月、日本・ドイツ合同の「イリオモテヤマネコ調査」が行なわれた。棲息地での調査はこの時が初めてである。現地に詳しいことから、私は案内人を兼ねたメンバーとして参加の要請を受けた。約一カ月間の調査を終えた後、ドイツ側の責任者であるパウル・ライハウゼン博士が、調査団としてではなく、個人的な見解を記者発表した。当時、博士はドイツ・マックスプランク行動学研究所の動物学部長を務めており、ネコ行動学の第一人者であった。博士の教え子であるウルリーケ・ティーデ博士が通訳した。彼女は日本留学も長く、日本語の読み書きが特別に堪能な人だった。

「この島は人とヤマネコが共存するには狭すぎる。現住民を島外に移転させ、西表島を無人化すべき。ただし、現住民には十二分の保障が必要だ」。

ライハウゼン博士の考えは、研究者としては的を射た内容だったと思う。しかし、ヨーロッパ的な自然保護への考え方が理解できる環境ではまだなかったこと、地元新聞の伝え方が不適切だったことが誤解を招いた。地元新聞では「現住民には十二分の保障が必要だ」の部分がカットされ、さらに、単なる誤植だったのだろうが、「現住民」を「原住民」と記されたのだった。「俺たち未開人か。ヤマネコと人間とどちらが大事だ」といった騒ぎに発展した。地元議員にも、「ヤマネコは山奥か大きな檻に閉じ込めて保護すればよい。開発優先だ」と言う人がいたし、それに同調する県職員もいた。

私に同行していた雑誌記者は、そんな世論を背景に、地元の若者の率直な意見を聞きたかったのだろう。その座談会の参加者の一人が石垣金星さんだった。

「西表島の自然は生活に必要なものすべてを備えている。自然を大切にし、伝統的な生活を重んじていけば、自然との共存は十分に可能だ」

私には、彼のこの発言が印象深く残っている。座談会の内容は、一九七八年九月五日発売の「週間プレイボーイ」（集英社）に紹介されている。

次に金星さんに会ったのは、それからずいぶん経った二〇〇六年だった。七月二八日、マレーシアから帰国した晩、友人の土屋實幸さんから電話があった。「明日、東京で講演する。来てほしい」と言うのだ。例年、七月下旬新宿伊勢丹デパートで「沖縄物産展」が開催される。この最終日、那覇の居酒屋「うりずん」の店主である土屋さんが「泡盛談義」をするのが恒例だった。私には聞き慣れた話だから、チビリチビリやりながら時間をすごしていた。閉会直後、土屋さんから「明後日、仙台で講演する。安間、一緒に来てくれないか」と言われた。断るはずがない。その日のうちに新幹線で仙台へ向かった。

会場は仙台ではなく、塩釜に近い七ガ浜町の国際村だった。七ガ浜町では、一九〇〇年代末から「七ヶ浜国際村インターナショナルデイズ」と題して、国際音楽交流会が開かれている。夏休み期間中には美術・音楽・舞台芸術などの連続イベントが開催されている。テーマは「沖縄」になる年が多い。二〇〇六年も沖縄がテーマで、土屋さんが講演者として招かれたのだろう。その会場で再会したのが石垣金星さんだった。その時は奥さんを同伴されていた。奥さんの昭子さんは伝統的染め物の技術者であり、継承者でもある。紅露の他、ヒルギやフクギ、西表島の植物から得た染料で、素朴ながら力強い、美しい布を染め上げている。この日、金星さんは「鳩間節」をはじめとして、八重山地方の民謡を幾つも演奏し、唄っていた。

二〇一七年、私は西表島山歩きの本『西表島探検』を上梓した。その書評の一つが、翌年一月一三日の「沖縄タイムス」に載った。そこでは、西表島の奥地の魅力と私の生きざまを最大の賛辞で紹介してくれていた。文末に、評者として「西表をほりおこす会代表　石垣金星」の名があった。

二〇二二年に入って、西表島の身近な知人が三名も亡くなった。二月二七日には前大時吉さん。民宿カンピラ荘のご主人だった。三月一〇日には古波蔵トシさん。大原時代の大家さんである古波蔵当清さんの奥さんだ。人の寿命に「これでいい」という年齢はないが、前大さんは九〇歳近く、トシさんは九六歳であった。石垣金星さんは私より若い七六歳だった。

　二〇二一年、西表島が世界自然遺産に登録された。これからの西表島の自然保護と伝統文化の継承のため、優れた指導者が求められる中、金星さんの死は残念でしかたがない。

祖納から白浜へ

　一一時四〇分、石垣金星さん宅を辞した。集落内の道を北上すると、じきに浜に突き当たる。祖納小中学校の西のはずれに近い浜だ。昔は船着場があった所でもある。ここから海岸に下り、海岸線を白浜まで歩くのだ。

　祖納集落の西側には丘陵が発達し、半島状になって海へ突き出ている。最高地点は三一・三メートル。屋敷跡や小規模な畑、原野が広がっている。海に近い崖の上はアダンが密生する海岸林になっている。海岸線は一〇から二〇メートルの砂岩の断崖になっており、崖の下には岩礁が波に洗われている。崖が切れた部分は、急斜面全体をアダン林が覆っており、海岸は砂浜になっている。そんな崖と砂浜が交互に続いている。昔はアダン林の中にそれぞれの浜へ下りる細道があったのだろう。今確かなのは、半島部の真北にある大きな浜へ下る道だけだ。そこは長さ一〇〇メートル近い、半島部では一番大きな浜だ。釣りをしたり、干潮時にリーフへ出る近道として利用する人がいるようだ。崖の下は大小の岩が海岸を埋めつくしているが、岩と岩の間をぬって通り抜けることができるし、通り抜けられない所は岩の上を歩くこともできる。岩は波に侵食され、凹凸の少ない、滑らかな表面になっている。砂岩だから滑ることもなく比較的安全に上り下りができる。ただ、潮が合わないと腰から胸あたりまで水に浸る箇所が幾つもあり、荷物を背負った海岸歩きの場合は潮位を合わせることが必要だ。小さな半島だが、西の部分を歩いている間は、白く波立つリーフと青黒い海しか見えない。北にあるウナリ崎やアトゥク島、南にある外離島も、突き出た崖に遮られて見えないのである。

　半島の南側へ回ると、崖から連続して海まで届く岩場や独立した巨岩が多くなる。背を低く保てば通り抜けができる天然の岩のトンネルや、崖と巨岩の間を通り抜けることができる割れ目もあった。岩場ではどこへ

祖納集落北側の海岸通り

祖納西北端の浜

祖納北端の岬

天然のトンネル（祖納西海岸）

ミダラ川河口

浜を埋め尽くすグンバイヒルガオ

石垣金星さんが住んだ「ガジャン家」（干立）

石垣金星さん（© 仲程長治）

行ってもフナムシがびっしりだ。形も動きもどこかゴキブリを連想させる生き物だから、気持ちの悪い思いをする人もいるだろう。岩場の浅瀬にはイソガニが沢山いた。近づくとササッと速足で逃げてしまう。四角い甲羅をしているが、色や模様だけを見ると、一瞬ガザミと誤認してしまう。

一三時一七分、祖納の半島をぐるりと回り切り、集落南側の旧道脇に出た。御嶽がある所だ。石垣金星さん宅を出てから一時間四〇分も経っているが、途中で写真を撮ったり、日陰に入って休憩したりしたから、こんなものだろう。半島部の海岸は、普段、人が行っていないようだ。特別な用事もない場所だから誰も行かないのだろうが、集落の至近だというのに、およそ人工物はなく、ゆっくり時間を過ごすにはなかなか魅力のある海岸だ。

祖納港で一休みする。水道がある。陽ざしが強烈で、歩き続けるのを躊躇してしまう。ここからはしばらく砂浜が続く。アラバラ川の河口も干上がっているし、砂浜を行くのが一番近道だ。ただし日蔭がまったくない。赤崎まで炎天下を歩くのは、そうとうにきつそうだ。

祖納港からミダラ川までは海岸線に沿って自動車道路がある。アスファルト道路には照り返しがあって、海岸よりさらに暑い。しかし、一〇〇メートルか二〇〇メートルおきに木陰がある。モクマオウやヤラブ、イヌビワの大きな木などだ。これを利用して休み休み行けば少しは楽ができそうだ。この区間だけ、自動車道路を歩くことに決めた。

舗装道路は歩きやすい。岩や突起物など邪魔するものはない。木陰に入ると頻繁に休憩をとった。とにかく暑すぎる。やがてミダラ川が山側から道路をくぐり、道路と並行して海側を流れる所にきた。川と海岸との間にはモクマオウの海岸林が続いている。

じきに、川が道路から別れて海へ向かう場所に来た。道路は少しずつ上り坂になり、このまま進めば西表トンネルになる。ここで、右側の林に入り、海岸へ向かうことにした。道路脇のフェンスに扉があり、林内に入った。普段、人が通ることもないのだろう。結構なブッシュになっていた。棘のある蔓植物が多い。さらに進むとマングローブになった。見る限りオヒルギの純林だ。川幅五メートル、対岸のマングローブは歩きやすそうだが、川が深く、縁もぬかるんでいて渡ることができない。仕方なし、ぬかるみを木の枝につかまりながら歩いたり、林内のブッシュをかき分けたりして川沿いに下っていった。想像以上に手こずってしまった。二〇〇メートルくらいの距離だったが、もちろん、人が通らない場所だ。ミダラ川河口にマングローブがあることは知らなかった。わかっていれば、暑さを覚悟の上で海岸を歩いていた。そうすれば短時間で通過できただろう。

赤崎は一五時一八分に通過した。ぐるりと回った祖納半島と似ていたが、それより崖の高さがあり、規模も大きかった。山の上にはリュウキュウマツの古木が多かった。

海岸の岩は、岩と岩のすき間を通り抜けられたが、干潮時でも腰に達する深さの所が少しのあいだ続いた。磯遊びならともかく、荷物があると、潮を合わせなければ通過できない場所だ。崖は高く、山の上を迂回することもできない。あとで聞いた話だが、金城旅館のご主人は、小中学校の頃、たまに、山越えの道でなくわざわざ海岸を辿って祖納まで遊びに行ったそうだ。潮が合わない時は、少しの距離を泳いだりしたという。

赤崎から白浜にかけての西海岸では、戦前、石炭の採掘が行なわれていた。人の手で削られたと思われる岩や崖があったが、採炭坑や石炭片などは見つからなかった。やがて白浜港の護岸と波消しのテトラポットが正面に見えるようになると、ゴールも間近だ。今日のルートは、危険箇所はなく、潮さえ合わせれば、手ごろな海岸歩きを楽しむことができるだろう。

白浜の集落を通り、予約していた金城旅館に一六時二二分に着いた。外で水浴び。洗濯をすませ、部屋でくつろぐ。

西海岸線南部

本書では、カブリ崎からヒドリ川河口までの海岸線、約六キロメートルを西表島西海岸線南部とする。北の一部分が内離島との海峡に面しているが、海岸線の大部分は船浮湾に面している。カブリ崎は仲良川南岸の突端にある岬で、岩の上に「仲良川河口」と書かれた石柱が建っている。一方、ヒドリ川河口は、クイラ川下流域の右岸にある。クイラ川は船浮湾に開口している。クサ崎と対岸のマングローブの北岸にある岬を結ぶ線が河口である。だから、この岬からヒドリ川の河口までの一・三キロメートルは、厳密にいえばクイラ川の川岸となる。しかし、西海岸線南部はこの部分を含めて連続した岸であること、クイラ川右岸はヒドリ川の深い河口で分断されていることから、本書では、カブリ崎からヒドリ川河口までを西海岸線南部として扱うことにした。

西海岸線南部には小規模な炭鉱があり、明治時代後期から第二次世界大戦終了時までは、石炭開発に関係した村があった。今ではまったくの無人地帯である。しかし、散在する石炭片、村落跡、船着場の岩場に残る人工の穴など、人々の営みを伝えるものがいくつも残っている。すぐ対岸は船浮集落だ。しかし、この海岸線を歩く人はほとんどいない。たまに、ガイドに案内された観光客が一時上陸するくらいだ。クイラ川やヒドリ川へ向かう村人はいるが、海岸に立ち寄ることはなく、ボートに乗ったまま素通りしている。

私が西海岸線南部を歩くのは、ヒドリ川を遡行するためだ。普段、西表島の沢へ入る時、宿泊した集落か最寄りのバス停留所を起点にしている。河口が遠く離れていても、ボートを雇ってまで送ってもらったことはない。ヒドリ川の場合、一番近い集落は、自動車道路の終点にあたる白浜である。また、西海岸線南部は潮の満ち干によって通過困難な箇所もあるが、ヒドリ川へアプローチする唯一のルートでもある。私は必要性から歩いたのであり、海岸線だけを目的としたわけではない。しかし、記録として残すことは、自分にとって大切な

①カブリ崎
仲良川起点の標柱がある

①カブリ崎〜②元成屋崎
干潮時は広大な干潟.深い時は岩場を歩く

②元成屋崎
炭坑時代,船着場があった.岩場に柱を立てた穴が多数残る

②元成屋崎〜③木炭
干潮時は海側通過可能.深い時は崖の上を迂回.
アダンとリュウキュウチクの凄まじいブッシュ

③木炭
西海岸線南部では最大で,ほぼ唯一の浜.石炭片が今なお散在

木炭の浜南詰〜④最初のマングローブ
干潮時は僅かな砂浜を歩く.満潮時は岩場と岩石海岸が続く

④最初のマングローブ
河口は深い.干潮時は干潟となる.満潮時は沖合を注意して渡渉

④最初のマングローブ〜ヒドリ川
干潮時は干潟となる2カ所のマングローブは,潮に応じて海側か林内を歩く.大潮の干潮時,南側のマングローブから対岸のマングローブまで広範囲に干潟となり,中央のクイラ川も渡渉可能

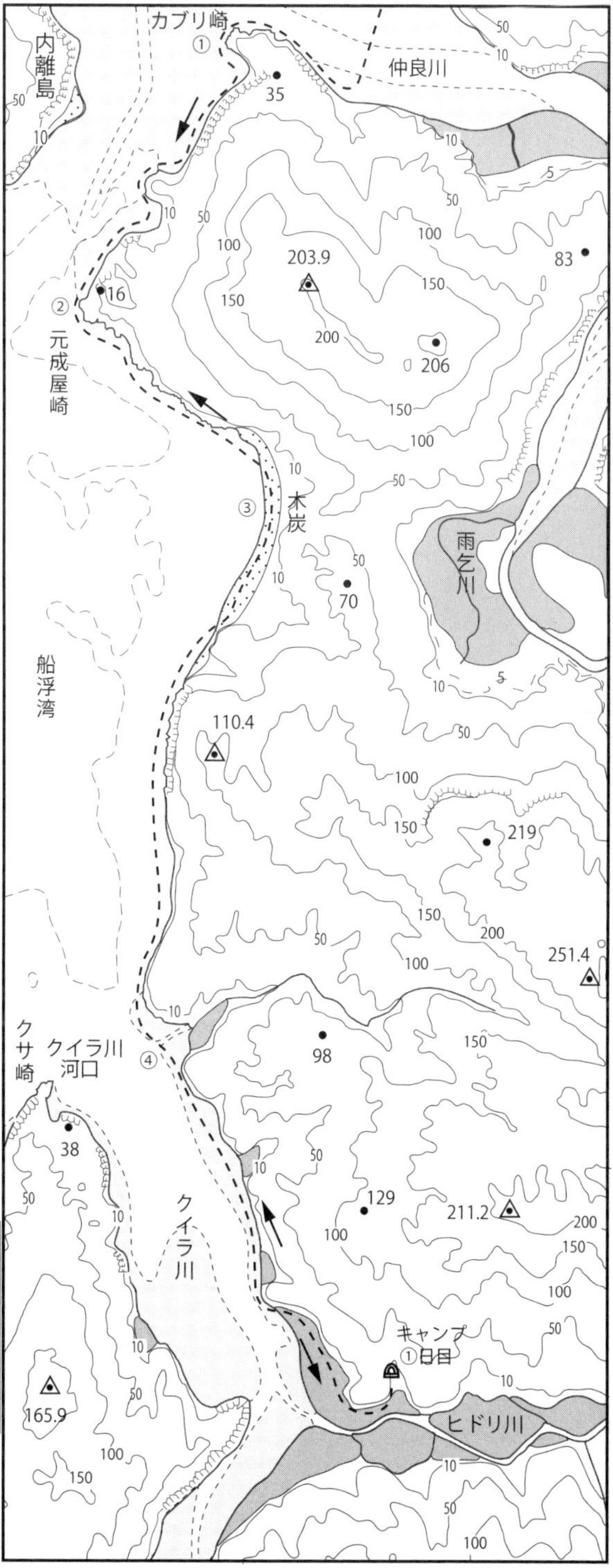

西海岸線南部　移動距離 14.7km（往復）

N

2021 ルート

キャンプ地

0　500　1000 m

マングローブ

干潮時の干潟

砂浜

リーフ

ことと考えている。

今回は二〇二一年一〇月六日から九日までの三泊四日。白浜から西海岸南部、ヒドリ川を遡上。ほぼ同じルートを往復した。

カブリ崎からヒドリ川河口へ

一〇月六日（水）出発時雨、日中薄日時々くもり。

八時五分、上原のカンピラ荘にいる。かなり激しい雨が降っている。予報では午後から雨脚が強まり、明日も雨のようだ。普段なら出発を一日延期するところだが、第3章の「ヒドリ川を歩く」で書いたように、今日は白浜でNHKの取材がある。私が白浜から出発する場面を撮影するためだ。予定通り出発しなくてはならないのである。

約束した九時、取材クルーが民宿に迎えに来てくれた。白浜に着くと、まずは水谷晃さんの家を訪ねた。集落のはずれにあり、出発地点の岸から一番近い家だ。白浜から出発する時は、必ず彼にあいさつをすることにしている。

出発前のインタビュー中に雨が降り出した。ポンチョを被ったが、ザックが大きすぎて全体を覆うことができない。出発前で荷物がいっぱいに詰まっているのだ。今朝、ザックの重さを計ったら一三・三キログラムだった。食料の多くをドライフードに替えたから、以前に比べるとずいぶん軽くなっている。それでも、ザックの膨らみはあまり変わっていない。

九時五五分、出発。西海岸線南部に行くためには、その前に仲良川渡渉という難関がある。仲良川はまだ潮があり、干潟がまったく現れていない。今日は旧暦九月一日。干潮は一二時ちょうど。もっともこれは沖縄島那覇港での水位で、西表島では一二時一五分頃のはずだ。今は、ようやく半分の水位を過ぎたくらいだ。カメラマンがファインダーを覗いたままついてくる。靴の上まで水に浸かっているので、つまずいたらどうしようと、私のほうが気になってしまう。撮影はヒルギの小群落を回った所までで、その後は私一人。直後からかなりの降りになった。しばらく様子を見ることにし、川縁のオオハマボウの木の下にもぐりこんだ。カヌー遊びの客二人とガイドが雨宿りをしていた。

一〇時三五分、雨が止んだ。「渡ろうか、待つべきか」思案中だ。ここから対岸までは八〇〇メートル。もっとも、河口に近いこの辺りは深くない。大潮の干潮時には、ずっと沖のほうまで干上がってしまい、岸から遠く離れても簡単に渡れる。今心配なのは、中央部分だけである。距離でいえば全体の四分の一なのだが、まったく干潟が見えていない。深さが読めないので、決心がつかないのだ。「泳いだらいいよ」。渡渉のことを尋ねると、白浜の人は、誰もがそう答える。しかし、裸で渡るというのならともかく、大きなザックを担いで、重い登山靴のままでは無理だ。

こちらから三分の一の所に枯木が横たわっている。枝はあるが、大きな木ではない。おそらく、そこまでは浅いはずだ。その先が流れのある深い部分である。二艘のカヌーが通過していったが、それだけでは深さはわからない。しかし、その先の距離から推察すると、潮は渡り切れる深さにまで引いてきているようでもある。あたり一帯は砂地で流れも緩やかである。急深な部分もない。しかも、沈下木や岩などの障害物が少ない。幸い、今日は風も強くない。

「だったら渡ろうじゃないか」。ようやく心が決まり出発した。枯木までは膝の深さだったが、枯木を過ぎたら深さが増してきた。ザックを擦り上げて背中の高さに保つようにした。さらに深くなり、へそまで水に浸かった。ザックを肩の高さにまで持ち上げた。摺り足で進まないと、体がつんのめりそうになって怖い。直後から徐々に浅くなり、無事に渡渉できた。

一一時五分、カブリ崎に来た。岩の上に「仲良川河口」と刻まれた石柱が建っている。西海岸南部は、正しくはここからはじまる。しかし、すでに川岸を歩いてきているので、通過点の一つにすぎない感じだ。岩場で一休みする。正面には白浜の集落が見えている。干潟が現れはじめ、潮が引いていることがわかる。足下の浅瀬にはノコギリガザミがいる。何匹もいる。そんなに大きくはない。甲幅七から八センチくらいのものが多い。

一二時五分、元成屋﨑に着く。炭鉱があった時代、一帯に元成屋村があった。岬は当時の船着場だった所だ。陸から平たい岩が海に向かって突き出ており、五メートルくらい離れて同じ高さの岩がある。小さな家なら一軒建てられる広さがある。当時は橋で渡っていたのだろうし、この岩の上で荷物の積み下ろしをしたのだろう。別の岩場には、小屋の柱を支えていたと考えられる人工の穴があった。数メートルの間隔を置いて直線的に並んでいる。このような大きな平たい岩はどこにでもあるものではない。岩そのものを、人の手で平らにしたのに違いなかった。

船着場の南側は、仲良川より深かった。通過できないので、裏手の丘に入った。ところがそこは凄まじいブッシュだった。背丈を超える細い竹がビッシリ生えている。おそらくリュウキュウチクなのだろうが、幹の色が濃い緑で、御座岳などの稜線部にあるものとは違って見えた。それとアダンの群落。さらに棘のあるバラの蔓が横方向に伸びていて、通過は困難を極める。ただ、斜面は緩やかで、昔は家が建っていたようだ。

ブッシュを透かして大きなマツの木が見えている。しかし、ブッシュに阻まれて辿り着けない。あきらめて海岸に出た。ところが、そこは切り立った崖の上。わずか五メートルの崖だが、素手では降りることができない。結局、小さな浜まで藪漕ぎを続けることになった。ほんの一〇〇メートルだったが、予想以上の苦労となった。

浜に下りて、次の岩場を越えると大きな浜に出た。西海岸南部では一番大きい浜だ。他の浜は特に小さいので、唯一の浜といっていいかもしれない。ここには木炭という名前がある。木炭村とか木炭の浜とも呼ばれている。炭鉱時代、ここで木炭を作っていたらしい。それがそのまま地名となって残っている。私が初めて西表島へ来た頃も、「木炭」といえば、西部の人なら誰でも知っていた。

廃鉱から七〇年以上も経っているのに、浜には今も石炭片がパラパラと落ちている。最初見つけた時「廃油ボール」だと思った。艶のある黒色で、よく似ているのだ。しかし、すぐに石炭だとわかった。形が違うのだ。大きいもので三から五センチ、厚さ二センチくらいの消しゴム形、さらにもっと細かく砕けたものが多かった。

廃油ボールとは、外洋船から投棄された重油カスのことだ。一九六〇年代から一九七〇年代初頭には、西表島の浜ではどこにでもあった。大きさはまちまちだが、ベタッと形の崩れたものや、丸く薄い饅頭のような形のものが多かった。ビーチサンダルで踏んづけてしまい、やけどを負う観光客もいた。炎天下の廃油ボールは、高温の「油」そのものなのである。廃油の投棄が禁止された今は、浜もきれいになっている。

比較的最近の話題では、外離島にいたNさんが、そこを出た後、しばらく木炭で生活していた。外離島にいた頃は、関東に住む妹さんが生活費を振り込み、Nさんは、それを祖納の郵便局で引き出してコメなどを買っていた。パンツも着けない素っ裸で生活し、その変人ぶりがおもしろおかしくテレビで紹介されることがあった。木炭へ移ってからは、専ら船浮の池田米蔵さんが手助けをしていた。定期的に訪ねて差し入れをしたり、健康のチェックもしていた。しかし、やがて送金が途絶え、その後は石垣島で生活保護を受けているそうだ。

元成屋崎を通過した時、船浮湾を帆走するボートが見えた。三角帆を立てていたが、平たい舟型で、普通のヨットではなかった。その後、私はブッシュに入ったので、ボートも見えなくなってしまった。ところが、木炭に来たら浜の南端近くにボートがあった。帆は降ろされていたが、とも綱も錨も付けていなかった。近くに行ってわかったのだが、それはサバニだった。しかも、今では珍しくなった、伝統的な形をした木製のものだ。木地は明るい褐色で、特に着色していない。つまり材の色そのものだ。かつての八重山で見られたサバニに比べると、舟体がかなり短い。舟底も異なっていた。八重山のサバニは底の断面が鋭い三角形をしていたが、この舟は丸底だった。舳先の尖り具合が滑らかで、とても優雅に見えた。

木陰に二人の女性がいた。あいさつがてらに声を掛け、私も一休みすることにした。一人は真っ黒に日焼けした地元の人で、二〇〇三年に他の県から白浜へ移住してきたそうだ。舟を使った観光ガイドを仕事としていて、その舟が、さきほどの小型のサバニというわけである。もう一人は、ガイドさんの常連客なのだそうだ。

サバニのことを尋ねてみた。「池間型」と呼ばれるサバニで、宮古群島池間島の漁師が古くから使っているタイプである。丸底なので横波に強い特徴がある。池間島から石垣島の白保へ移住した舟大工がいたが、彼女の一艘は、その大工から修行した青年に造ってもらったとのことだ。標準のものより小さく、動力は風まかせの帆と一本の櫂のみ。川と湾内、海岸近くで遊ぶための特注品だという。それにしても、風まかせで走行し、釣りをしたり、気に入った浜で一休みしたりと、かなり優雅なレジャーではないか。私は少し前に昼食をすませていたが、彼女がミルで豆を挽き、コーヒーをごちそうしてくれた。

彼女から、野生化したヤギの話が出た。最近は北東部の古見岳あたりでも出没するらしい。生態系に悪影響が出るという理由で、環境省が駆除に乗り出したそうだ。

一九六〇年代後半から一九七〇年代前半、白浜林道の東島峠から白井峠では、いつ行ってもヤギのフンが大量に見つかった。たまに群れに遭遇することもあった。当時、パルプ材を伐採していた会社が、林道の管理のためにヤギを放逐したと聞いたことがある。林道脇の雑草をヤギに食べさせるのである。一九七五年頃には東海岸のカサ半島にも野生の群れがいた。ヤギの情報は一九八〇年代後半まで聞いていた。その後、私は一五年ほど海外生活をしたので、その間のことはわからない。

二一世紀に入って、西表島の山歩きを再開したのだが、これまでヤギに遭ったことがない。漠然とだが、野生化したヤギは絶滅したものだと思っていた。問題となっているヤギは、私が知っている昔のヤギの末裔なのか、あるいは新しく野生化したものなのかはわからない。しかし、西表島が世界自然遺産に登録された以上、捕獲などの処置が必要だろう。

もともと沖縄では、ヤギは食用か換金用に飼育されたものだ。しかし、他府県からの移住者の間では純粋なペットとして飼われていることがある。ヤギは人にとても慣れるのである。最近では地元の人でさえ、ヤギを食用のために処理することが気持ち的にできなくなっているらしい。白浜のF爺さんなどは、四六時中小ヤギを抱え、我が子のようにかわいがっている。

木炭の浜で三〇分ほど歓談、十分に休息させてもらった。山中と同様、海岸でもめったに人に遇わないが、遇うとすれば決まって地元の人だ。貝を捕っていたり、季節の海藻を採っていたりする。人を見かけた時は決まって私から声をかけ、少しの間、雑談をする。海岸で何をしているのか興味がわくし、知らなかったような情報が得られるかもしれない。しかし一方で、相手の人は、私をどう見ているのだろうか。「好きこのんで何をやっているのか」と、好奇心半分の視線を感じることがある。

さあ、出発だ。浜が終わると、その先は岩場と岩石海岸の連続である。ちょうど大潮の干潮時にあたり、岸辺を辿ることなく、干上がった海岸とそれに続く広大な干潟を歩くことができた。途中、マングローブが広がる川があった。満潮時だと山沿いを歩かなければならなかったかもしれない。しかし、ここも干潮に助けられて、河口の沖合二〇〇メートルくらいを歩いて通過した。

ヒドリ川が近くなると、干潟がぬかるんできた。クイラ川やヒドリ川のマングローブの泥が流れ出て堆積するのだろう。この辺りから、クイラ川の奥は干潟が発達している。中央の水路にプレジャーボートが傾いて停まっていた。水路は浅く、歩いて対岸へ渡ることができそうに見えた。

一四時一六分、ヒドリ川に続くマングローブに到達。山沿いに歩いて、ヒドリ川に入っていく。

（ヒドリ川を歩くへ続く）

この後、私はヒドリ川本流から第二源流を遡上し、稜線に達した。その後、第一源流を下り本流に戻った。一〇月六日、七日、八日の三泊を山中で過ごし、一〇月九日、再び西海岸線南部に出た。

（ヒドリ川を歩くより続く）

ヒドリ川河口から白浜への帰路

一〇月九日（土）晴れ

今日は、八時三〇分にヒドリ川のキャンプ地を出発、マングローブに沿って低地林の中を下ってきた。

一一時六分、クイラ川に来た。ここからは、三日前に南下してきた西海岸線南部を、逆に白浜へ向けて北上するのである。

一〇〇メートルほど手前から、オヒルギの群落を透かして淡い青色の雲のようなものが見えていた。なんだろう。木々の葉でないことはわかるのだが、マングローブを脱出して驚いた。オーバーな表現だが、そこには別の世界が広がっていた。青色の雲のようなものは、ヒタヒタと波打つクイラ川の水面だった。先日は広大な干潟だった場所だ。あまりの変化に度肝を抜かれた感じだ。クイラ川はまだ満水で、山際まで水が来ている。今朝の満潮が八時四五分だから、まだ三分の一しか引いていない計算になる。しかし、今日の最大の難所は元成屋崎と仲良川だ。干潮の一五時前後に合わせて通過しなければならない。そのためには、この時間帯にクイラ川を歩くしかないのだ。

ヒドリ川河口からクイラ川河口の岬までは、干潮時には干潟が現れる。干潟になる部分は満水時でも透けており、底が淡い褐色に見えるので、そんなに深くないことがわかる。砂地で、石や沈下木などの障害物がなく、歩きやすい。ただ、底面は均一に平らというわけではなく、皿状の窪地がたくさんある。直径五〇センチくらいで五センチくらいの深さのものが多い。底に薄く泥が溜まっていて、青白い色をしている。窪地といっても特に靴が沈むことはない。ただ、そのたびに歩行が乱されるので、ある所は避け、ある所では、気にすることなく足を踏み入れていく。膝くらいまで水に浸りながら歩くが、水圧がかかり足が前に出ない。気持ちだけが先走るとつんのめりそうになる。それにしても疲れる。この調子では、今日中に白浜に出られないかもしれない。しかし、そうなると、明日は潮が合わずに、もっと困ることになる。とにかく頑張るしかない。台風の接近も気になるところだ。

ここまでの間に、小規模のマングローブが二カ所、比較的広いマングローブを持った川があった。

最初のマングローブはヤエヤマヒルギがほとんどだった。海側は干潮時の干潟であり、砂地で歩きやすい。少し深くなってきたので、途中から林内の一番奥の山際を歩いた。岩がゴロゴロしていて歩きにくい。二つ目のマングローブは中央を直線的にショートカットした。真ん中に幅一・五メートルの水路があり、腰の上まで水に浸かってしまった。三つ目のマングローブは規模が大きく、中央を流れる川の河口が深くなっていた。山際を歩けばいいのだが、結構奥まっているから遠回りになりそうだ。結局、ここも川底の色を見ながら浅瀬を探し、渡りきった。

一三時二〇分、木炭の浜の南詰に着く。クイラ川の河口から浜までの一・二キロメートルの海岸は、連続した岩場だった。岩の間を縫うようにして通る所や、角のある石が密に敷き詰められた場所ばかりだ。歩きにくいことも確かだが、こんなに続くのかと驚くほど長い距離に感じた。今回、海岸線では行きも帰りもアイゼンを装着していない。連続した岩石海岸でない限り、アイゼンに頼る必要はない。そんな条件の中で連続した岩場が現れ、とても歩きにくく、また長い距離に感じたのだろう。すっかり疲れてしまった。わずか一〇メートルも離れていないのに、満水時の岩場と干上がった海岸では、こんなにも違うものなのか。同じ海岸を歩いているというのに雲泥の差がある。干上がった海岸を歩くことのありがたさを改めて知ることになった。

若いカンムリワシに遇った。全体が白っぽい小さな個体だった。リュウキュウマツに止まり、ピューッと一声鳴いた。この個体とは一〇月六日にも同じ場所で遇っている。あとで水谷さんに伝えたら、彼が観察しているカンムリワシの一羽で、今年生まれ、最近、親から独り立ちしたばかりの個体なのだそうだ。

木炭の浜を過ぎ、人工の穴が幾つもある岩場を越え、元成屋崎に来た。穴の多くは柱を建てた跡のようだ。炭鉱があった時代の船着場で、海岸の岩場に事務所や倉庫があったようだ。

潮はかなり引いているが、それでも腰まで海に浸かった。ザックは胸に固定するベルトを額に掛け、精いっぱい高く持ち上げて歩いた。帽子がずれて視界を遮るが、それでも海岸歩きは藪漕ぎよりは楽だ。岬をまわると正面に白浜の集落が見えた。内離島との水路も干上がってきている。

干潟にイノシシがいる。カニなどを漁っているのだろう。私にまったく気づいていない。五〇メートルほど

埋め立て後の白浜港（1983年）

ナリヤラン（名前は成屋村に由来する）

カブリ崎

仲良川起点の標識（左岸）

船着場跡（元成屋崎）

木炭の浜

離れているからだろう。しばらく眺めていたが、せっかくのチャンスだから、カメラを取り出してムービーで撮影した。

仲良川河口の石柱を通過。最後の岩場から岸を離れ、仲良川を横断。一六時一〇分、白浜に上陸した。これにて今回の山歩きは終了である。モクマオウの木陰で一休みし、ＧＰＳをオフにした。

水谷さんを訪ねた。あいにく留守だったが、庭の水道で勝手に水浴びをさせてもらった。その後、あらかじめ予約をしていた金城旅館まで歩いた。改めてシャワーを浴び、着替え。夜はビールを飲み、泡盛を飲んだ。不思議なことに、旅館に到着直後から脚が痛みはじめ、階段の昇り降りがつらい。余分な着替えがないので、ここは一泊だけとし、明日、上原の民宿へ移ってから洗濯や山道具の手入れをすることにしよう。

風が普段より強いような気がする。天気予報によると、台風一八号が近づいているようだ。明日からは強風と激しい雨になるらしい。予定を早めての帰還は正解だった。

網取湾西海岸線

網取湾西海岸線は、網取の村落跡からウダラ浜まで約四キロメートルの距離である。切り立った岩壁が続き、岩壁直下の海岸には、大潮の最干潮時でさえ干上がることのない深い場所がある。深場は長さ五〇メートルに渡るものや、五メートルのもの、一メートル前後の短いものも数カ所にある。岩壁の上は灌木が密生する薮になっている。急峻な山で迂回路がなく、高巻きも不可能だ。つまり、この海岸線は干潮時を除いて通行がかなり困難だといえる。

この海岸線を踏破した人の中には、ゴムボートを曳いて進んだのだが、バランスを崩して荷物を水没させてしまったという話や、浮き輪にザックを載せて泳いでみたが、ひっくり返ってしまい、カメラもだめにして

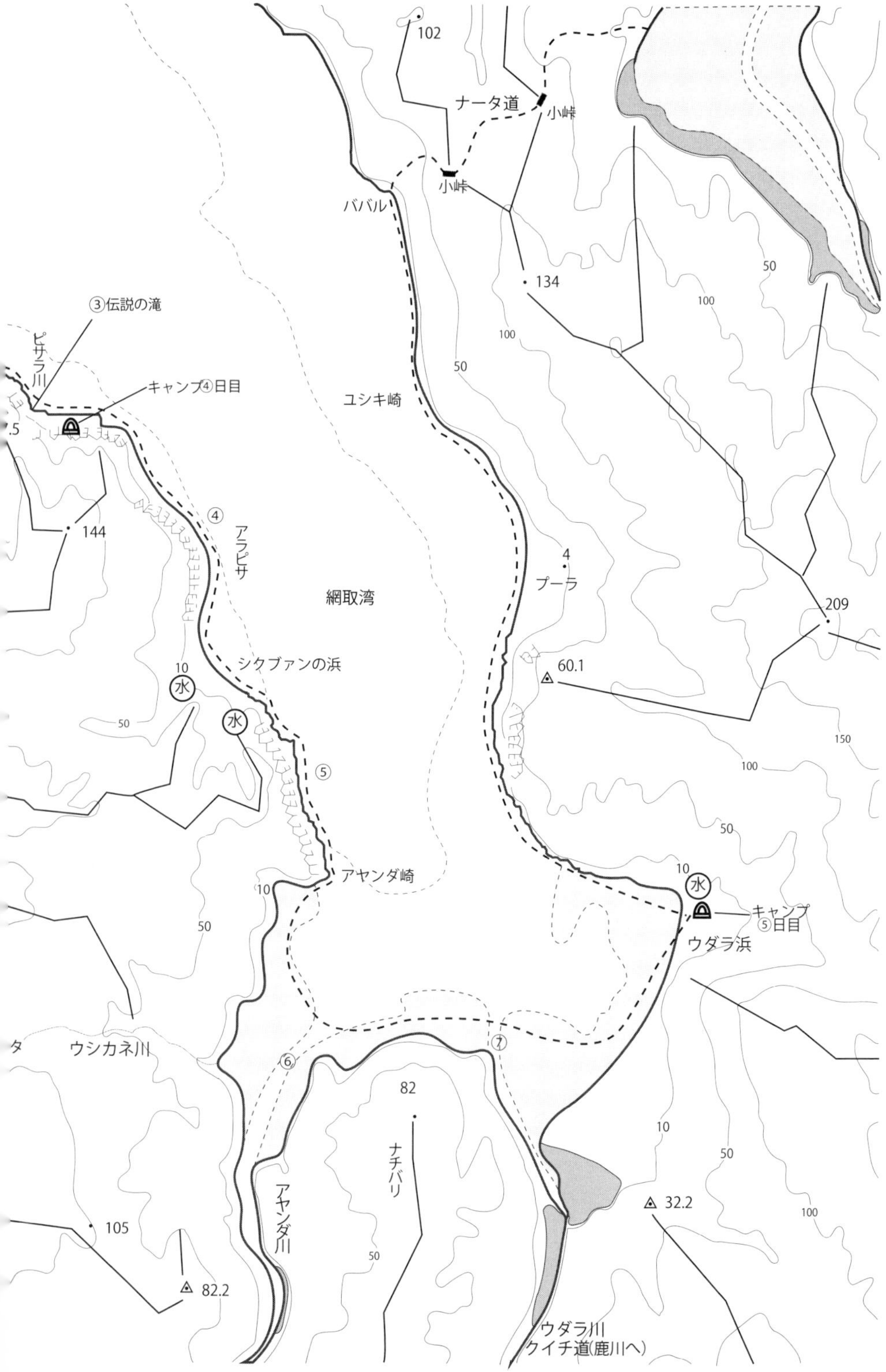
102
ナータ道
小峠
小峠
ババル
134
③伝説の滝
ピサラ川
キャンプ④日目
144
④
アラピサ
ユシキ崎
50
100
50
100
網取湾
4
プーラ
209
60.1
シクブァンの浜
10
水
水
50
⑤
150
100
50
アヤンダ崎
10
水
キャンプ
⑤日目
ウダラ浜
10
50
ウシカネ川
⑥
⑦
82
ナチバリ
10
50
アヤンダ川
32.2
100
105
82.2
50
ウダラ川
クイチ道(鹿川へ)

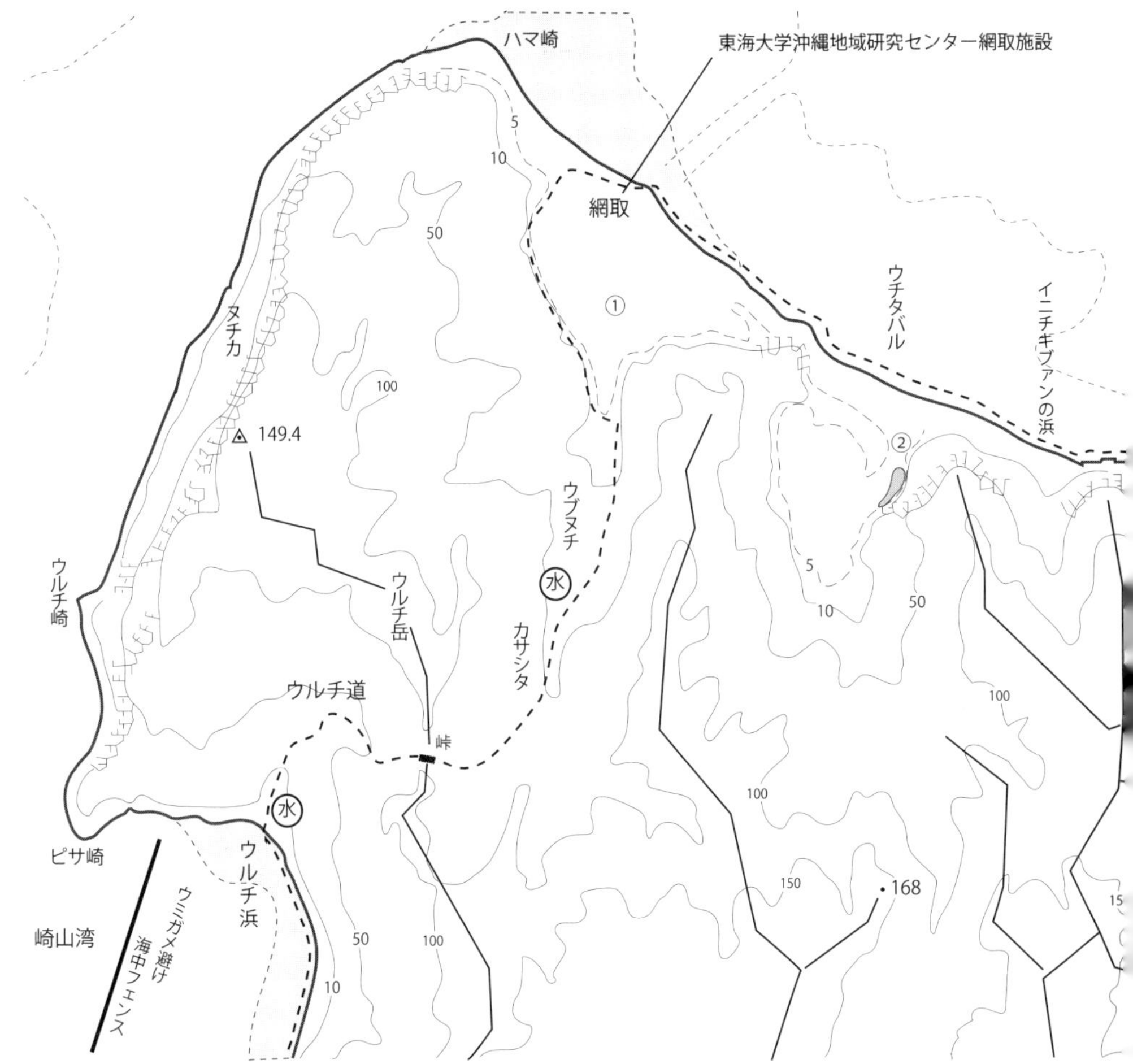

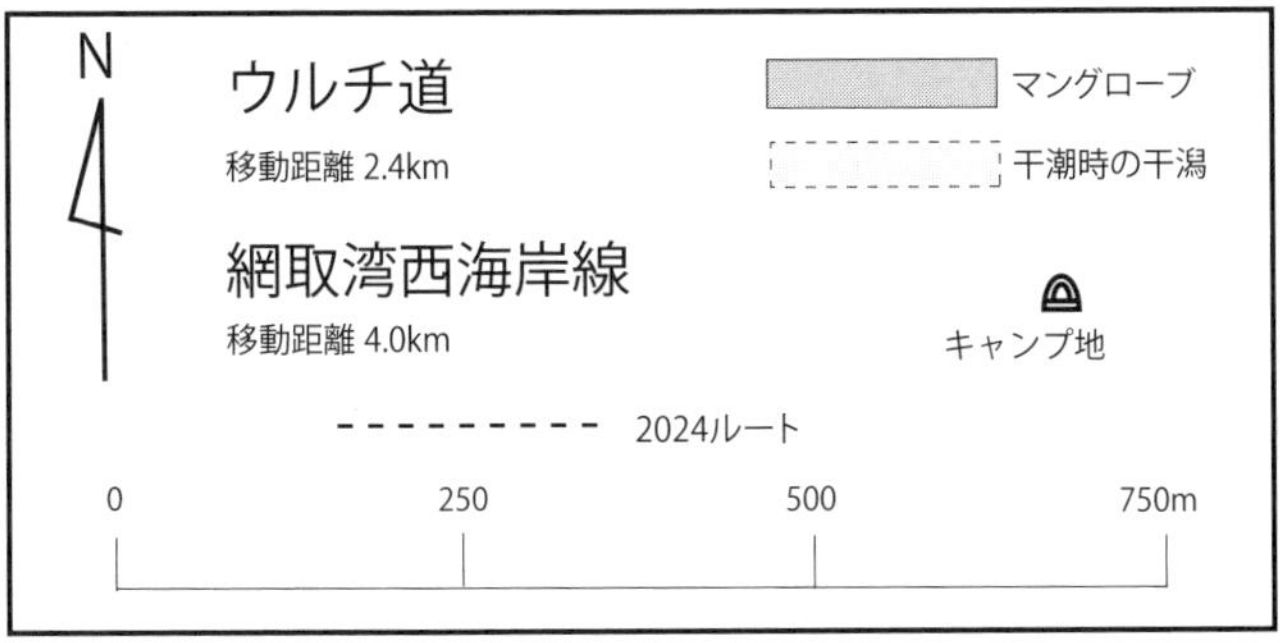

③伝説の滝 ピサラ川　直接海に落ちてい
照りが続くと枯れ
後50mの海岸が深

④アラピサ　所々に幅1m の深み

⑤最長の岩場　北端に5m の深み.
に幅1m の深みがあ
潮が合わなければ
の難所

③④⑤は潮が満ちていると通過困難. 大潮の干潮時で膝まで水がある

⑥アヤンダ河口　浅い

⑦ウダラ河口　浅い. 干潮時には

①荒れた湿地　アダンが密生するブッシュ. 直接の通過は困難. 山際の古いパイプに沿って歩く

②ウチタバルの水場

水は常にある. 一部にマングローブがあり, 飲料水としてはあまりよくないしまったという話も残っている。石垣金星さんの遺稿集『西表島の文化力』には、「浜伝いには網取に行けず、舟が必要となる」と書いてある。

昔の人も、普段はこの海岸線を歩くことはなかった。網取と鹿川を行き来する際には、網取のウチタバル(内田原)から山越えをしてアヤンダ第一支流にあるウサラ道に合流し、そこからウハラ越地を越えて鹿川へ行くのが通常のルートだったのである。深場は、海岸線全体からみればわずかな距離にすぎない。大潮の最干潮時であれば膝下を濡らすだけで通過できる。他は潮が満ちていても岩伝いに歩くことが可能だし、特に危険な場所はない。

網取湾の最奥部にはアヤンダ川とウダラ川が開口している。一帯は干潮になると干潟が姿を現わす。ここは、岸に沿って歩くことで、潮が満ちている時間帯でも通過が可能である。

(崎山湾から網取へより続く)

網取からウダラ浜へ

二〇二四年四月一一日(木)晴れ。

私は船浮から網取や崎山へ行く際、いつも、船やボートを利用してきた。そのため、わずか四キロメートルだが、網取湾西海岸線を歩いたことがなかった。そこで今回は、一連の山歩きの最後にこの海岸線の踏破を計画していた。

今朝は七時四二分にパイタ川のキャンプ地を出発した。昼前に網取に着くことができれば、午後の干潮時間帯を使ってウダラ浜まで歩こうと考えていた。海岸線には深い場所があり、引き潮でないと通過できないと聞いていたからである。

予定が狂いはじめたのは、パイタ川を下り切ったあたりからだ。崎山湾が満潮で、いつものように湾を横断することができなかった。そのため、崎山湾はマングローブの奥の山裾を忠実に辿った。ここで随分時間を食ってしまった。さらに、今は完全に消失している「ウルチ道」という峠越えで時間を費やし、網取に着いたのは夕方四時ちょうどだった。今日は旧暦の三月三日。大潮で干満の差が大きく、一五時頃が最大干潮時である。すでに一六時、潮が満ちてくる時間だが、急げば「難所」を通過することができるだろう。深い場所は五〇メートルほどの区間だけ。しかも、網取から近い湾の入口がいちばんの難所だと池田米蔵さんから聞いていた。そこさえ通過すれば、あとは潮が合わなくても歩くことができるとも聞いた。ただ、そうするにはあまりにも疲れていた。そこで、網取で一泊し、休養もかねて明日の夕方まで滞在することに予定を変更した。明日午後の干潮時にウダラ浜へ向かうことにしよう。

網取集落は一九七一年に廃村となったが、沖縄の日本復帰後に東海大学が土地を購入、現在は大学付属の「沖縄地域研究センター網取施設」がある。いわば村落跡地全体が私有地である。しかし、事情を話せば一晩くらいテントを張らせてもらえるかもしれないし、水ももらえるだろうと考えた。ところが、集落跡を歩いても誰にも会わない。大学の施設を回ってみても、すべてシャッターが下りて、施錠されている。もちろん職員はいない。桟橋を眺めてみても一艘のボートさえない。

水をもらって、海岸でキャンプしようと考えた。数えきれないほどの蛇口がある。ピカピカ光る真新しいものもあった。ところが、どの蛇口をひねっても水が出ない。モーターの電源を切ってあるのだろう。これには困った。「今回は、ここまでとしよう」。疲れもあって再び予定を変え、船浮から迎えの船を呼ぶことにした。次回は船で網取まで来て、網取湾西海岸線は干潮時に歩けばいい。

携帯電話を起動させた。私は西表島の山へ入るとき、携帯電話は持参しない。「何かあっても救援を求めず、自力で帰還する」という信念からだ。それと、二〇〇五年に西表島の山歩きを再開した時の経験からだ。最初の山行では携帯電話を持参した。しかし、ほとんどの地点で通じなかった。もっていても意味がないのである。はたしてモバイルは繋がらなかった。船浮の池田米蔵さん、船浮海運、試しに白浜の金城旅館にも電話したが繋がらない。何度か試したがやはりだめだ。傭船をあきらめ、またも予定変更。まずは水の確保だ。すぐ東にウチタバル（内田原）という大きな浜がある。その奥に川があることは知っている。

一六時二五分、網取の桟橋を出発。砂浜に下り、波打ち際を歩いた。砂に混じるサンゴのかけらが実に細かく、きれいな浜だ。しかし、靴がもぐり込んで歩きにくい。じきにウチタバルに着いた。

ウチタバルの奥にある川というのは、ウルチ道の谷より一本東側にある沢だ。砂丘に遮られて、沢の水は普段、長さ三〇メートルくらいの水たまりになっている。脇にオヒルギの群落がある。一舐めしてみた。まあ、大丈夫だろう。うまくはないし透明感に欠けるが、一リットルのボトルを満タンにし、一晩分の水を確保した。今のうちに難所を越えておけば、明日は朝から行動できるし、適当な浜でキャンプをすればいい。四月八日、網取湾の東海岸を通った際、対岸にあたる西海岸に幾つかの浜があることは確認している。

ウチタバルを出発。右側は五から一〇メートルの急峻な、あるいは垂直の岩壁である。崖の上も連続した急峻な斜面で、かなり上部までアダンや他の灌木がびっしりと茂っている。このような地形は西表島では西部地区に限られ、崎山半島や、内離島、外離島に多い。典型的なリアス式海岸だ。岩壁下の海は砂地か平らな岩床。そこに大小さまざまなサンゴの塊がある。切り株が不ぞろいに沈められているような感じで、高さ三〇から五〇センチくらいの岩が不規則に並んでいる。間隔が合えば足場になるが、そう都合よく並んではいない。

ウチタバルから六〇〇メートル進んだあたりに、岩壁が少し奥まっている所があった。庇のように反り出た岩から、水がポタポタと滴っていた。「あっ、ここだ」。私は直感した。難所とはここのことだろう。普段はたっぷり水量があり、直接海に落ちているそうだ。滝を挟んで五〇メートルの区間が深くなっている。尻まで水に浸かって、どうにか通過した。潮が満ちていたら通過は無理だっただろう。

この滝には伝説が残っている。昔は、海賊がやってきて島々を襲うことがあったらしい。網取で食物を奪い、女性をさらったりした後、この滝の下に船を着けて水を調達していった。ある時、村の若者たちが先回りして上の茂みに潜み、海賊が現れたところで大石を落として海賊どもを退治した、という話だ。後に知ったことだが、ピサラ川と呼んでいる場所だそうだ。

一七時三〇分、滝の下を通過して一〇〇メートルも行かないうちに小さな浜に出た。今日はここで泊まることにしよう。確かに狭い浜だが、奥に向かって三角状になり、奥まったところはやや急峻な斜面になっている。ここなら満潮の最大時でもギリギリ水はこないだろう。後ろは急峻な山で全面灌木に覆われている。中央に鋭いV字状の谷があり、降雨時には水が流れるはずだ。ただ、今はまったく水がなく、乾いている。堆積した岩がなく落石の痕跡もないので、危険はなさそうだ。谷と浜が接する部分がわずかに階段状になっている。万一、潮が想像以上に上がってきたら、そこに避難すればいい。

今日の野営地点を確保して、アダンとオオハマボウ、クサトベラの枝を切り落とし、砂地にテントを設営した。足についた砂がテント内に入るので、なるべく砂地にはテントを張らないことにしている。普段はグンバイヒルガオやクロイワザサが茂る海浜植物群落の上で寝ている。あいにく、この浜には植物の群落がない。しかし、砂地ならではの柔らかさがある。テントの下に草などを敷き詰める必要がない。やや傾斜があるので、頭を山側に向けると枕なしでも快適に眠れそうだ。切り取った灌木の葉は、アダンを除いてテントの入口に敷き詰めた。テントに入る際の足の砂を落とすためだ。

日没後、西の空に月が見えていたが、じきに高い稜線の向こうに隠れてしまった。月が沈んで真っ暗になると、北斗七星がくっきりと頭上に伸びているのが見えた。灯台のあるサバ崎の半島がボーッと浮かび上がっていたが、その後方にある薄明かりは白浜と船浮の灯りなのだろう。一匹、二匹、ホタルが海面スレスレを飛んでいる。まさかそんなことはないだろう。最初、魚の目が光っているのだと思った。しかし、魚の目だけが光るなんて聞いたことがない。黄白色の粒で、スーッと動いている。やはりホタルだろう。ホタルが海水を飲むかのように水面に接するように見える。点滅する光ではなく、ずっと光り続けているわけでもない。これは大発見かもしれない。いや、ひょっとしたら昆虫のホタルではなく、動物プランクトンのウミボタルではないだろうか。海面上を飛んでいるように見えるが、実際は海中の水面すれすれの所を漂っているのではないだろうか。波打ち際のさざめき立った所で同じ光が現われたのを見て、やはりウミボタルだったのだと結論づけた。

この夜は食欲がなく、熱湯で戻したドライフードを少し口にしただけだ。水は沸騰させたが、そのまま飲んでも紅茶にしても、少し塩が混ざった味がした。

次の干潮のピークは明日の午前三時頃だ。といっても、その時間に合わせて出発するつもりはない。初めての場所だし夜の海は危険極まりない。夜が明けたら可能な限り早出をして、潮が満ちる前に西海岸線を脱出したい。

四月一二日(金)晴れ

夜明けとともに荷物をまとめた。この季節、西表島が明るくなるのは六時少し前、日の出は六時を回ってからだ。水だけを飲んだ。空腹感はない。

六時三三分、出発。潮が満ちてくる時間帯なので、少しでも早く出たかった。

キャンプ地の浜が終わると岩壁が続く海岸になった。昨日の滝があった一帯とまったく同じだ。海底も同じで、サンゴ岩や山からの落石が密に散在している。最大干潮時から三時間半、潮はかなり満ちている。しばらくは尻から腰までの深さ、ザックを肩の下あたりまで吊り上げて前進。しかし、足場が悪いから思うように歩くことができない。幅一メートルくらいの深みが所々にあり、そのたびにザックを頭の上に載せ替えた。不安定な海中の岩に立ったままの作業だから面倒だ。そしてとうとう不覚をとってしまった。頭を前に突き出すようにしてザックを上げた瞬間、胸ポケットのＩＣレコーダーが海に落ちてしまったのだ。当然あることだからと常にプラスチック製ケースに入れ、二〇センチの細紐で胸のボタン穴に止めてある。だから心配はしていなかったのだが、手に取ってみると、ケースの中に二つ水滴がある。「これはまずい」と思いつつも、以前、同じようなハプニングがあり、その時は大量の水が入ってしまったことがある。直後、レコーダーは使用できなくなったが、その後、ていねいに乾燥させたら、数日して再び作動した。今回は水滴だけだし問題ないだろうと考えた。安全な場所に移動してからケースを開けて水滴を拭い取ってみるが、一向に起動しない。電池を替えてみてもだめだ。これから先、記録ができなくなる。メモリーカードは濡れていないので、ここまでのデータは大丈夫だと信じたい。ハプニングにのどが異常に乾く。貴重な水を何回かに分けて飲んだ。

約二〇〇メートル続いたアラピサの難所が終わり、シクファンの浜に出た。大きな浜だ。後方に大きなＶ字の谷がある。「きっと水があるだろう」と、ザックをおろした。浜を上り切ると、期待通り幅二メートル、蛇行して一〇メートルほどの水たまりがあった。両脇の林はアダンとオオハマボウが濃い藪を作っている。水たまりは少しぬかるんでいたが、じきに岩場に突き当たった。表面を水が滑り落ちている。直接、口をつけて味見をした。大丈夫だ。完全な沢の水である。たっぷり飲んでから、ボトルにあった水を捨て、新しい水に入れ替えた。これで勇気百倍。これだけの水があれば、ウダラ浜まで心配はいらない。

岩場を越えて小さな浜に来た。ここにも水場があった。後でわかったことだが、この浜は干潮時にはシクファンの浜と一つに繋がる。続いて次の岩場がはじまった。地図で見る限り網取湾西海岸線では最も長い岩壁だ。海に浸かった。グングン深くなっていく。一〇メートルも進まないうちに腰の高さまで水が来た。ザックを頭上に移し一メートル前進、水は胸の高さになった。これはだめだ。浜に戻った。夕方の干潮を待つしかない。ＧＰＳを一旦オフにした。八時四分だった。ザックを降ろし、衣類を脱ぎ、岩の上で思い切り脚を伸ばした。

潮は満ち続けている。満潮は九時頃、次の干潮のピークは一六時少し前だろう。様子を見ながら一四時頃まで待つことにする。花を付けている草木はないが、蝶がよくやって来た。アオスジアゲハ、たまにオオゴマダラも来た。網取湾の沖に白いボートが見えている。ずっと動かない。ダイビング客を乗せたボートのようだ。

九時を過ぎると、潮が明らかに引きはじめた。一〇時になると最高時の潮位より浜が一メートルも広がった。目印に木の枝を折ってきて突き刺した。一一時には枝との距離が一・五メートルになり、新しい枝を突き立てた。一二時には、その枝との間が二メートルになった。つまり、浜を下るにつれて傾斜が緩くなっていくから、水位の下がり具合は同じでも、露出する浜の幅が広がるのである。一二時からは、今朝、胸まで浸かったあたりで、大きな岩が海面上に露出するようになった。そして、その高さが時間を追って増していった。一三時にはさらに潮が引いた。一四時には出発できると確信した。

一三時一五分、浜に並んでいる突き刺した枝の写真を撮った。

これまでに一〇時、一一時と二度、下着一つになって少し歩いてみた。危険箇所がないかどうかの下調べだ。浜から一〇メートルの場所に深みがあり、約五メートル続いていた。しかしその先は特別に深い所はなさそうだ。さらに、崖の下に少し張り出た部分があり、海中には、これまでなかったような岩が堆積している。うまく歩けばあまり濡れずに通過できるのではないだろうか。一四時一〇分、シクブァンの浜を後にした。

この岩場は、西海岸線で一番長いように思う。幅一メートルほどだが、特別に深い部分が数カ所あった。潮が合わなければ。西北端やアラピサより、ここのほうが難所のように感じた。

前方に、ウミガメに似た巨大な岩が現われた。形といい傾斜の角度、表面のなめらかさから、上陸しようとするウミガメにそっくりだ。そこがアヤンダ崎だ。そこを越えたらプッツリと岩場が終わり、足元から干潟が広がった。西海岸線踏破がほぼ完了し、安全圏に入ったといえる。「ウミガメ岩」を撮ろうと振り返ってみると、南側からは何の変哲もない、ただの岩の塊だった。

網取湾の最奥部では広く干潟が露呈していた。陸から離れて、大きく弧を描くように干潟の上をショートカットした。そして、宿泊予定地であるウダラ浜北端のナスノチビに着いた。砂川恵勇さんの墓碑がある水場だ。

人影が見えた。珍しいことだ。「こんにちは。一晩テントを張らせてください」。一言あいさつをした。すると、「お会いしていますよ」と意外な返事が返ってきた。そういえば見覚えのある顔だ。石垣島の民宿で会った人だ。「Hさんはどうされましたか？」。西表島を歩きたいと言っていた人の消息を尋ねてみた。「私ですよ。散髪しました」。そう言うと彼は照れ笑いをした。石垣では耳の下まで髪を伸ばしていたが、今日は随分さっぱりとしている。わからないわけだ。彼が西表島に入ることは聞いていた。数日間、南風見田のキャンプ場で過ごし、その後、南海岸を鹿川まで歩いて一泊、そして今日、このウダラ浜へ来た。一〇年ほど前にも来たことがあったそうだ。まさか再会するとは思わなかったし、ましてや、こんな浜辺で会えるとは想像もしていなかった。Hさんは一回り年下の中年、六七歳だそうだ。私の本を参考にして西表島の山を歩いているのだと言っていた。明日の午後、船浮から白浜へ出て、最終のバスで南風見田へ戻るつもりだという。

同じ海岸林の中で、私は彼から三メートルほど離れた所にテントを設営した。船浮までの海岸やナータ道についてアドバイスをした。お互い早めにテントに入った。

ここで難所といわれている網取湾西海岸線の踏破が終わったことになる。しっかり干潮時を待てば、決して危険でも難所でもないと思う。焦ることなく六時間も待機した自分を振り返り、西表島の山歩きに関して少しは成長したような気がする。

四月一三日（土）雨、午前中から午後にかけて激しい雷雨

六時起床。今日の干潮は一六時半頃。私は潮の引き具合を見ながら一二時頃に出発しようと考えていた。今日は船浮まで出て、そこで泊まるつもりだ。一方、Hさんはバスの時刻に合わせ、八時には出発したいと言っている。しかし、一〇時の満潮に向かってヒタヒタと潮が上がってくる。すでに海岸林から二メートルの所まで水に浸っている。水位はもう少し上がってくるはずだ。

「あそこは通過できても、ユナラ湾は無理だよ」。私はウダラ浜の北端にある岩場を指してHさんに告げた。彼も納得し、しばらく一緒に過ごした。雷が鳴り、雨が降りはじめた。彼に付き合って私も早々にテントを撤収していたから、ポンチョを被って大木の下に避難した。しかし、結果的には正しかった。大雨の中、テントの撤収は結構大変だからである。

アヤンダ崎。対岸はウダラ川河口

シクブァンの浜から対岸のプーラの浜を見る

干潮に向かうシクブァンの浜

砂川恵勇さん（1973年鹿川にて）

中央奥がアヤンダ川

中央岩の後ろ側にアヤンダ川の河口がある

潮が引かない。雷雨が止まない。Hさんは今日のバスに乗ることをあきらめたようだ。一三時三〇分、私が先導する形で一緒にウダラ浜を後にした。ポンチョを着たままだから、岩場も砂浜も歩きづらいことしきりだ。どこの浜にも、鉄砲水による川ができていた。二から三メートルの幅、砂浜を削って「大峡谷」になっている。縁は三〇から五〇センチの段差。川床に降りるのはまだしも、流れを渡って対岸へ向かうと片端から砂の壁が崩れ、上がるのに苦労する。ユナラ湾はすっかり潮が引いていて、普段なら岩の上だというのに、砂浜や浅瀬を歩くことができた。

一七時ちょうど、船浮に着いた。ところが二軒ある民宿が満室。急きょ桟橋へ向かい、十七時一〇分の最終船に乗った。白浜に着き、金城旅館でようやく落ち着いた。出張中で会えなかった船浮の米蔵さんには、後日、電話でお礼を述べた。

東および北海岸線

大富から上原へ

二〇二一年五月、大富から上原までの海岸線を歩いた。一九六五年当時、東海岸にはすでに道路があった。東部から西部へ向かう時、私はこの道路を利用し、海岸線は歩かなかった。一方、北海岸にはまったく道がなく、忠実に海岸線を歩くしかなかった。北海岸に北岸道路が開通したのは一九七七年。それまでは何度も北海岸線を歩いたし、東海岸の海岸線も、調査や魚とりなどでほとんどの区間を一度は歩いている。しかし今回は特別だ。東部から西部へ、全行程海岸線を辿って歩こうというのである。地理はよくわかっている。危険な場所も知っている。これまでの沢歩きと違って、もっとも安全なコースといえる。ただし、海を歩くのだから常に潮の満ち干を頭に入れておかねばならないし、遮蔽物のない炎天下を歩くという、いつもと違った苦労もある。それでも「海岸線」という、山と違った「人間臭い」所を歩くのだ。自分の青春を振り返ってみたり、懐

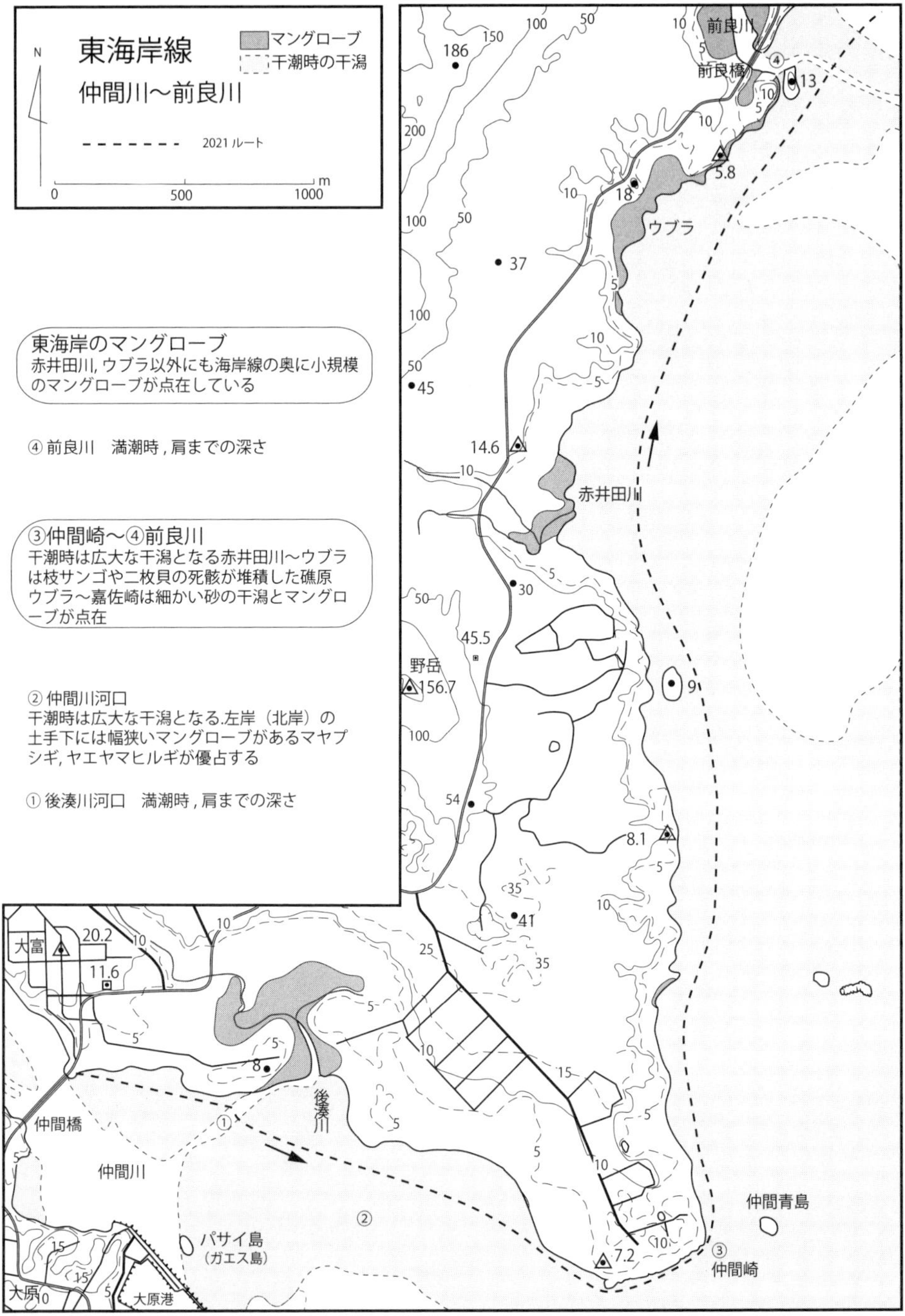
東海岸線
仲間川～前良川
N
マングローブ
干潮時の干潟
2021 ルート
0
500
1000
m
東海岸のマングローブ
赤井田川, ウブラ以外にも海岸線の奥に小規模のマングローブが点在している
④ 前良川　満潮時，肩までの深さ
③仲間崎～④前良川
干潮時は広大な干潟となる赤井田川～ウブラは枝サンゴや二枚貝の死骸が堆積した礁原
ウブラ～嘉佐崎は細かい砂の干潟とマングローブが点在
② 仲間川河口
干潮時は広大な干潟となる.左岸（北岸）の土手下には幅狭いマングローブがあるマヤプシギ, ヤエヤマヒルギが優占する
① 後湊川河口　満潮時，肩までの深さ
前良川
前良橋
④
13
5.8
18
ウブラ
37
45
14.6
赤井田川
30
45.5
野岳
156.7
9
54
8.1
41
大富
20.2
11.6
8
後湊川
仲間橋
仲間川
①
②
パサイ島
（ガエス島）
大原
大原港
7.2
③
仲間崎
仲間青島

かしい人を思い出したりすることがあるかもしれない。

五月七日（金）晴れ。上原港を八時五分発のバスに乗り、大富には九時ちょうどに着いた。今回の出発点は仲間橋の北詰だ。橋の欄干には大きなイリオモテヤマネコの石像が載っている。久しぶりに仲間川を眺めた。奥地の御座岳が見える。潮がだいぶ引いてきているし、天気もよさそうだ。ＧＰＳを起動させ、出発だ。橋の脇から川に下りる。

仲間川の左岸（北岸）は高さ四メートルの土手になっており、全面灌木に覆われている。土手の下には幅の狭いマングローブが続いている。ほとんどがマヤプシギだ。

九時三〇分。後湊川を渡る。マングローブの下限からさらに一〇〇メートル下を通った。仲間川の干潟といったほうが正しいのかもしれない。後湊川は最初の難所と覚悟していたが、干潮時だったことに助けられ、膝までの深さだった。仲間川の河口一帯は広大な干潟になっており、対岸の大原港に近いパサイ島まで連続して干上がっている。振り返ると仲間橋とその向こうに大富の集落が一望できた。緩やかな台地の上に緑に囲まれた家並みが見えている。

大富は一九五二年、第二次世界大戦後の新しい時代の入植者によって開かれた村である。同時に、西表島ではもっとも古い人の営みがあった所でもある。仲間橋の北詰には仲間第一貝塚と仲間第二貝塚がある。前者は一一〇〇から一二〇〇年前、後者は約四〇〇〇年前の遺跡で、どちらも沖縄県指定の史跡となっている。さらに一六五一年には崎枝村があり、人口一六人と記録されている。崎枝村は後に仲間村と改称され一九〇〇年に廃村となるまで続いた。

私は一九七六年七月から約一年間を大富で生活した。借家は福地景二さんの持ち家だった。福地さんは大富開拓団の団長として大宜味村から来た人で、人望も厚く仕事熱心な方だった。借家は息子さんの一人である福地利供さんが管理をしていた。利供さんは電力会社の西表島東部営業所に勤めていたが、自然が好きで特に野鳥に詳しかったから、話も合い、以後、親しくお付き合いさせてもらった。

福地景二さん夫妻は、日中はほとんど畑に出ていた。サトウキビ、パイナップル、野菜も少しばかり作っていた。いつも忙しそうにされていたから、普段バイクで通りかかると、軽く会釈をするだけで通り過ぎていたが、休憩中だったりするとバイクを止め、一休みさせてもらうことがあった。積み上げたサトウキビの脇に腰をおろして世間話をしたものだが、私は特に開拓当時の話に関心があった。

「私たちはですね、第二次世界大戦末期米軍の捕虜となり、また自ら米軍に投降した人たちとともにキャンプに収容されました。食料や物資の供給を受け当面の生活はできたのですが、生きる意欲も失った時期がありましたよ。しばらくして、離散していた親兄弟との再会を果たし、村人も遠く戦地や外地から次々と帰郷しました。お互いの無事と生きていたことを喜びあったものです。しかし、人は増えたものの狭い田畑は軍用地として接収されてしまった。農業以外これといった技術もないのに、営農での自活は絶望的でした。

一九五〇年になってからですが、同じ大宜味村の喜如嘉出身者数名が、石垣島の星野でテント生活をしながら開墾を始めたという情報が入ってきたんです。これに刺激を受けたのが大宜味村役場でした。『人口が増えたけれど耕作地が少なすぎる。この問題を解消するために、村外や海外への移住を進めよう』と移民政策を企画、八重山へも視察団を派遣したわけです」

視察団の報告会では、八重山から持ち帰った農作物、イネ、アワ、イモなどの質がよいことや、八重山は土壌が肥沃で開拓可能な広い土地があることも報告されたそうだ。参加者は、将来が見えてきたと大いに期待した。ただ、沖縄民政府に移住計画がないことと、八重山へ行けば土地が与えられるという確かな保証はないことを告げられ、結局、ひどく失望して解散したそうだ。しかし、ここからである。福地景二さんを中心とした大富開拓の歩みがはじまるのだ。

「話の核心はこれからだ」と宣言するように、福地さんが一息入れた。ススで真っ黒になった大きなヤカンから茶碗いっぱいに清明茶を注ぎ、やおら飲み干した。私も一杯いただいたが、渋が出過ぎて濃い茶褐色をしており、少し苦かった。当時、沖縄では「茶」といえば清明茶のことだった。もっぱら台湾か中国から輸入していた。味は、現在では一般的な「さんぴん茶」と似ているが、もっと濃かった。丸い茶葉をヤカンに入れ、熱湯をたっぷり注ぐ。これをヤカンのまま田畑へ持参するのである。

一九五二年三月、福地さんは那覇にある沖縄民政府移民課を訪ねた。しかし、「海外移住のみを扱っている。八重山移住の話はあるが、まだ計画する段階ではない」とつれない返事。福地さんは再び落胆させられた。

しかし、福地さんはあきらめなかった。すぐその足で八重山へ渡った。石垣島では、前述の喜如嘉出身者が島の全域を案内してくれた。「島だというのに大陸へでも来ているようだ」。これが最初の印象だった。こんなに広い土地があったのだ。しかし、当時は石垣市でも大浜町でも、個人の土地購入は可能だったものの、集団移住者のための土地の開放はなかった。福地さんは石垣島に見切りをつけ、西表島東部へ渡った。

当時、東部地区では由布島に移住者がいたものの、まとまった集落は大原だけだった。大原では、竹富町議会議員でありリーダー的な存在だった大舛久起さんに会った。福地さんが移住の意志を伝えると、同席した部落幹部や青年会からも「歓迎する」との言葉をもらった。うれしかった。さっそく、翌日から候補地を案内してもらった。仲間（現在の大富）、仲間崎、南風見などをまわった。そして、移住先として決めたのが仲間地区だった。奇しくも、大昔から人の営みが繰り返されてきた仲間川に面した台地だったわけである。移住の決意もかたまり、福地さんは一旦、沖縄へ戻った。ちょうどその頃、サンフランシスコ講和条約を機に、沖縄民政府は宮古群島政府と八重山群島政府と共に、琉球政府として一本化された。

「それからは毎日、琉球政府移民課へ百度参りしましたよ。最後は役所が根負けしたのか、四カ月後には琉球政府計画移民として仲間地区への入植が実現したわけです」

一九五二年八月一三日、子々孫々受け継がれていくであろう新天地に鍬の一投が打ち込まれた。先発隊は福地景二さんを団長とする三二名。与えられた入植地は仲間川の左岸（北岸）、仲間村跡を中心とした一帯だった。

開けた原野は三〇パーセントのみ、七〇パーセントは樹木がうっそうと茂る山地だった。来る日も、来る日も森林の伐採と開墾。山焼きの煙が絶えることがなかった。また、毎週月曜日は、住宅予定地を中心にマラリア撲滅のための薬剤散布を継続した。

大原の合宿所で寝泊まりし、約二カ月の間はここから通っていた。まだ仲間川に橋がなく、仲間地区へはガンガン舟五艘と伝馬船一艘で人と物資を運んだ。

「なぜ、最初から移住地に住まなかったというとですね、マラリア防圧条例という決まりがあって、夕方五時から翌朝の七時までの間、原野や山林に立ち入ることを禁止されていたんです。当時、西表島はマラリアの病巣地として知られ、特に仲間地区は大原の人たちも恐れるマラリアの猖獗地帯だったんです」。

原野で寝ることはなかったとはいえ、目に見えぬマラリアの恐怖。群れでやって来て開墾地を荒らすイノシシ。大宜味村に残してきた家族のことが思いやられて、ともすれば、くじけそうな時もあったそうだ。

第二章でも触れたが、ガンガン舟とは、戦闘機の補助燃料タンクから作ったボートのことだ。タンクを縦に二分し、それぞれの、両脇の舟べりに太い竹か丸太を括りつけていた。竹や丸太は舟の横転防止用である。タンクは、戦時中八重山を空襲した米軍機が、機体を軽くするために空になってから投棄したものだ。一九六五年、私も仲間川を遡るために大富でガンガン舟を借りたことがある。おそらく福地さんたちが毎日使ったものの一艘だったのだろう。

こうして、開拓に入った同年の一二月一五日には、早くも家族の呼び寄せが実現した。当初は大宜味村の移住者だけによるスタートだったが、竹富町役場からの要請があり、竹富町から二〇戸、久米島より八戸の移住者が加わった。一九五四年には補充移民として八戸が加わり六八戸が政府計画移民として登録された。このような経緯から、集落名も大宜味の「大」と竹富の「富」を取って、「大富」と命名したわけである。

一二月一八日には八重山教育委員会に嘆願し、「大原小中学校大富分校」が設置された。大原にはもともと学校があったが、大富から大原の学校に行くためには仲間川を舟で渡らなければならなかった。複式授業ながら、小学一年から中学三年生が、一堂に会して勉強することになったのである。大富分校は、一九五五年米軍によって仲間川に橋が架けられたことを機に、一九五六年四月、大原小学校に統合された。同時に、大富分校跡地に大原中学校が移転され、現在に至っている。

私は、福地さんからすべての話を一度で聞いたわけではない。折りにつけて聞いたことを、筋立てして書いているのである。

主食のイモは、石垣島から苗を入手して植え付けた。陸稲の栽培もはじめた。どちらもよく実り、主食の確保は十分にできた。しかし換金作物がない。収入がなければ先々の生活が成り立たない。

「竹富島からチョマを導入したり、葉タバコの栽培もしたが、いずれもかんばしくなかったですね。サトウキビは今でこそ基幹産業だが、当時は製糖工場がなく、採算が取れませんでした。落花生も植えてみましたが、家計を潤すことはできませんでした。バナナを大々的に植えたことがありました。台湾種と小笠原種の二種です。これは大当たり。『大富バナナ』として石垣島へ出荷しました。しかし、三年も経たないうちにウイルスで全滅しました。他の作物も、病虫害や台風で壊滅的になることがしばしば。『来なければよかった』と後悔することが何度もあったし、郷里へ引き上げる家族もありましたよ」

こういう中でも、残った人たちで、毎晩のごとく村づくりと農業に関した話し合いが続けられていた。そして、「これからは、パイナップルの栽培が有望だ」という結論に達した。もちろん、不安を抱く人や反対意見の人もあった。それでも、なんとか村人の金をかき集めて、一九五五年、石垣島から一〇万本の苗を購入し、各家で栽培がはじまった。これが、大富におけるパイン産業のはじまりである。最初の収穫は一九五六年。その年と翌年は青果のまま石垣島へ搬出した。西表島にパイン工場がなかったからである。

一九五七年九月になって、「琉球産業株式会社」が大富においてパイン缶詰工場を稼働させた。これによって、西表島東部地区におけるパイン産業が安定し、大富集落にも少しずつ明るい将来が見えるようになった。

私が初めて大富を訪ねたのは一九六五年だった。パイン工場がフル回転し、台湾からの女工さんが大勢動き

船浦の海岸

船良に広がる田んぼ跡（1975年）

アカウミガメ

ヤエヤマヒルギ

マヤプシキ

大富（1972年）

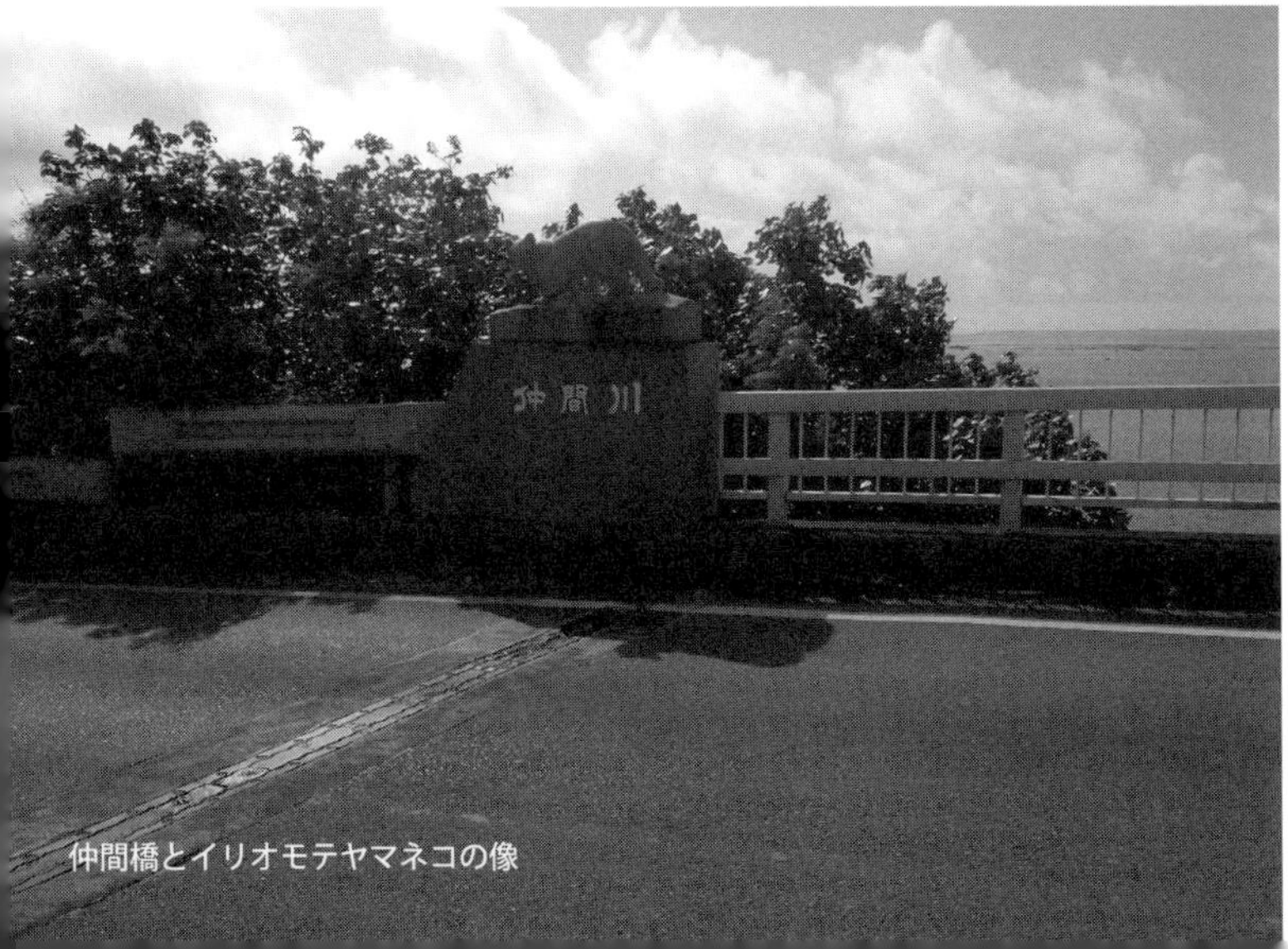

仲間橋とイリオモテヤマネコの像

回っていた。大富だけでなく大原、豊原から収穫されたパインが、水牛車や小型トラックで搬入されていた。与那良からはカサ崎、仲間崎を回って、船で運び込まれていた。当時、東京で売られていたパイナップル缶詰には、食品会社や物産会社の名前が日本語で書かれていた。原産地は書いてなかったが、ハワイやフィリピンではなく、すべて沖縄島や石垣島、西表島で缶詰にしたものだった。そんなことも初めての沖縄旅行で知った。

初めて訪ねた大富集落は、以前からあるごく普通の村に見えた。ところが、計算してみると入植後まだ一三年しか経っていない。その一三年間は、私には想像できないような苦労の連続だったようだ。私が訪ねた年は、ようやく安定した生活に入った頃だったのだろう。たいへんな苦労を乗り越えられたのは、全員の団結力も当然のことながら、福地景二さんのような優れたリーダーがいたからこそなのだろう。

私が大富で生活した一九七六年当時、大富の共同墓地には福地景二さんの墓が建てられていた。ただし、墓碑に刻まれた俗名は、赤い塗料でなぞられていた。「本人は健在」という意味だ。そこを通るたびに、私はいかにも福地さんらしい生き様に頭が下がる思いだった。

一〇時一五分。仲間川を出て、仲間崎と仲間青島の間を通過。目指す北方向に小浜島が見える。その先には石垣島のバンナ岳と於茂登岳が見えている。すぐ右手は黒島、後方、南東方向には新城の上地島、下地島がくっきりと見えている。潮は引いている。点在するマングローブを遠くに眺めながら、私は海岸線から離れて直線的に北へ向かった。南からやや強い風が吹いてくる。涼しい。

二万五千分の一の地図では、仲間崎から前良川までの間でマングローブがあるのは赤井田川の河口だけだ。ところが、実際はちょっとした入江の奥はほとんどがマングローブであり、ウブラの海岸にはほぼ連続したマングローブがあった。海から見える低山帯は稜線の上までほとんどリュウキュウマツの林である。

しばらく行くと砂地がなくなり、サンゴと貝殻がビッシリ堆積した浅瀬になった。干上がった所もある。ほとんどが枝サンゴで三から五センチくらいに折れたものばかり。貝の多くは二枚貝でサルボウやケマンガイ、ザルガイだった。歩くたびにザクザクと音がする。裸足やサンダル履きだったら怪我をしそうな場所だが、固

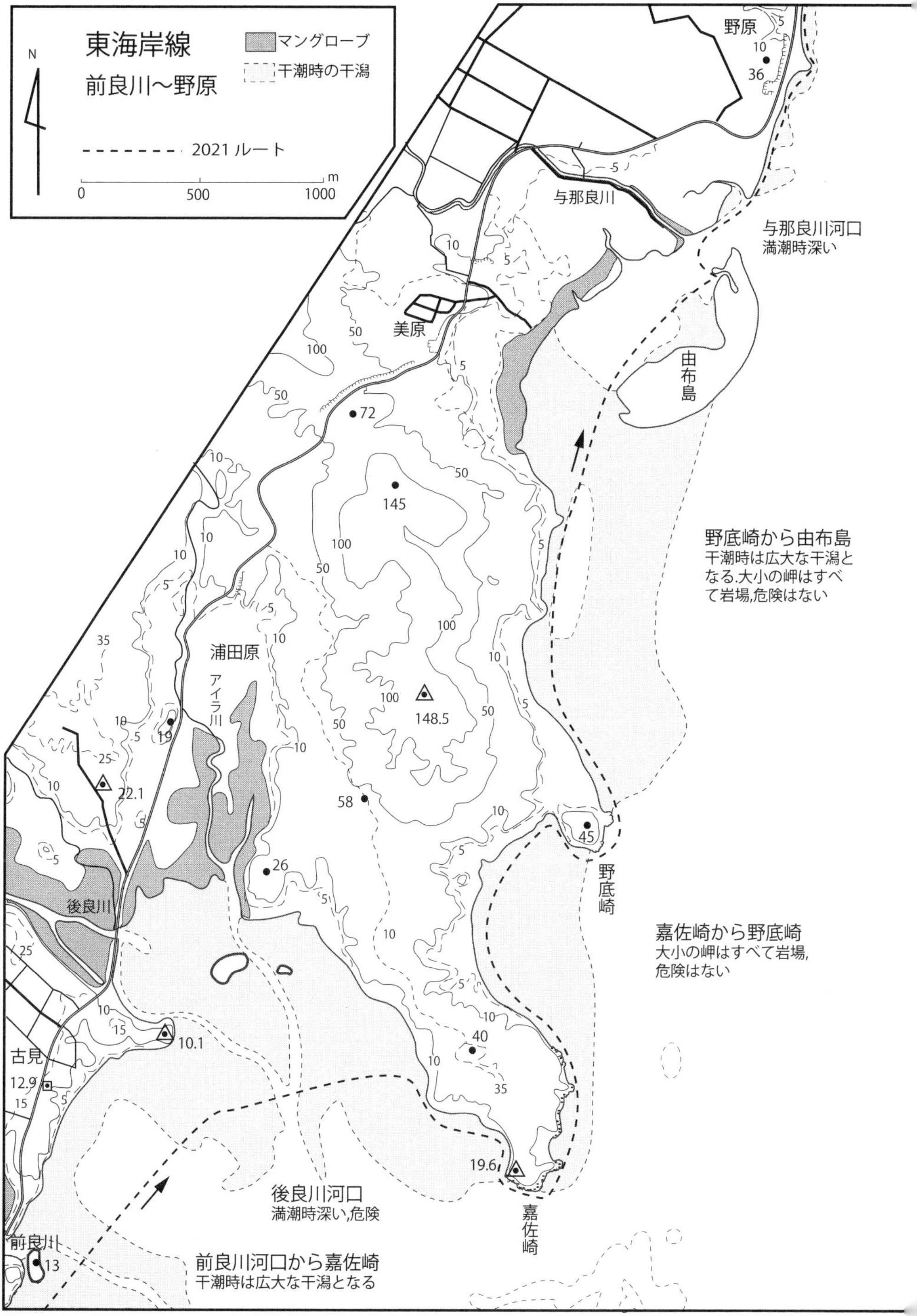

東海岸線
前良川～野原
マングローブ
干潮時の干潟
N
2021 ルート
0
500
1000
m
野原
36
与那良川
与那良川河口
満潮時深い
美原
由布島
72
145
野底崎から由布島
干潮時は広大な干潟となる.大小の岬はすべて岩場,危険はない
浦田原
アイラ川
148.5
19
22.1
58
45
野底崎
26
後良川
嘉佐崎から野底崎
大小の岬はすべて岩場,
危険はない
10.1
40
古見
12.9
19.6
後良川河口
満潮時深い,危険
嘉佐崎
前良川
13
前良川河口から嘉佐崎
干潮時は広大な干潟となる

くしまっていて歩きやすい。生き物はほとんどいない。たまに、小さなカニが見つかる程度だ。マングローブが近いせいかオニノキバフデが目立つ。泥地から砂地に棲む巨大な巻貝だ。

また、この一帯にはカサノリの大群落がある。全長五センチほどの明るい緑色をした海藻だ。石灰質で覆われた細い柄のてっぺんに小円盤をつけ、ちょうど日傘を広げたような体をしている。傘の直径は一センチ。傘の数が一〇から二〇くらいが集まって一つの個体を作っている。これがびっしりと分布しているのである。遠浅の砂浜やサンゴ礁内の潮だまりなどで繁茂する緑藻らしい。

カサノリを見て、一九六五年、石垣島のユースホステルで三重県立大学のAさんと一緒になったことを思い出した。卒業研究のために二カ月間滞在していた彼のテーマは「石垣島の海藻類」。私が西表島へ渡る時、「ぜひ、西表島を見たい」と同行し、大原の宿屋で二晩を一緒にすごした。日中の行動は別々だったが、「カサノリを見つけた」と彼が狂喜していた。当時、カサノリはまだ石垣島では発見されておらず、論文に加えることは無理だが、ぜひ、参考資料として加筆したいと言っていた。

ウブラの沖に古い石垣があった。「魚垣」である。魚垣は干潟に石垣を組み、満潮時にエサをあさりに魚垣を越えてきた魚を閉じ込めてしまう装置だ。満潮時に魚垣内に集まった魚は干潮時に逃げ道を失ってしまう。それを人間が銛や網などを使って捕えるのである。広く沖縄では「カチ」と呼んでいるが、私が会った八重山の人は「カキ」と発音していた。魚垣は各集落に一つか数カ所にあったようで、沖縄島東海岸では現在でも使っている集落があるらしい。しかし、西表島ではすでに使われていない。私が見ている古い魚垣はおそらく古見村のものだったのだろう。古見村は一九四〇年代前半には廃村となっている。戦後は一九五四年になってそこに新しい集落ができた。新しい住人も古い魚垣を修復して使ったことがあるのかもしれない。

今回の海岸線歩きでは、野原とユチン川の河口でも魚垣の跡を見つけた。野原村あるいは与那良村、それと高那村が使ったものだろう。この三つの村は一九世紀末から二〇世紀初頭には廃村となっている。一〇〇年も経っているのに当時の魚垣が残っていることは驚きだ。

魚垣による漁は一年を通して行なわれていた。ただ、潮の関係上、夏は昼間によく潮が引くため昼の漁が中心となり、冬は夜に潮がよく引くため夜の漁が中心だったようだ。漁は毎日行なわれたわけではない。潮がよく引く大潮の前後の日に行なわれた。小潮や小潮前後の中潮では干潮時でも潮位が高く、魚垣に近づくことができなかったからだ。

一九七〇年代初頭、Tさんが沖縄から古見に移住してきた。てんかん持ちで定職に就けないことから、静かな西表島への移住を決めたそうだ。Tさんは夜になると干潟に出て、「たも網」でエビを捕えていた。一メートルの竹の柄があり、全体は「塵取り」のような形で、ピタリと閉まる蓋が付いている。引き金を引くとフタが開き、放すと閉まる仕組みになっていた。エビの体は半透明なので見つけにくい。しかし、ライトを当てると二つの目が赤く反射する。見つけたら後方から網を近づける。エビは逃げる際、常に後方へ突進するからだ。そして、入った瞬間にフタを閉じるのである。私が古見に滞在する時には、獲りたてのエビを差し入れしてくれた。Tさんは、古見で五年ほど生活したが、体調に不安を感じ、結局は引き揚げてしまうことになった。

Tさんから古見にある魚垣の話を聞いたことがある。放置したままの古い魚垣だから常に魚が掛るわけではないらしい。それでも、大きなクロダイやコブシメが獲れる時があるという。そんなTさんの話に興味をもち、私も北海岸にあった魚垣を数回巡ったことがある。期待して出かけたのだが、大きな魚を見ることはなかった。わずかな水溜まりに小魚がいたり、まだ濡れている砂地と石の隙間に、刺身にもできない小さな魚が横たわっているくらいだった。Tさんの話とは別になるが、村人の話を集めた本を読んだことがある。「いつも獲れるわけではない。掛かっているかいないか確かめに行くことが楽しみだった」と書かれていた。潮は急激に引くわけではない。私の推測だが、魚垣にぶち当たった魚のほとんどは魚垣に沿って移動し、まだ十分な水深があるうちに切れ目から脱出してしまうのだろう。

八重山の海は昔から魚介類が極めて豊富だ。これは、近海で黒潮の本流と小笠原還流が交わることと、珊瑚礁が発達していることが要因になっているようだ。ところが、八重山諸島には、沖縄島の糸満漁民のような魚を獲ることを仕事とする「専業漁民」がいなかった。八重山では半農半漁の生活を送る人々がほとんどで、畑仕事を終えた後、海に向かい魚垣で魚を獲り自給する状態だった。魚垣を使った漁の他、潮だまりに植物毒を流して魚を麻痺させて獲る「魚ぺーシイ法」、夜の海浜を歩き魚やタコを銛で突いたり、四つ手網ですくう「イザリイ」（漁火法）などがあった。漁法はすべて珊瑚礁上で行なう原始的なものだったが、これには理由があった。旧藩時代の教育は漁業を大いに卑しみ、賤民のなすべき業として子供たちが海岸へ下りたりするのも罰した。そのため、海を恐れ、海に関する知識も乏しくなり、近代漁業が発展しなかったのである。現在七〇歳以上の人の中には、今もって昔の考え方の人がいる。自分が海へ出ないだけでなく、孫たちにも海へ行かせない。私はそういう人を二人知っているが、共通項は「良家の坊ちゃん」ということだ。

八重山における近代漁業は沖縄島の糸満漁民によってもたらされた。一八八二（明治一五）年、親子二人の糸満漁民が初めて八重山に渡来した。彼らは銛を使った漁業を始めた。五年後には親子三人の糸満漁民がサバニ（刳舟）を持ち込んだ。その後、多数の糸満漁民が移住し、明治時代後半になると、漁業は八重山で唯一の重要産業に発展する。当初の産物はフカヒレ、エラブウミヘビ、ヤコウガイ、サラサバテイ（高瀬貝）、リュウキュウキリンサイ（リュウキュウツノマタ）などだったが、後に鰹節製造が加わり、大正時代には沖縄県の海産物産出額の三分の一以上を占めるまでになった。

「うみんちゅ（海人）」とは沖縄の言葉で、漁師を指している。しかし、この言葉が八重山で定着したのは沖縄の日本復帰からしばらく経ってのことだ。八重山では一般に漁師のことを「イトマン」あるいは「イチュマン」と呼んでいる。八重山の近代漁業が糸満漁民によってはじまったからである。

魚垣があったあたりから、海底が細かな砂地に変わった。私は海岸から一〇〇メートルほどの沖合を北上している。くるぶしくらいまでの深さだが、所々に干上がった部分もある。相変わらずカサノリが多いが、別の海藻が混ざるようになった。

岸辺に人の姿がある。貝か海藻を採っているようだ。仲間青島を越えたあたりでも一人いた。離れていて正確なことはわからなかったが、満潮時の波打ち際にしゃがみこんでいたから、きっとイソハマグリを掘っていたのだろう。他の貝や海藻採りならば少しずつ移動しているのが普通だ。

一一時四〇分。前良川の沖を通過。目指す北の方向に人がいる。手ぬぐいでほおかぶりをし、上から麦わら帽子をかぶっている。薄手の長袖シャツ、ズボンも薄手の短めのもので、昔でいうモンペみたいなものを着ていた。地元の人が海へ出るときの定番のスタイルだ。至近を通るから、あいさつをすることになりそうだ。五年以上も前のことだが、民宿で一緒だった人に誘われて、Fさんの案内で「スーナ」という海藻採りをしたことがあった。前良川のちょうどこの場所だった。ユミガタオゴノリという紅藻で、採ったばかりの時は紫のような茶色のような地味な色だが、熱湯をかけると鮮やかな緑色に変化する。コリコリした食感が特徴で、酢の物にしてもマヨネーズであえてもおいしい海藻だ。一〇メートルくらいに近づいた時、「スーナ採りですか」と私から声をかけた。風が強いせいか聞き取れないようだ。三回目には手を耳に当てたので、さらに近づいて改めて話しかけた。「アラモーイです」。その人はスーナとは言わなかった。しかし、見せてくれた網にあったのはスーナそのものだった。村が違うと呼び名も変わることが多いのだ。

「東部（西表島東部地区）の方ですか」。と先方が尋ねてきた。「いえ、旅行中です。でも、四〇年以上も前に大原に住んでいました。今ある民宿池田屋のすぐ西の家でした」。そう話すと急に親しげな表情になり「古波蔵の家？」と聞き返してきた。私は「そうです」と答えた。それを機にたちまち話が進んだ。

「古波蔵は親戚です。私は長らく沖縄ですが、清明祭で帰省しました。敏清が港で迎えてくれました」。その人は大原の出身で今は沖縄島で生活をしている。今回は旧暦三月に行なわれる清明祭のために帰省し、長めの滞在をしているのだそうだ。敏清さんは私の大家だった古波蔵当清さんの息子さんだ。

「あなたはヤマネコを研究されていた安間さんですか？　私は黒島武夫の息子です。父からいつも話を聞いていましたよ」。黒島武夫さんは長らく大原郵便局の局長を務められた方だ。私が初めて西表島を訪ねた日、黒島さんの新家屋の建て前の祝宴があり、飛び入りで歓待を受けた思い出がある。「まさか、こんな海の上で会うとは……」。黒島さんは驚きつつ、ことのほか喜んでくれた。「皆さんによろしくお伝えくださいね」。そう伝えて、私は広大な干潟を再び歩き出した。

一二時四〇分。後良川の河口を渡り切り嘉佐崎の付根に着く。後良川の河口自体が広いのだが、今日は仲間崎からずっと干潟と浅瀬の上を歩いてきた。つまりザックを下ろして休める場所がない。ここにきて打ち上げられた流木があり、ようやく大休止を取ることができた。

後良川の河口では膝の少し下くらいまで水に浸かった。しかし、石などの障害物がなく細かな砂地だったので足がもぐることも少なく歩きやすい。休息をとった海岸林は幅が一〇メートルもなく、オオハマボウが茂っている。すぐ後ろは五から八メートルの急斜面で、下から上までススキが茂っている。牧場に使われたり、頻繁に人が入ってくる場所なのだろう。

ここに来るのは何十年ぶりだろうか。最初は確か一九七二年一一月で、国立科学博物館の総合調査に同行した時だった。地質担当者を案内して嘉佐崎まで来たのだが、このあたりで露出したメノウの層があったことを覚えている。曇りガラスの砕けたようなものばかりで、持ち帰るほどのものではなかった。その後は、一九七四年から数年間、古見に住む渋井さんと何度か来ている。当時、渋井さんは嘉佐崎でウシの世話をしていた。

沖縄が日本に復帰して数年が経った頃、西表島東部地区には他府県からの若者が十名ほど住んでいた。大原のYさんは小学校の教員で、数年後には転勤で島を去る人だった。豊原のUさんとTさん、大富のOさん、それに古見の渋井修さんは、定住を考えていた人たちだ。私を含めてこの六名は、一緒に夕食をしたり、たまに磯遊びや原野へピクニックに出かけたりしていた。他の人たちは今でいうフリーターだ。何年かを気ままに暮らしたいという人たちだった。

Uさんは、来島早々に知り合った女性と二年後に結婚した。石垣島での結婚式には、私も参列した。折しも大型の台風が襲来している時だった。普段ならホバークラフトか貨客船を使うのだが、すべて欠航。やむをえずサバニを傭船して、いつ転覆しても不思議でないような荒海を渡ったことを覚えている。Uさんは自動車整備、特殊車両の運転、危険物取扱、理容、美容など八つもの資格や免許を持っていた。地元で重宝され、多忙の日々を過ごしていた。彼は西表島で約一〇年間暮らした。しかし、長男の小学校入学を前にして、奥さんの郷里である山形県へ引き上げてしまった。島の学校に子供を預けることに不安を感じていたようだった。Oさんも、結局は家族で大阪に引き上げた。思ったほどの収入が得られず、島での生活に見切りをつけたようだった。

渋井修さんは早稲田大学を出ているが、農業で自立したいと西表島の古見に移住してきた。ただ、農業に関してはまったくの素人だった。古見では休耕地を借りることができたものの、共同で作業ができる人がなく、つねに孤軍奮闘していた。当時、換金作物といえばサトウキビかパイナップルだった。彼はサトウキビを栽培した。しかし、サトウキビは植え付けから収穫、製糖工場への搬入、決済が終わるまで一年半かかる。この間、無収入である。彼は毎年夏と暮れに東京へ戻り、稼ぎのいいアルバイトをしては、その金を農業につぎ込んでいた。

そんな多忙な渋井さんだったが、時間がとれるとバイクに乗って大原や大富にやってきた。小学校と中学校では学芸会や催し物のシナリオを作る手伝いをしたり、特に劇の振り付けや発声の仕方を熱心に指導していた。大学時代、演劇部に所属していたそうだ。

一九七〇年代後半に入って、沖縄本島からMさんが単身で移住してきた。Mさんは嘉佐半島に土地を借り、ウシの放牧場を開こうとしていた。手伝いは渋井さんが買って出た。Mさんはがっしりとした体の大男だった。しかし、慣れない仕事からくる過労のせいか、一年そこそこで亡くなってしまった。直後に奥さんと娘さんが古見に来たが、二人だけで仕事ができるはずがなく、一年もたたないうちに沖縄へ引き上げてしまった。

渋井さんが実質的に一人で放牧場を管理していた頃、手伝いといえるほどではないが、私もたまに彼について嘉佐半島へ来ることがあった。古見からの陸路はないから、古見湾を横断して行き来した。作業が終わる

古見（1979年）

古見の魚垣

由布島からの帰路（1978年）

後良川河口をゆく渋井さんと水牛のハナちゃん（1975年）

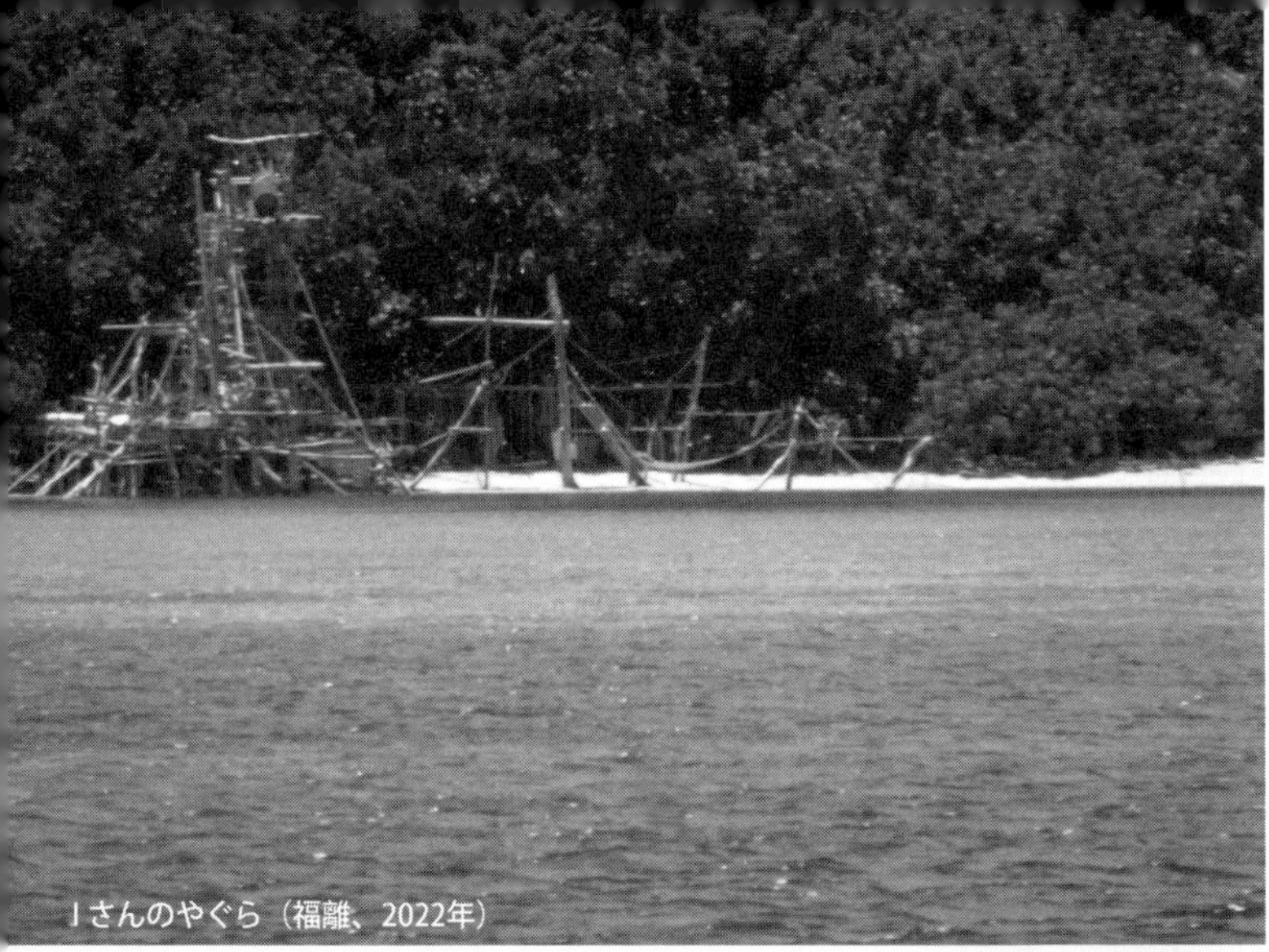

Iさんのやぐら（福離、2022年）

未舗装だった一周道路（浦田原上より、1979年）

大嵩祖呂さん（高那にて、1965年）

カサ半島より望む野底崎（1972年）

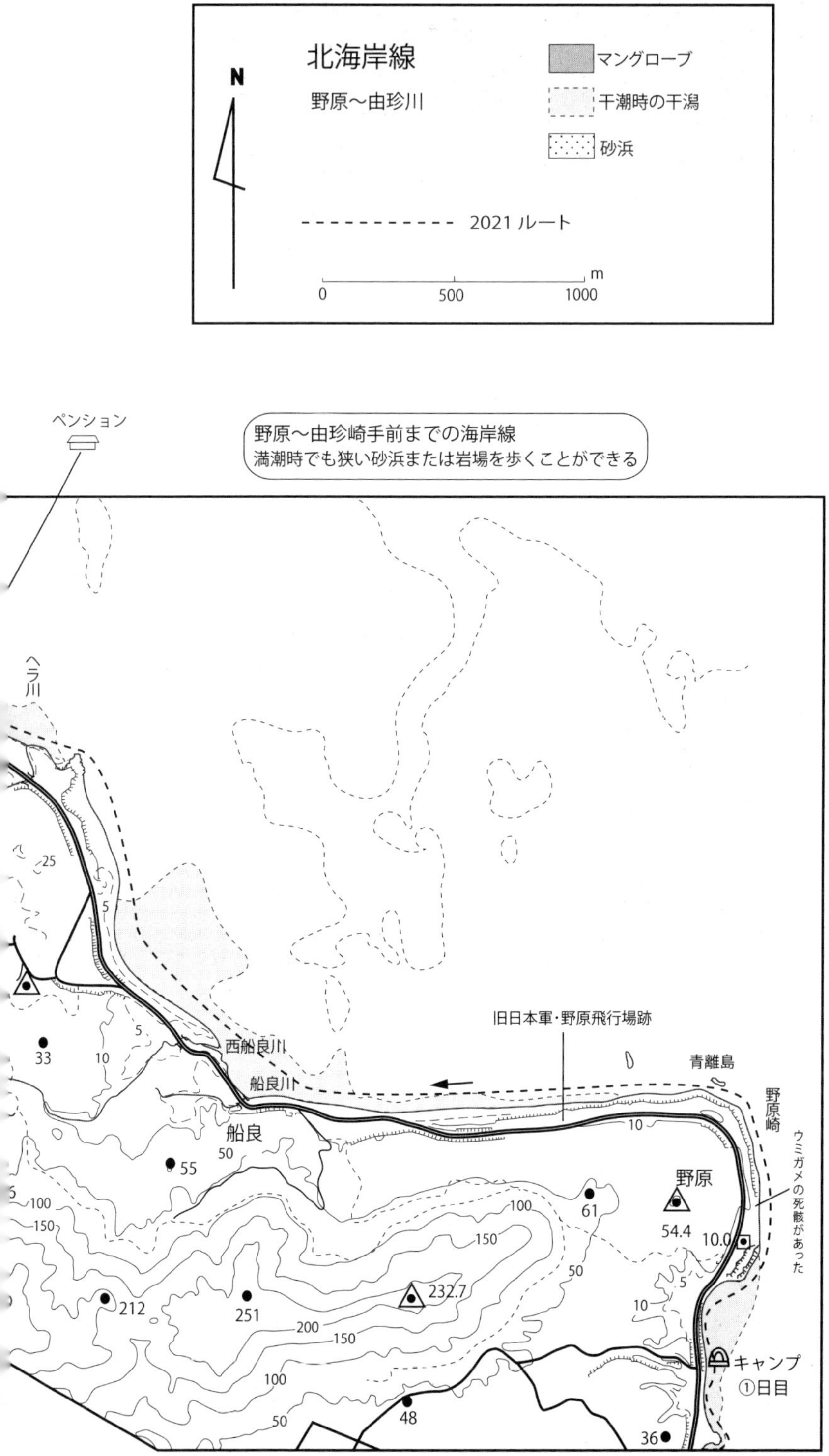
北海岸線
野原～由珍川
N
マングローブ
干潮時の干潟
砂浜
2021 ルート
0
500
1000
m
ペンション
野原～由珍崎手前までの海岸線
満潮時でも狭い砂浜または岩場を歩くことができる
ヘラ川
西船良川
船良川
船良
旧日本軍・野原飛行場跡
青離島
野原崎
ウミガメの死骸があった
野原
54.4
10.0
33
55
61
212
251
232.7
48
36
キャンプ
①日目

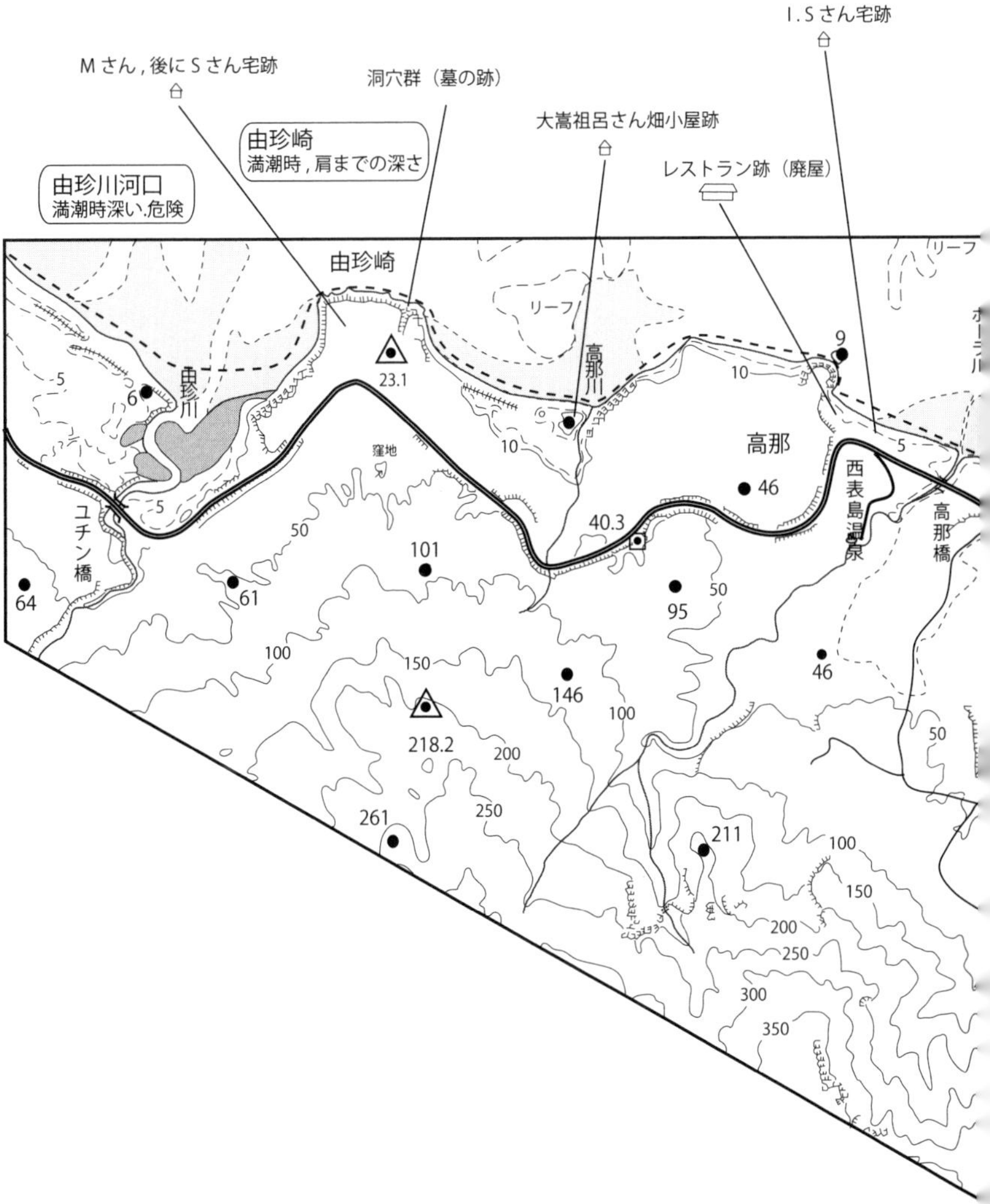

I.Sさん宅跡
Mさん，後にSさん宅跡
洞穴群（墓の跡）
大嵩祖呂さん畑小屋跡
由珍崎
満潮時，肩までの深さ
レストラン跡（廃屋）
由珍川河口
満潮時深い.危険
リーフ
由珍崎
リーフ
9
23.1
高那川
10
-5
6
由珍川
10
高那
5
窪地
46
西表島温泉
高那橋
ユチン橋
-5
50
40.3
101
64
61
95
50
100
150
146
46
218.2
100
200
50
250
261
211
100
150
200
250
300
350

のは決まって夕方か夜に入ってからだ。帰りは、「ハナちゃん」が曳く荷車の上で、快い疲労感を覚えながら戻ったものだった。ハナちゃんはMさんが所有していたスイギュウだ。特別に大きな体をしていたが、おとなしく、また人の言うことをよく理解するスイギュウだった。

星空の下、満潮時の古見湾を渡ったことがある。一帯は、干潮時には広大な干潟となる浅い海だ。だから、スイギュウの足も荷車のタイヤも底に着いていて揺れることはない。ところが湾の中央に後良川があり、干潮時でも水路になっている。当然ながら、少し深くなっている。荷車は横揺れし、海水があがってくる。多分、海底から浮き上がっているのだ。ハナちゃんも、つま先だけで前進しているみたいだが、そのうちに、鼻先だけを水面から出して懸命に泳ぎだした。「おぼれてしまうのでは」とか「ひっくり返ったらどうしよう」などと案じ続けていたが、何事も起こらず、無事に古見までたどり着いた。海上は真っ暗で、私には何も見えなかったのだが、ハナちゃんには古見の集落が見えていたのだろうし、通いなれた道だったのだろう。

一九七〇年代の末、渋井さんは農業に見切りをつけて西表島を離れた。自分の土地がなく、資金も十分ではない。しかも、戦後の政府計画移民と違って何がしかの国からの援助や、農協などへの支払い期間の猶予といった恩恵もない。孤立無援での農業は無理だったのだろう。

渋井さんは、その後三〇代の一〇年間を、東京の品川にある真言宗醍醐派の寺院で僧侶になる修業をした。休暇になると、ちょくちょく市川市の私の家を訪ねてきた。みやげといって、まだ保育園に通っていた息子に高価なおもちゃを買ってきてくれた。

彼は四〇歳になってタイに渡った。以来、私は彼と会っていない。現地では第二次世界大戦時に亡くなった日本の兵士や民間人、現地人の供養を重ねつつ得度した。タイでは二年半を過ごし、その後、長い内戦の傷あとが深いカンボジアに移った。

カンボジアでは首都プノンペンにあるウナロム寺に入り、僧侶として厳しい戒律の下で生活を送った。そんな中でも日本語教室を開いて子どもたちを教え、また若い人々に印刷技術や木工の指導を献身的に行なってきた。

二一世紀に入って、「メコン川上流の森林伐採が進み、熱帯雨林が破壊され続け、大きな洪水の被害がうまれている。これからは木を植えることが自分の仕事だ」。そう言って、寸暇を惜しまず仕事に励んでいる。昔と変わらない渋井さんの姿を、テレビやインターネットで観ることがある。

一三時一五分。嘉佐崎を回った。目の前に小浜島の全景が見える。しばらくは岩場を北上。その後、海岸沿いに浅瀬を野底崎の付根まで来た。

野底崎から嘉佐崎へ戻るくらいの距離を北上すると、小さな突端に来た。岩上に一メートルの石柱があり、何かが書いてあった。しかし波風で侵食されていてまったく読むことができなかった。同じものは由布島を通り過ぎた岩場にもあるから、由布島一帯の干潟か、あるいは領域を示す標識なのだろう。

計画では西表島側のマングローブの外縁を歩くつもりだった。ところが石柱から北側は広大な干潟になっており、西表島と由布島の間がほぼ完全に干上がっていた。これなら由布島の北端まで水に濡れずに直行できそうだ。ところが由布島の北端近くまで来ると、予期しない溝があった。浅い部分を探したりしてみたが、じきに腰までの深さになってしまった。しかも、底がぬかるんでいる。

「これはだめだ」。やむを得ず五〇メートルほど引き返して、点在するヒルギの稚樹を辿るように歩いて、ようやく西表島の与那良あたりの海岸に着いた。すでに一六時をまわっている。そろそろ、今日のキャンプ地を探さなければいけない。

ここはかつて野原村があったあたりだ。小さな流れの痕があり、遡れば水の確保はできそうだ。しかし、浜の幅は五メートルしかない。すでに満潮時は過ぎていて、これ以上潮が上がることはないだろうが、風によっては濡れることになるかもしれない。しかし、まずは水の確保だ。テント場は少し奥まった海岸林の中に開くことにした。

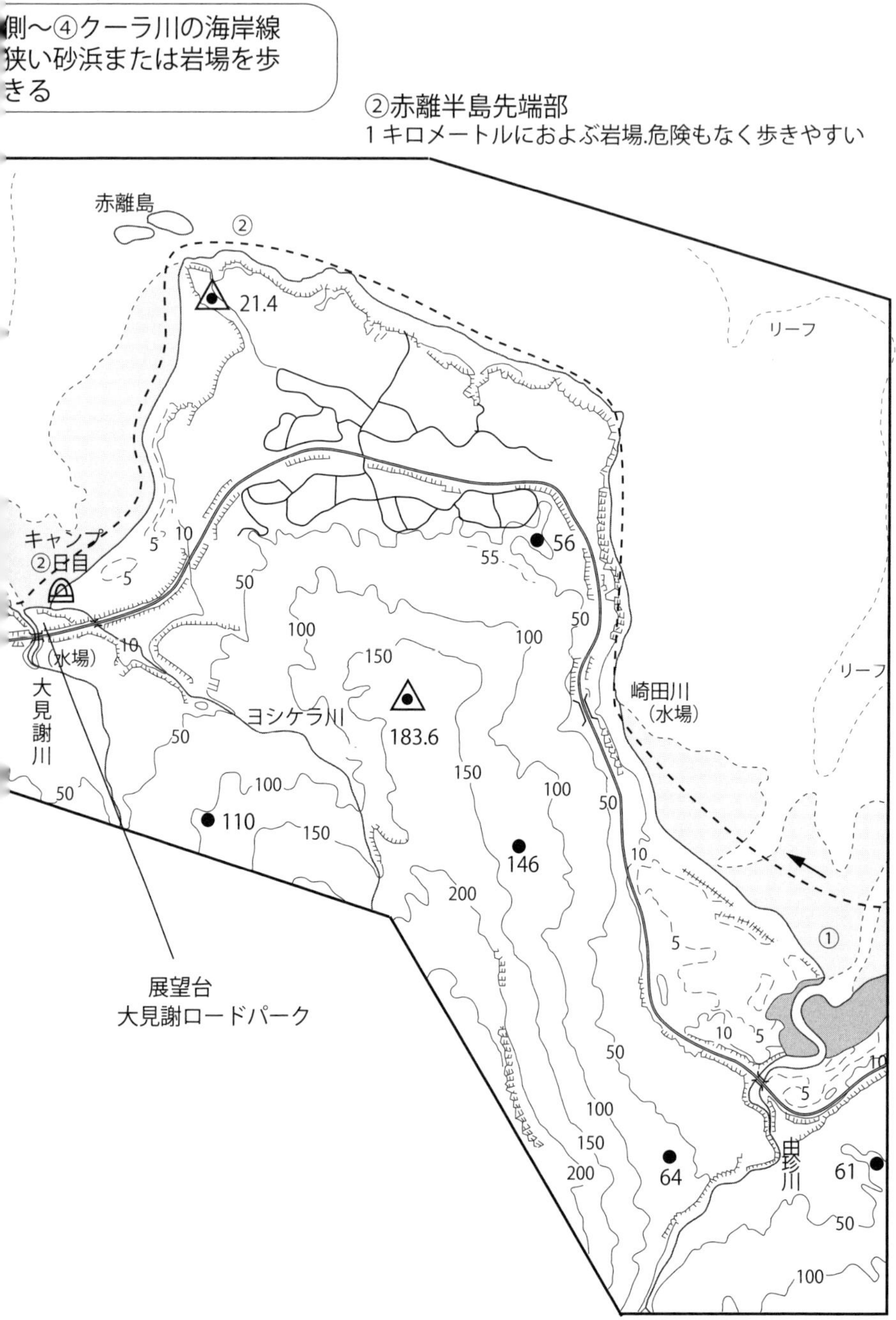
側～④クーラ川の海岸線
狭い砂浜または岩場を歩
きる
②赤離半島先端部
1キロメートルにおよぶ岩場.危険もなく歩きやすい
赤離島
②
21.4
リーフ
キャンプ
②日自
5
10
5
50
56
55
100
50
(水場)
大見謝川
10
150
100
ヨシケラ川
183.6
50
崎田川
(水場)
リーフ
150
100
50
100
110
150
146
10
200
①
5
展望台
大見謝ロードパーク
10
5
10
50
5
100
150
200
64
由珍川
61
50
100

①
満
く
③ 福離半島先端部
隆起サンゴ礁の岩場.満潮
時は通過に苦労する
Iさんの家
リーフ
(水場)
③
④
福離
10
5
25
窪地
窪地
ク
ー
ラ
川
26
10
51
50
100
50
5
10
西ゲーダ川
10
5
50

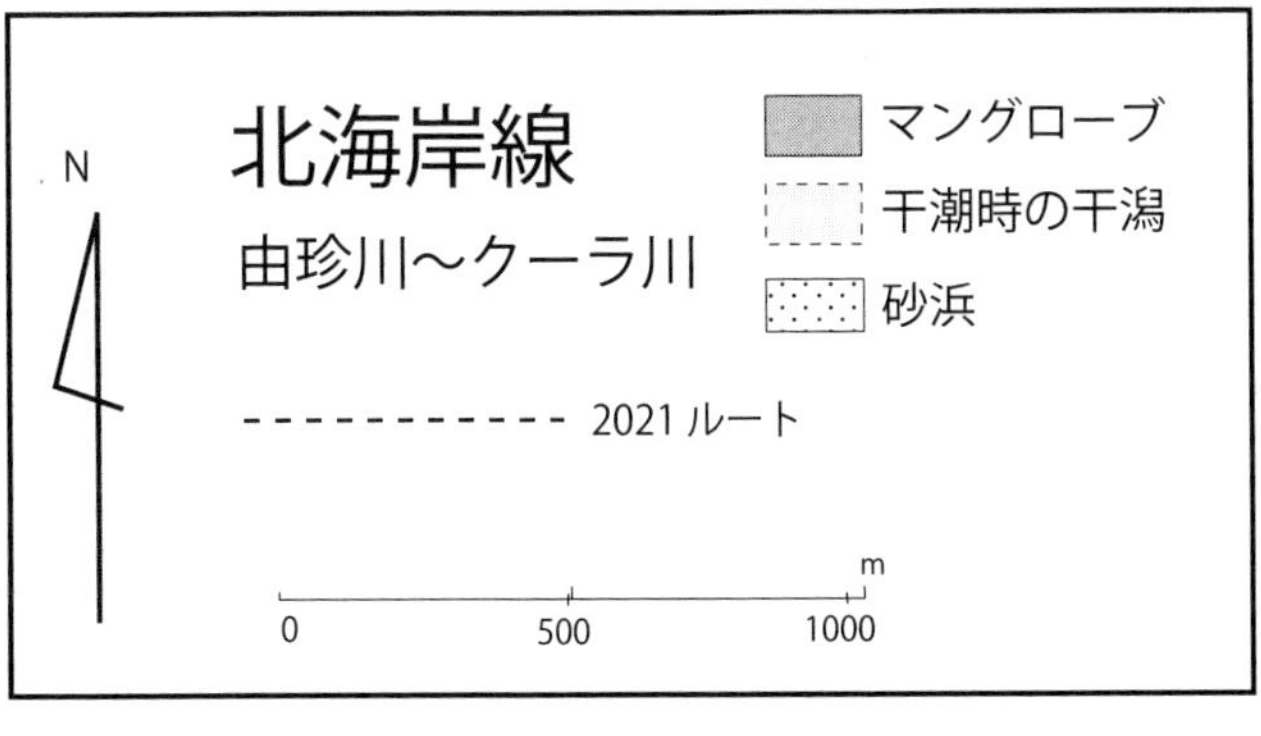

N
北海岸線
由珍川〜クーラ川
マングローブ
干潮時の干潟
砂浜
2021 ルート
m
0
500
1000

流れの痕を辿ると水があるにはあったが、水深一〇センチもない湿地帯だった。しかも底は泥混じり。この時、拾ってきたバケツが大いに役に立った。バケツを寝かせた状態で沈め、泥を巻き上げないように注意しながら、そっと上澄みを汲み上げるのである。キャンプ地の一キロ程手前の海岸で拾ったものだ。「これは使える」と思ってキャンプ地までもって歩いたのだが正解だった。バケツがなかったら水浴びも飲料水の確保も難しかっただろう。

一八時一五分。アカショウビンが鳴いている。キャンプ地は山の東側にあり、すでに陽が陰っている。しかし、小浜島や遠く石垣島にはまだ陽が当たっている。今日は大富から野原まで来た。干潮時だから、長い時間干潟や浅瀬を歩くことができた。各所でショートカットして、予定より距離を稼ぐこともできた。初日とあって筋肉痛もない。明日は由珍川という難所があるが、干潮で助けられるかもしれない。

二一時四六分。星が美しい。サソリ座が南のかなり高い位置にある。空も澄んでいる。いつもは森の中だから、空がまったく見えなかったり、谷合の細い空しか見ることができない。石垣島がボーッと見えている。大きな灯りも一つ二つある。ただ、市街地は小浜島の陰になっているようで見えない。小浜島に後光が射したようにフワーッと明るい空が広がっている。くっきりと見える明かりは正面にある小浜島の無線塔や灯台の灯り。赤、青、濃い黄色。点滅するものが多い。灯台や、漁船か定置網の位置を知らせるライトなど、それぞれの役割があるのだろう。満天の星を眺め、灯台の灯りを目の当たりにするのは、海岸キャンプならではの醍醐味だ。それにしても、昔はこんなにたくさんの灯りはなかった。

山中と比べたら、気温が二、三度高いはずなのに、風が強いからか肌寒い。今回はポールとフライシート、グランドシートのみで、テント本体を持参していない。だから風をまともに受ける。一九時頃には蚊が侵入してきたが、暗くなってからは、朝まで蚊の襲来はなかった。心地よい潮騒を聞きながら、いつしか眠りに入っていった。

五月八日（土）晴れ。

五時四五分。フライシートの扉の部分を開けた。満潮でテントの先五メートルの所にまで水が来ている。細い月が東の空約四五度の角度に見えている。まだ太陽は出ていないが、空は朝焼けで染まっている。風が強い。昨夜は二〇時をまわると少し寒さを感じて衣類の上からポンチョを被った。夜半になるとさらに寒さが増したので、何かの役に立つだろうと持参したアルミシートを両脚に巻き付けた。それでも、朝までには何度か目が覚めてしまった。

太陽が昇った。約三〇度の角度。まぶしい。潮は幅五メートルの砂浜からさらに五メートルも下がっている。

七時五分。野原のキャンプサイトを出発。直後、ウミガメの死体を発見。海岸林の中。満潮時には水に浸かる位置だ。ウミガメはひっくり返っているが、赤褐色で頭部が突出して大きいから多分アカウミガメだろう。頭部は白骨化している。肉はすでになく腐敗臭もない。死後二カ月くらいだと思う。五〇年前は、めったに会うことがなかったウミガメだ。私も漁網に掛かった個体しか見たことがなかった。ところが、ここ一〇年、ウミガメの数が増えているようだ。白浜から船浮へ行く連絡船や観光ボートに乗れば、かなりの確率で遭遇する。また、祖納から美田良の海岸はウミショウブやアマモの自生地だが、近年、アオウミガメの食害で全滅に近いそうだ。何が原因でウミガメが増えているのかわからない。温暖化のせいだと言う人がいるし、ウミガメの卵を獲る人がいなくなったからだと言う人もいる。

七時三五分。青離島を右手に見ている。西表島の北東の角に当たり、海岸線はここで東海岸から北海岸に入る。この一帯は礫を敷き詰めた海岸だが、丸い礫ではなくすべて角ばっている。西表島北東部は他の場所と地質が大きく異なる。島のほとんどは新生代の地層なのに、この一角だけは新古生代の古い地層なのである。そのことと関係しているのだろう。

八時一四分。船良川を渡渉。初めて西表島へ来た年、大原からの道路はここでドーンと浜へ下り、そこで終わっていた。ここから先は文字通り海岸線を辿るしかルートがなかった。一九六七年の時も同じだった。その後、一九七二年の沖縄の日本復帰後には由珍川まで道路が延長され、由珍橋も完成していた。西部へ行く時は、由珍川を渡ってから海岸線を歩けばよかったし、西部からサバニを傭船した時は、高那で乗り降りするようになった。

八時二〇分。西船良川を通過。東に石垣島の屋良部半島、御神崎がやや霞んで見えている。薄い雲が広がり、陽ざしがやや弱まっている。風もあり、歩くのには好条件だ。もっとも、この日はこの直後からスカッと晴れて強烈な陽ざしの洗礼を受けることになる。

九時一〇分。ホーラ川を渡渉。潮はかなり引いてきている。一九七〇年代、今いる浜のすぐ上にI・Sさんが小屋を建てて住んでいた。山からゴムパイプで水を引いていたが、渇水期でも絶えることなく、調査の途中で水のみに寄らせてもらったものだった。すぐ先にレストランだった廃屋が見える。この浜が終わると、しばらく岩場が続く。大きな岩礁というか、ドングリ型の小島があり、上半分はアダンに覆われている。小島と西表島との間は五から一〇メートル離れているが、満潮時でも岩の上を伝って通ることができる。岩場をぬけると細い浜となる。この一帯の斜面がかつて高那村である。

九時五五分。高那川に来た。しばらく雨がなかったようで、浜では完全な伏流になっている。林内を覗かなければ、川がどこにあるのかもわからない。辿ってみると、海からの漂流物が溜まり、薄汚れた池のようになっていた。高那村はこの後背地にあり、相当大きな村だったようだ。小浜島からの移民で造られた村だが、一九〇六（明治三九）年に廃村となって久しい。

一九六五年、初めてこのあたりに来たのは夕方六時頃だったろうか。浜はすでに山陰に入っていたが、湾の外には夕陽が当たっていた。海岸林を通り抜けた山側に小屋があった。石垣島に住む大嵩祖呂さんの畑小屋で、快適な一晩を過ごさせていただいた。近くにMさん、Tさんも住んでいた。大嵩さんには、さらに二年後にヘラ川に移った畑小屋に泊めていただいたことがあった。大嵩さんは米作りの時だけここに滞在していたが、当時、北海岸では特に仕事をもたない人が何人か生活をしていた。

高那村跡へは一九七五年に渋井さんと来たことがある。その時は畑小屋の跡をはっきりと確認することができたが、今では海岸林が大きく変わっていて入口さえ探すことができなかった。

由珍崎が迫っている。最初の年は胸まで水に浸かって回った難所だ。隆起サンゴ礁の崖が切り立っており、浜がまったくないのである。昔は浜のはずれから半島を横断する小道があった。最初の年は岬を回ったが、二年後の時は近道を使い海に浸からずにすんだ。今回も潮が合わなければ近道しようと考えていたが、分厚くアダンが茂っていて、小道も消えている。崖には鍾乳洞が幾つもあって、そのうち三つは墓として使われていたようだ。こんな所にも人が住んでいたのである。

干潮時に助けられて、由珍崎は膝の少し上まで浸かっただけで通過することができた。


「魚が凍死する」。昔、島の人からそんな話を聞いたことがある。まさかそんなことはないだろう。北国の冬の海でさえ生きているのに、凍ることのない八重山の海でどうして魚が凍死するのか。八重山の海に流氷が来るわけでも、魚の身体が摂氏零度以下になるわけでもない。それでも「魚が凍死する」と言う。詳しく聞いてみると、俗に「凍死」といっているが、実際は低温が原因で死ぬことだそうだ。

常夏の八重山でも、朝の冷え込みが強い冬の日には、最低気温が一三度くらいになることがある。そんな時に浅瀬にいた魚が死ぬのだろうと、私は理解した。ところが、そういうことでもないらしい。八重山の冬というのは、来る日も来る日も北東からの強い風が吹き、厚い曇り空か小雨混じりの天気が続く。そんな寒い朝でも魚が死ぬことはないという。可能な限り深く潜っていて、あまり活動しないからだそうだ。しかし、そんな天候の中でも、風が止み、ポッと太陽がさす時がある。すると、魚は餌を求めて水面近くに浮上する。その時に、海水の温度差で魚が死んでしまうのだそうだ。だから、いつでも見ることができる現象ということではないらしい。

西表島に冬の魚の死を扱った民話がある。おもしろいことに、最初に凍死するのは、カワハギの仲間と決まっているのだそうだ。

冬の寒さが続く時、海の底のほうでは、魚たちが集まって会議を開いていた。議題は「いつになったら暖かくなり、海面まで上がって餌にありつけるのか」ということだった。そして、「フクリャーピーは厚い着物をきているから寒さに強いだろう。海面まで上がって行って、様子を見てきてもらおう」ということになった。フクリャーピーはカワハギのこと。カワハギは特別に皮が厚く、魚の中では一番寒さに強いと思われているのである。

カワハギは常日頃から寒さに強いことを自慢にしていたから、断ることもせず、むしろ勇んで様子を見に海面まで上っていった。ところが、海面に出てみると、これが、想像以上に厳しい寒さなのだ。寒くて耐えがたい。だが、戻ればメンツがつぶれてしまう。やせ我慢を通して頑張るのだが、最後は力尽きてしまう。こうして、カワハギが魚の中で最初に凍死してしまうのだそうだ。

石垣島の崎枝中学校に勤務していた一年間で、たった二度だけだったが、そんな光景に遭遇した。私は四箇から崎枝まで一六キロの距離をバイクで通っていた。四箇とは石垣市の旧市街地のことだ。石垣島一周道路は、名蔵川を越えると、シーラあたりからは名蔵湾の海岸線に沿って造られていた。低い防波堤があったが、風の強い日には波を被ってしまうこともあった。そんな波打ち際ぎりぎりの道を走っていたら、岸近くの浅瀬にたくさんの魚が死んで浮いていた。まだ、生きていて、体を横にしてヒラヒラと泳いでいる魚もいた。少しの時間、バイクを止めて見ていたが、浮いているのはカワハギに限らず、いろいろな魚が混じっていた。

これが凍死なんだと思った。毒や水の汚染で死んだのではない。食べてもまったく危険はないはずだ。拾い集めて持ち帰りたかったが、出勤途中だから諦めた。

最近になって、この珍現象に関するダイバーの体験談をインターネットで見つけた。それには、「観察できるのは遠浅の干潟がよく、大潮の日、陽が落ちて特に冷え込む夜間の干潮時がベスト」と書いてあった。おそらく、浅瀬のタイドプールなどにいた魚が、水温の低下で死んでしまうのだろう。記事には「足元を照らすライトの輪の中には、カワハギだけでなく、ハゼの仲間、ブダイ、アイゴ、フエダイ。ウナギやイカもいた」とも書いてあった。

同じく冬の時期、死んでまもないコブシメを見つけることがあった。まだ生きているが、ほとんど動けなくなったものもいた。これは凍死ではない。コブシメは冬の時期、浅瀬にやって来て造礁サンゴに産卵し、そのまま力尽きて死んでしまうのである。寿命は一年程度のようだ。

コブシメとは琉球列島以南の西太平洋からインド洋にかけてのサンゴ礁域に分布するコウイカの一種である。大きな個体は体長五〇センチ以上になる。沖縄ではクブシミと呼ばれ、誰でも知っているイカだが、味がよく、燻製加工したものは一匹一万円以上の高値で売買されている。崎枝時代の生徒だった下地勝廣君は、家が屋良部半島の大崎にあった。学校へは四キロの農道を自転車で通っていた。ところが、冬になると、早起きして歩いて登校した。少し遠回りをしてわざわざ海岸沿いに歩くのである。そして、たまに大きなコブシメを抱えて教室に入ってくる。そのコブシメをどうしたのかは、確かな記憶がない。ただ、その頃の私はほとんど学校に泊まっていた。卒業アルバムを作るために生徒たちと暗室での作業を続けていたからだ。おそらく、一休みする時に刺身にして皆で味わっていたのだろう。

私が西表島の大原と大富で生活をしていた一九七〇年代の中頃、北海岸の由珍崎の高台にSさんが住んでいた。彼がどのような経緯で住み着いたのかは知らないが、沖縄が日本に復帰した一九七二年前後に由珍に来たようだ。アルコール依存症というのか、彼が酔っていない姿を見たことがなかったし、酔いのせいで、何をしゃべっているのかほとんどわからない人だった。しかし、嘘はつかない、物を盗まない、喧嘩はしない、人からの恩は忘れないという、いわば律儀な人で、概して印象の悪い人ではなかった。もっとも、長らく文化庁に勤務された花井正光さんは、イノシシ調査の際にうっかりSさんの庭先に入り込んでしまい、ナタを持って追いかけられたというから、そんな一面もあったのだろう。私に対してはまったく逆で、初対面の時からペコペコと頭を下げ、「ミヤギさん、ミヤギさん、営林署のミヤギさん」と言って、こちらが返答に窮してしまうほど持ち上げてくれるのだ。どうも、私のことを、昔世話になったことがある営林署のミヤギさんと思い込んでいたようだ。何度かは、「いえ、ヤスマです」と答えていた。しかし、彼が改めることはなかったから、その後はずっとミヤギで通し続けた。

Sさんはコメ以外ほとんど自給自足の生活をしていた。たまに捕えたイノシシを大富あたりで買いとってもらい、その金で必需品や泡盛を買っていた。冬になると、大きなコブシメを持ってくることもあった。早起きして由珍から船浦湾の波の上崎あたりまで海岸線を歩くのだ。往復で四時間もかかったらしい。首尾よくコブシメが見つかると、通りがかりの車に便乗させてもらい、大富までやってくるのである。

Sさんはもともと几帳面な性格なのだろう。彼はイノシシ罠を、決まって人が通る山道に仕掛けていた。しかし誰もけがをした人はいない。何故なら、彼のワナは、すぐにそれとわかるからだ。ふつうの猟師は、ワナを掛けた穴を木の葉や土で覆い隠しておく。ところが彼の場合、穴の部分を、木の枝を使って井桁のように囲むのである。枝は太さ五センチくらいのものを二〇センチの長さに切って使っている。だから、遠くからでもすぐにそれとわかるのである。

ある日のこと、Sさんが大富の集落内を歩いていた。片手に泡盛の三合瓶。それはいいとして、ズボンもパンツも破れていて、大事な部分がチラチラと見え隠れしていた。それを見かねた大富のご婦人が、共同売店でパンツを買い、Sさんにプレゼントした。Sさんは、腰の前あたりで両手の平を合わせ、何度も深く頭を下げ、礼を述べて帰っていった。

数日後、Sさんが再び大富にやってきた。そして、洗った後きれいに畳んであるパンツを婦人の元に返したそうだ。集落の人たちは驚き半ばあきれて、「律儀な人だねえ」と、しばらくは話題になっていた。

一〇時四六分。ユチン川を渡り切った。河口は大きく干上がっていて、水路も腰までの深さだった。干潮時で随分助かったが、用心のためにザックを肩の高さまで摺り上げた状態で渡渉した。ユチン川を通過したことで、ほぼ安全圏に入ったといえる。今回の行程で一番の難所であるユチン川を確かに越えることができた。それにしても、道路ができてからいつも崎田橋に車を止めて眺めてきたが、四〇年前と比べると、由珍湾全体が浅くなっているように感じる。

赤離半島の東の角が見えている。残念なことだが北海岸は特に漂流物が多い。冬は北東からの季節風が強く、漂流物は海流より風の影響を受けやすいからだ。プラスチック製の浮球や大きな発泡スチロール、ペットボトル、巨大なプラスチック製の板……。それらが浜や海岸林に溜まっているのだ。島の人はすべて流れ着いたものだと言っているが、大量の漁網や工事で使うビニル製の長いパイプ、大型の冷蔵庫などの家電は地元で廃棄したものだろう。

半島の東には朽ちた大型船の残骸がある。黒い岩礁のように見える。この船は一九七七年か翌年の台風で座礁したものだ。

一一時一五分。崎田川に来た。浜では伏流になっているが林内には真水が流れており、直接、飲んでみた。今回初めての生水だ。ただ、高那から大見謝川あたりまでの生水は飲まないほうが無難だと言われている。病原性レプトスピラという細菌が混入している可能性があるからだ。レプトスピラ症はネズミなど、保菌動物の尿で汚染された水や土壌から感染する。重症化すると黄疸、腎不全などを発症する危険な病気だ。それでもこの日は強烈な太陽と暑さ。山の水は本当においしかった。

一二時二五分。赤離崎の先端に来た。先端部分は一キロメートル以上岩場が続く。しかし、平坦な岩場だから歩きやすい。満潮時でも岩の上を安全に通ることができる。すぐ西側に赤離島がある。大きな岩の塊というか、ちょっとした小島である。礁原の先には鳩間島が見えている。

一三時三五分。大見謝川に着く。ロードパークがあり、観光客の休憩地となっている。展望台から海を眺めたり、沢歩きを楽しむ人も多い。ツルアダンの花があった。三つ、そのうちの一つにはソーセージのような形をした若い果実が付いていた。テッポウユリもある。テッポウユリは歩いてきた岬のいくつかでも見ることができた。

大見謝川は渓流が直接海に落ちる、西表島ではそんなに多くない川の一つだ。満潮時には最下流の岩の窪みにまで海水が上がってくるが、干潮時には一・五メートル下の海底が露出して小滝となる。今日は三〇センチの滝ができていた。それにしても非常に水が少ない。

展望台への階段下の川床でザックを下ろした。まずは服を着たままでの水浴び。その後、洗濯物を石の川床に広げて干し、着替えをした。頻繁に観光客が来るので裸でいるわけにはいかないのだ。湯を沸かして昼食をとる。まだ早い時刻だしもっと歩いてもいいのだが、ここまで来ていれば明日の行程は随分楽になるし、この先の水場が確かでないから今日はこのあたりで一泊することに決める。展望台で時間をすごし、確実に人が来なくなる一八時を過ぎたらどこかにテントを張ることにしよう。

一六時半。まだ展望台でくつろいでいる。一五時頃からはまったく訪問者がない。今回は海岸線を歩いている。そのために半ズボンを着用した。これはよかったと思う。確かに歩きやすい。ただ、肌が露出した部分は脚の後ろを含めて全面が陽に焼けてしまった。日焼け止めのクリームは塗ったものの、ひとたび海水に浸かると流れ落ちてしまうのだ。もう一つ、山歩きの靴ではなく地下タビを履いた。歩きやすいと思ったからだ。しかしこれは大失敗だった。すでに爪の多くが皮下出血を起こしている。岩場を歩いているうちに地下タビの土踏まずの部分が破れてしまった。それだけならまだしも、そこから砂や小石が入って足の裏を圧迫している。地下タビは明日いっぱい持ちこたえてくれるだろうか。

一八時三五分。イワサキヒメハルゼミが鳴きはじめた。満潮をむかえ、展望台から見えている砂浜は完全に水没している。一八時過ぎ、近くにテントを張った。その頃から遠くで稲光がするようになり、大見謝川一帯に断続的に小雨が降った。日没後、数匹の蚊の襲来があったが、夜は来なかった。アカショウビンの声。ヤエヤマアオガエル、サキシマヌマガエルの声も一時聞こえていた。

展望台から見えている湾にはヨシケラ川、大見謝川、ゲーダ川が開口している。この湾は全体が浅く、干潮時には海岸線から沖に向かって半分くらいが干上がってしまう。広い範囲が砂地の干潟になるが、平坦な礁原となる部分も多い。だから、干潮時には海岸線を歩かずに湾を横断してショートカットすることができる。意識していないのに、まっすぐに進みたくなるのは、やはり少しでも近道をしたいという気持ちがあるからだろう。実際、少しは時間の短縮になる。なお、この湾の横断は潮が満ちている時でも可能だ。ただ、早歩きができないから、時間的には海岸線を行くのと同じだ。

ショートカットならではの特別なことがある。潮が満ちはじめて礁原にヒタヒタと海水が被る頃になると、礁原の岩の割れ目や小さな穴から、黒っぽい、細くて長い鞭状をしたムカデのようなものが這い出してくる。それがベタ一面にいるのだ。それぞれ、シャクトリムシのような蠕動運動をしたり、横に揺れたりしているのである。初めて見る者にとっては恐怖そのものかもしれない。しかしこれは危険なものではない。刺すこともないし、毒もない。クモヒトデというヒトデに近縁の棘皮動物で、熱帯や亜熱帯のサンゴ礁や浅瀬では普通に見られる生き物だ。ヒトデは主に生きた貝などを襲う肉食性だが、浅瀬に棲むクモヒトデは、海中に浮遊または堆積した有機物や微生物などを食べているようだ。干潮時は岩の割れ目に潜み、潮が満ちてくると、出てきて活動するのである。

もう一つ、これは冬から春に限られるが、同じように潮が満ちはじめる頃、やはり、細くて長いクニャクニャした生き物が見つかる。形や動きはクモヒトデの脚みたいだが、棘がなく皮膚がのっぺりしている。これは、八重山ではウムズナー、沖縄ではシガイ、シガヤーまたは俗にイイダコと呼ばれている小さなタコである。和名をウデナガカクレダコというが、私の若い頃には、まだ和名がなかった。イイダコと同じマダコ科だが、カクレダコ属の一種だ。一方、イイダコはマダコ属で、属を別にしている。イイダコは北海道南部以南の日本

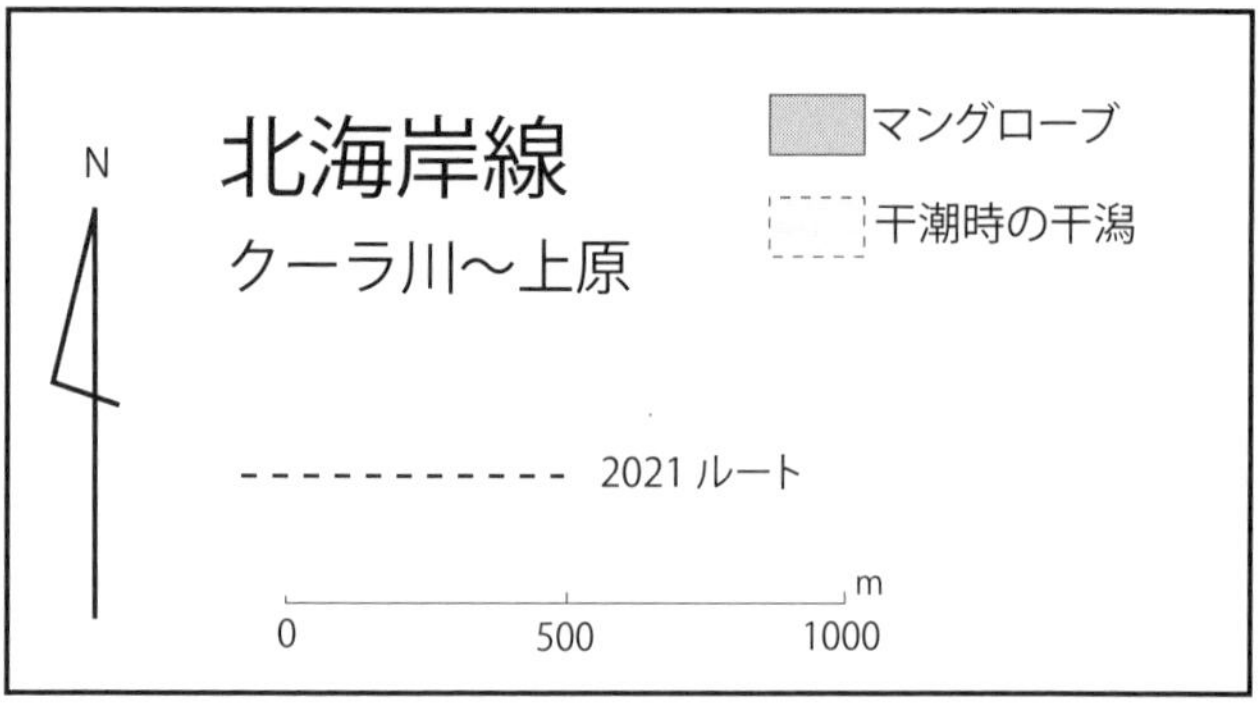

①クーラ川～②波之上崎までの海岸線
満潮時でも狭い砂浜または岩場を歩くことができる

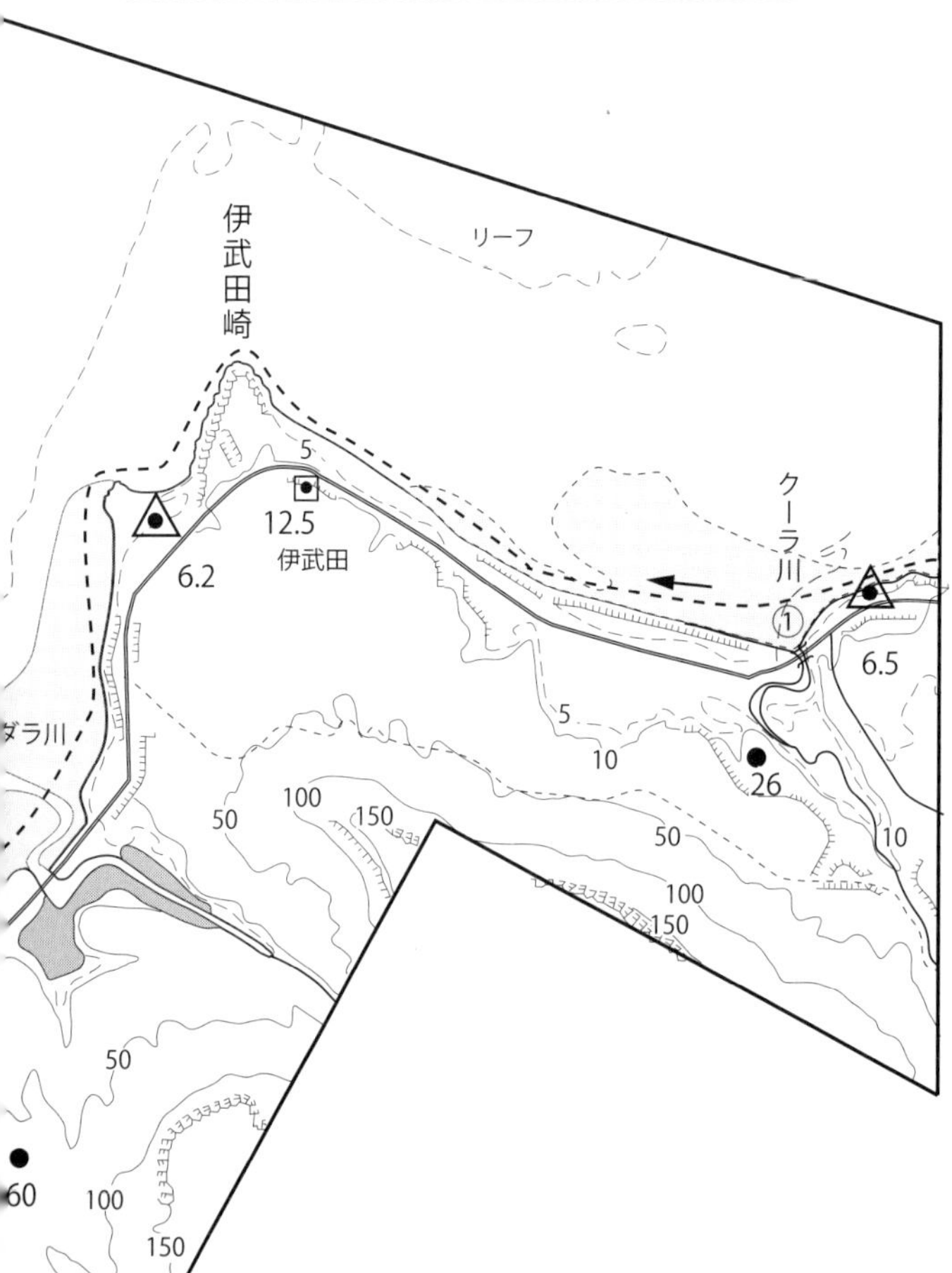

③船浦港～④上原までの海岸線
満潮時でも狭い砂浜または岩場を歩くことができる

船浦湾
干潮時 , 海中道路を挟んで両側とも広大な
干潟となる.船浦港の岸壁下は常に深い

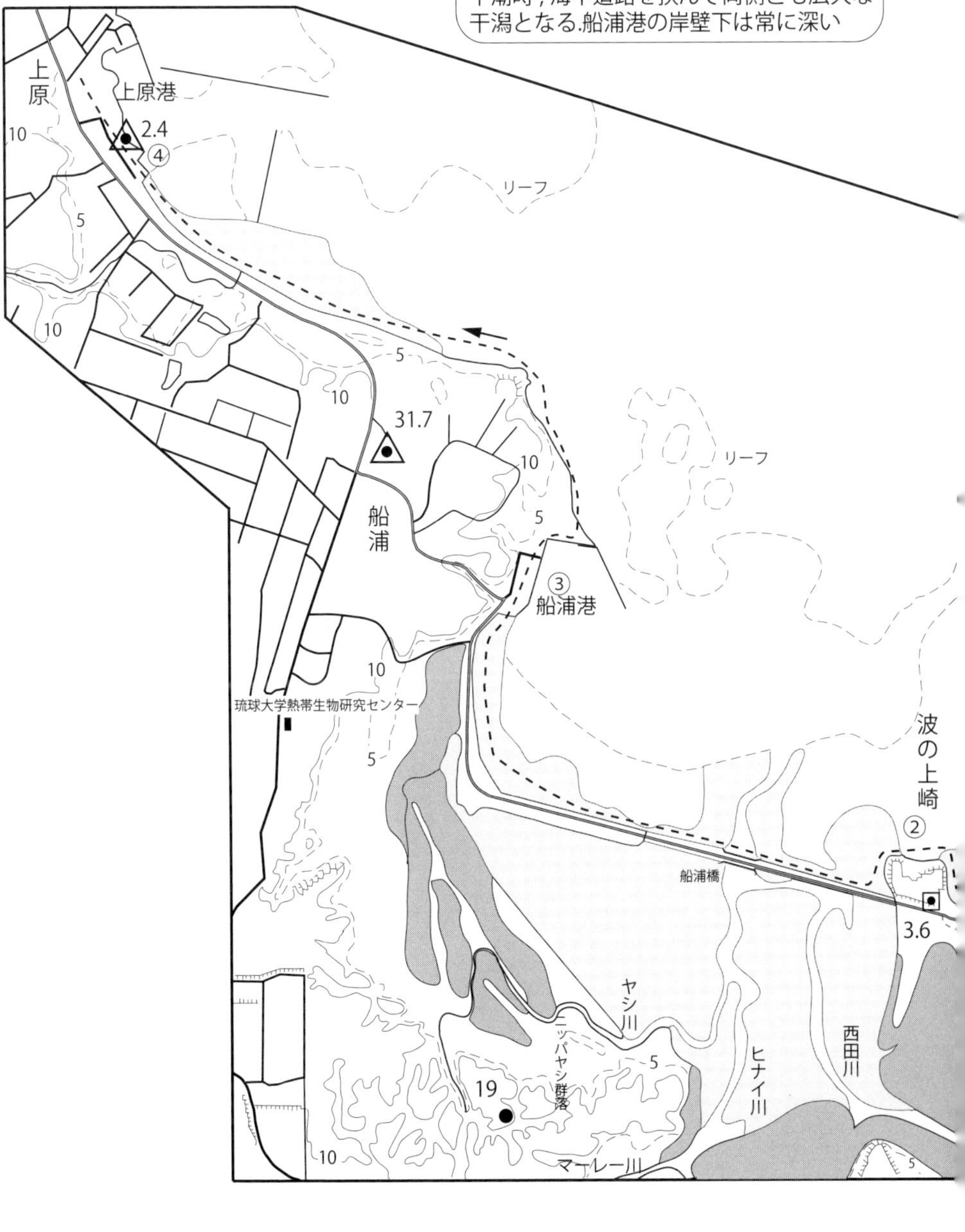

の沿岸から朝鮮半島、中国沿岸に分布している。

ウデナガカクレダコは、体長が最大で五〇センチ、大きさも体型もイイダコによく似ている。しかし、胴に比べて非常に脚が長くて細い。琉球列島では馴染みの小ダコで亜熱帯から熱帯の西太平洋海域に広く分布している。あまり市場に出ることはなく、ほとんどが自家消費である。生のまま、あるいはさっとと茹でて、ぶつ切りにして酢醤油で食べる。軟らかくて、味がある。

私はタコを捕るために、わざわざ海へ下りたことはない。ただ、西表島の東部地区に住んでいた頃、北海岸まわりで西部へ行く途中、何度かタコを捕えたことがある。まだ、北岸道路が全通していない時代だから、海岸線を歩いて行くわけである。うまく潮が合うと、小ダコの一団に遭遇する。慣れるとすぐに見つけることができる。胴体がぷくっと盛り上がって見えるのである。それを「雪見だいふく」をつまむようにして捕えるのだが、「素早くつかみ上げる」と表現するほうがいいだろう。おそらく、ゆっくりやると吸盤で張り付いてしまい、穴から離れないと思う。海の中を対岸に向かって小走りで歩きながら、ポッ、ポッと拾い上げていくのだが、一五分くらいでポリ袋一杯、三キログラムくらいになった。獲物は民宿へのみやげにした。当時の民宿では、夕食後、客が一堂に会して遅くまで歓談するのが常だった。茹でた小ダコは、酒の肴として評判が高かった。

ウデナガカクレダコは季節に関係なくいた。石垣島ではテンヤを使った漁を見たことがある。テンヤは手作りのものだった。大き目のタカラガイに竹ひごを付け、末端にギャング針を固定してあった。ラジコン模型のヘリコプターに似た形だった。漁は水深三〇から五〇センチの浅い海でやっていた。小舟に乗りパドル（櫂）で移動しながら、片手で、テグスで吊ったテンヤを動かしていた。ただ、「漁」というより「趣味のタコ釣り」という印象だった。西表島ではテンヤを使ったタコ釣りを聞いたことがない。集落と漁場が離れていて、一人か二人乗りの小舟では、危険すぎて現場へ行くことができなかったのだろう。

これは聞いただけの話だが、ニコチンを使った漁があるそうだ。タバコの吸い殻を集めて水に浸しておくと、ニコチンを含んだ茶褐色の溶液になる。干潮時に、これを小ダコのいそうな穴や岩の割れ目に数滴たらすのだそうだ。中に小ダコがいたらすぐに這い出てくるから、それを手づかみにするのだという。

イカ釣りは私もやったことがある。竿を使った投げ釣りで、主に北風が吹く冬の期間、もっぱら浜か岬の先端の岩場からだった。私は市販のルアーを使ったが、八重山の人たちは手作りのルアーを持っていた。「ルアー」という言葉自体あまり使われることはなく、「エギ」（餌木）と呼んでいた。長さは一〇から一五センチ、後端にギャング針を差し込んで固定してあった。着色や飾りはないが、一人で何本も持ち、「夕間暮れ」「月光」「朝風」などと名前をつけて、時間帯や天候に合わせて使い分けていた。私が不思議に思ったのは、「よく釣れるエギは、最後までよく釣れる」ということだった。イカの両顎（俗にいうカラストンビ）で噛まれてボロボロになった、ただの棒切れにしか見えないのに、イカが食いつくのである。イカにとって抗いがたい魅力をもつエギが存在するらしい。

五月九日（日）晴れ。

五時三〇分。起床。昨晩は断続的に小雨が降ったが、夜半過ぎには満天の星が見られた。

六時。すっかり明るい。五時四五分頃に明るくなりはじめて、一五分ほどすると急激に明るくなる。日本の一番南に当たるので、東京などとは太陽の昇る角度が違うのだ。ほぼ満潮で、水が海岸林と接している。こんな時でも歩くことはできるし、波打ち際は深くない。しかし、海岸林から伸びている枝がじゃまをし、避けるとなると腰のあたりまで水の中を迂回しなければならない。やはり、満潮は避けたい。

七時二〇分。明らかに潮が引いてきている。三〇センチほどの浜が出てきた。しかし、まだ歩ける状況ではない。潮は上げ潮から満潮となり引き潮に移るのだが、マラソンの折り返しのように一瞬で向きが変わるわけではない。見た限りでは満潮状態が三〇分から一時間くらい続く。出発は思い切り遅らせて九時くらいを考えている。風がほとんどなくなり、海は鏡のようになっている。太陽は先ほど赤離半島の付根あたりから顔を出し、すでに三〇度くらいの角度に昇っている。今日も暑くなりそうだ。

トンボがたくさん舞っている。かなりの数だ。全身薄い褐色をしている。見る限りウスバキトンボだと思うが、それにしても普段、西表島で同じ種類のトンボがこんなにたくさん舞うところを見たことがない。

九時ちょうど、出発。大見謝川の川床を下り、最下流の飛び石状に露出した部分を渡る。マングローブは林内を歩き、じきにゲーダ川に出た。九時九分にはゲーダ川を通過。水深は膝上一〇センチあった。

九時一五分、西ゲーダ川を通過。ここはくるぶしまでの深さ。引き潮で干潟がみるみるうちに広がっていく。じきに浜が終わり、福離の半島部の付根に来た。しばらく岩場が続くが、危険箇所もなく歩きやすい。

九時四〇分。福離の東端に来た。隆起サンゴ礁の岩場になっており、岩の高さが三から五メートルある。下部が波の侵食でえぐり取られているので登ることはできない。上部にはソテツとアダンが生えている。最初の岩場は長さが五〇メートルほど。福離の先端部には岩場が六カ所あり、砂浜と交互に続いている。岩場は外側の部分を歩く。今は膝下までの水だが、満潮時には通過に苦労することだろう。

岩場は隆起サンゴ礁起源のものと、堆積岩からできたものに大別できる。隆起サンゴ礁の岩場は、干潮時は浜を歩けばよいが、満潮時は深いので通過困難になる場所が多い。この福離がそうであるし、昨日の由珍崎、南海岸の豊原の海岸の一部も同様だ。星砂の浜から宇奈利崎の間は、干潮時であっても深くて歩くことができない。

堆積岩起源の岩場は陸から海に向かって張り出している棚やテラス状の岩である。満潮時でも積み重なった岩の上を歩いて渡れる。東海岸でも北海岸でも、多くの岬がこのタイプの岩場になっている。

最初の浜は、福離の先端部では二番目に大きな浜だが、波打ち際近くの海中からプクプクと水が湧き出ている。直径二センチくらいの穴で、一メートルおきくらいにたくさんある。おそらく山からの真水だろう。私の一九六五年のノートには「砂浜から水が湧き出ていて飲み水には困らない」と書いてある。このあたりのことを記録したものだ。今はまだ海中にあるから、真水かどうかを確かめることはできない。

二つ目の岩場を回ると、一五〇メートル先の小さな浜に桟敷のようなものが見えた。木や太い竹で組んである。漁業関係のヤグラにも見える。こんなところにそんな施設があっただろうか。

岩陰で一休みしている時だった。桟敷近くの海岸林から人が現れて、こちらに向かって歩いてきた。三〇メートルくらいになっても私に気づいていない。細身で小柄の初老の男性。淡い灰色で少し長めのショートパンツを着けているが、上半身は裸だ。キャップを被り、甲を覆うサンダルを履いていた。大きめのリュックを背負っている。目線は浜や波打ち際に集中しており、私がいることに気づかない。驚かせてはいけないと思い一〇メートルくらいになった時、私から「こんにちは」と声を掛けた。男性は「ああ、驚いた」と、こちらがびっくりするような大声で反応した。そして、「ここを人が通ることはないので……」と、弁解気味に頭を下げた。無精ひげの満面に笑みをたたえた、気さくな感じの人だった。

むしろ不意の訪問者を期待していたような感じで、私に有無を言わさず、生活場所の案内をはじめた。実のところ、私は荷物を下ろして休憩したかったのだが、彼に引きずられて一時間も歩き回ることになった。

海辺の構造物は彼のくつろぎの場の一つだった。満潮時にはここで釣りをするそうだ。イカダ、ハンモック、ドラムの演奏コーナーまであった。ドラムといっても漂着物を集めたもので、中央に二〇〇リットルのドラム缶、三方の横桟にはナベ、プラスチックの浮球、ビンなどが吊るされており、床には演奏用のバチが二本置いてあった。これとて流れ着いた棒切れである。先ほどのように浜を歩いて探してくるらしい。

彼が生活する約三〇アールの土地は、海岸から約一五〇メートル上にある自動車道路に向かって緩やかな傾斜地になっている。海岸林に母屋があり、近くに水場があった。水は隆起サンゴ礁の下から流れ出ていた。きれいな水がバケツで汲みだせる深さにたっぷりと溜まっていた。岩の窪みを利用した倉庫や客室、野菜畑、遊びのための吊り橋まであった。

さらに、それぞれの「施設」を結ぶ小道が整備されており、両側にオオタニワタリを移植、急斜面には石を組んだ階段があった。道のすべてに浜の白砂が敷き詰められていて「赤いじゅうたん」ならぬ「客を迎える白

赤離半島，満潮時でも岩の上を歩くことができる

クーラの海岸

大見謝川河口

崎田岬の難破船（難破して45年が経つ）

船浦港（1978年）

船浦北端の岬

船浦湾からピナイサーラの滝を眺める

いじゅうたん」と呼んでいた。

　Iさんは七一歳、静岡県三島市の出身。四七歳で退職、その後自転車で全国を旅していたが、二〇年ほど前に西表島へやってきた。少しの間、西表島のターザンと呼ばれた砂川恵勇さんがいたウダラ浜で生活をした。その後、崎田橋の下に移り住んだ。当時のことは民放のテレビで紹介された。私はその番組を偶然観ている。自転車で上原のスーパーまで買い物に出かけたり、祖納にある保健所の保健師さんがIさんの「ポツンと一軒家」を訪ねる場面を覚えている。ところが、番組放映後、Iさんに会いたいという旅行者が殺到し、とうてい対応できなくなり「旅に出た」。そうして隠れるようにして移った場所がここ福離だった。山へ入ることは考えなかった。海なら魚や海藻が手に入るからだ。しかし、完全な自給自足を考えたことはない。必要最小限のものは店で買う。それだけの金は常にもっているとも言っていた。福離での生活はかれこれ一〇年になる。酒は五年前にやめた。アルコール中毒で不本意な最期を迎えた人を何人か見ているからだそうだ。Iさんは、「鹿川の仙人」と呼ばれていたMさん、外離島で裸暮らしをしていたNさんを知っていたし、砂川恵勇さんとも付き合いがあったそうだ。なお、Iさんは数年に一度東京へ出て健康チェックを受けるなど、「生」に対して前向きな人だ。そこが他の人と大きく違っていた。

　手作りの施設には客用の岩屋が幾つもあった。探検部が置いていったというテントを張った岩屋もあった。テントを張るために特別に芝生を育てているスペースもあった。ただ、まだ誰も使ったことがないらしい。さらに、母屋には客用だといって長イスと一人掛けのイスがあった。若い頃読んだ山の本に「単独行者は人恋しい人」と書いてあった。人に会いたければ町に住めばいいのに、それをしないで、あるいはできないまま不意の訪問者を待つIさんの気持ちが理解できるような気がした。

　Iさんを支えてきた長距離用の自転車が、バッグを前後左右に装着したまま、岩屋の中で「一休み」していた。「ここで一生を送るつもりはない。まだ旅の途中だ」と、Iさんは何度か繰り返した。「西表島が世界自然遺産に登録されたら、自分は追い出されるだろうな」とも言っていた。

一〇時三五分。福離を発ち、クーラ川を渡る。河口は大きな干潟になっている。

一一時二三分。伊武田崎を西側に回った。パッと視界が開け、正面に船浦の集落、右側の奥に上原の集落が見えた。上原山のテレビ塔もはっきり見える。鳩間島もすぐ近くだ。その後、海中道路に沿って船浦湾を横断。普段はあまり通ることのない船浦崎をぐるりと回り、一七時一一分、上原港の護岸にゴールインした。


「私は旅の途中だ」。Ｉさんの言った言葉が印象に残っている。西表島の、開拓と廃村が繰り返された何百年の歴史を学び、そして今の西表島を見ていると、Ｉさんだけでなく、すべての人々が旅人に思えてくる。日帰り旅行の人がいる。何年か住み着く人もいる。島で死んだ旅人もいる。島で生まれ島で亡くなった人でさえ、一生を西表島に費やした旅人なのだと思えてくる。人はみな、旅人なのだ。私も六〇年間西表島に通い続けた。大原に住み、大富に住み、古見にも住んだ若い時代があるが、しょせん旅人である。

西表島には世界遺産に登録された自然がある。しかし、自然は何も教えてくれない。何を学び、掴み取るかは一人一人の感性と意識だと思う。

西表島は私にとって大きな存在であり、人生の修行場であった。目を転じてみても、多くの旅人にとって魅力ある島であり、修行の場であるらしい。私はそこに、西表島の真の姿を垣間見たような気がした。

山地や森のこと

西表島の山と森の特徴、および山歩きの装備に関しては、『西表島探検』に詳細を紹介している。そちらも参照して欲しい。

西表島の山は、山という概念では、少なくとも「日本の山」ではない。最高峰の古見岳が四六九・五メートル、東京郊外の高尾山にも及ばない。森林限界がなく、全域、山頂まで樹木に覆われている。また、島の大部分は砂岩でできている。水分を含むもろい地質だ。そのため、絵になるような際だった峰がない。また、稜線近くでは地図に表せないような小さな尾根と沢が複雑に入り組んでいる。その意味では、地形的には房総半島南半分の山地にやや似ている。

他府県の山との絶対的な違いは植生だ。照葉樹林だから九州から四国、紀伊半島、伊豆半島、房総半島の丘陵植生と似ている。共通する樹種もあるし、森全体の外観はそっくりだ。しかし、植林地がない。他府県ではスギやヒノキの人工林がある。山道もあるし、登山やハイキングのための小径も整備されている。一方、西表島の山道といえば、唯一、横断山道があるだけだ。その山道でさえ、台風によって崩壊や倒木が起こり、寸断される。

山歩きに際して障害となる植生は、アダン、ツルアダン、リュウキュウチク、マングローブの群落、および棘を持つ蔓植物とイネ科植物が混ざり合った原野である。

アダンの群落は海岸や川の汽水域の川縁に発達している。海岸では干潮を利用して波打ち際か、リーフの上を歩くのがよい。川沿いでは低地の一番奥、丘陵部との境界を辿ることで、アダンの群落を避けることができる。マングローブ、荒れた原野も低地の一番奥を辿ることで通過できる。

リュウキュウチク群落は古見岳、テドウ山、御座岳、波照間森、南風岸岳などの山頂域で発達している。なるべく避けたほうが無難だ。短い距離であれば、方向をしっかりと定め、そっと押し倒す気持ちで進んで行くとよい。

ツルアダンの群落は、陽当たりのよい稜線部や斜面で見られる。ツルアダンはアダンの仲間だが、くねくねした竹のような蔓になる。根は節ごとにあり、他の樹木に絡まったり、岩場を覆いつくすようにして広がっていく。なるべく避けて通りたい場所だが、必要な時は泳ぐように上部を乗り越えるか、部分的にナタを使用する。

西表島の山は、不慣れな人には相当の圧迫感を与える。これは、展望が効かないことによる不安感と、高温多湿から「夏ばて」に似た疲労を覚えるからだろう。

西表島の山は高くない。沢も短い。技術的に難しい場所は少ないし、体力的にも無理なく歩くことができる。ただ、山道がないので時間的な予定を組むことが難しい。入山したら野宿は当たり前と考えることが基本だ。

装備について

私個人の装備について話そう。『西表島探検』で書いた内容に大きな変化はない。しかし、若干、改良と新たに加えたものがある。装備品は人によって好みも違うだろうから、型や大きさ、メーカーなどは個人で決めればよいことだ。基本は、年齢に応じた荷物の軽量化。これに関しては、食料を米やレトルト食品からドライフードに替えることで、約一週間分の食料で三キロ前後の軽減ができた。また、沢、海岸線、マングローブ帯など、西表島ならではの環境に対応した持ち物の防水対策も必要だ。

足回り

西表島では、沢や湿地帯を横切ったりすることが多い。特に沢や海岸線では、水に浸りながら歩くことが多いので、革製の登山靴は不向きである。濡れると重いし、乾くのが遅い。また、岩石帯ではくるぶしを痛めやすい。靴はくるぶしが隠れるハイカットのものがよい。長靴と地下足袋もよくない。荷物が重いと、くるぶしだけでなく爪先も激しく痛めてしまう。

総合的にみて、一般に普及しているナイロン製のトレッキングシューズが西表島でも最適である。山歩きに適しているし、濡れても乾きやすい。ただ、岩石帯で靴の表面が摩耗したり、長時間水に浸かることで劣化が早く、靴底が剥離したりする。つまり、価格の割に耐用年数が短い。

私は、最近は作業用ブーツ「ワークマン ハイパー WK-03（日進ゴム）」を使用している。工事現場で使用する編み上げの靴である。価格は平均的なトレッキングシューズの五分の一程度だ。両側面が細かなメッシュになっており、下部に一対ずつの空気穴がある。つまり、浸入した水も穴から出ていくわけである。履き口（筒）が長く、ふくらはぎの高さまである。さらに履き口を閉めるベルトがあり、木屑や川砂の侵入を防ぐことができる。したがってスパッツを履く必要がない。靴底は厚くて硬い。底に刻まれた波模様が細かく、岩床でも滑ることがない。西表島の沢歩きには都合のよい作りになっている。欠点は林内の赤土、泥地、海苔の付着した海岸の岩に乗ると、非常に滑りやすいことだ。もっとも、私は常時アイゼンを着けているので、それが問題になることはない。

渓流用アイゼンは、沢や海岸の岩石地帯を歩くためのアイテムである。フェルト底の靴や鋲底の長靴は、重荷を背負っての山行には適さない。これまで幾つかのタイプのものを使ってみたが、鋲底のものは鋲の摩耗が早かったし、前後のパーツをチェーンで結んだタイプのものは、下りの際、後半部が左右にずれ、脱落しやすかった。装着ベルトも緩んだり、切れたりした。

現在は「エバニュー一〇本爪アイゼン EBY017」を使っている。本来は夏の雪渓や冬の低山帯で使う簡易アイゼンだ。先端に突き出た一対の爪は切除し、八本爪とする。先端の爪があると、急峻な岩場で靴がフィットしないし、木の根や蔓に足を捕られて大変危険だ。

このアイゼンにも欠点がある。前後のパーツが、幅二センチのブリッジで繋がっているのだが、ブリッジは可動式で、靴の長さに合わせて固定する構造だ。この固定用のネジと装着ベルトが歩行中に緩んでしまい、アイゼンが靴から脱落することがあるのだ。しかし、これは、ブリッジの後端と後方のパーツをワイヤーで固定することで解決できる。また、装着ベルトにストッパーを差し込むことで、ベルトの緩みを抑えることができる。ストッパーは付属品に含まれている。

靴下は薄手と厚手を一枚ずつ履いている。さらに、その上から「ヒルよけソックス」を履く。これは、目の細かな布で自作した膝下までの長い靴下だ。「ヒルよけソックス」の中にズボンの裾を入れて、膝下でソックスの上部を紐またはゴムで固定する。こうすると、下半身からのヒルの侵入を完全に防ぐことができる。

服装

衣類はタオルを含め二組用意している。一組は日中の山歩き用、もう一組はテント内で着るもので、朝晩交互に着替える。長袖シャツ、長ズボン、下着パンツ、靴下が基本である。汚れた衣類は水浴をしたついでに洗濯をし、近くの木に掛けて干している。衣類は、いずれも薄手のものである。西表島は寒くないし、薄ければそれだけ乾きも早い。

最終日、つまり人里へ出る日、村の手前で水場を探し水浴をする。このとき、伸ばし放題だったヒゲを剃る。その後、テント内で使用した衣類に着替えている。山歩きの際に着た衣類は泥だらけだったり、岩で擦れたり、鉤裂きになってボロボロになっていることがほとんどである。

手袋は軍手か園芸用の手袋を使っている。岩石海岸と源流域ではほとんど常に岩を掴みながら歩かなければならない。表面がザラザラで、手袋がないと手の指紋まで磨り減ってしまい、痛い思いをする。手袋は大きめのサイズのものがよい。小さいサイズのものだと水に濡れると着脱しにくくなる。

運搬用具

大きめのザックを使用し、すべての持ち物を入れている。外側に余分なものを付けないほうがよい。蔓や棘などに引っ掛かったり、気づかぬうちに落とすことがある。外付けバッグも可能な限りザックに収めている。

ザックには、常時カバーをかぶせておく。雨だけでなく、薮漕ぎや急斜面を下る際に、ザックへの木屑や土の侵入を防いでくれる。さらに、私はザックの下半分を袋状の厚いカバーで覆っている。下降時に、ザックが岩で擦れたり泥だらけになるのを防ぐためだ。

沢登りに特化したザックを除き、市販のザックは防水性にやや欠ける。大きめのポリ袋を数枚用意し、持ち物を小分けして入れておけば、ザックはともかく、持ち物を濡らさずにすむ。

身の回り品

ナタは必需品である。横断山道や沢歩きでは必要無いが、尾根歩きや沢を詰めた後の稜線越え、ブッシュを抜けるときにはなくてはならない。しかし、太い枝や幹を伐ることはまずない。もっぱらツルアダンの茎や蔓植物が相手だ。また、テント設営の時、地上を這う蔓や根を除去したり、テントの下に敷くシダ類を集める際にとても役に立つ。軽量化を考えて、長い山刀ではなく、竹細工に用いる刃渡り一六・五センチの小型のナタを持参している。

野営地は水場に近い所であっても、折りたたみバケツがあると便利だ。四リットルあれば、炊事、洗顔、歯磨きなど、テントから出ることなく一晩を過ごすことができる。

ライトは小型で軽量なもの。もっぱらテントの中や周辺で使用する。夜間の移動は危険なので、行なわないことにしている。

野営用具

市販の軽量テント一式を常備している。縦二メートル、横一・五メートル、フライシートが付いている。ゆっくり休むことができるし、雨天でも荷物を濡らさずにすむ。また、悪天候で一カ所に留まるときでも、テントがあれば困らない。シュラフザックはカバーのみ、本体は持参しない。西表島は真冬でもそんなに寒くない。

テント、フライシート、グランドシートには、普段から防水処置を施すことを心がけたい。

炊事用具

西表島まではガスコンロのノズルだけを持参、現地で卓上コンロ用のガスカートリッジを買っている。ガスカートリッジ、登山用のガスボンベは、飛行機に乗せることができない。西表島では登山用のガスボンベが入手できない。しかし、気候が温暖で高い山もないから、卓上コンロ用のガスカートリッジで不自由なく炊飯できる。

記録用具

ＩＣレコーダーを使っている。見たもの感じた事を音で記録しておく。同時に、フィールドノートにスケッチしたり、小型デジタルカメラで撮影することが多い。記録した情報を、山から下りた後に大学ノートに書き改めている。

ＩＣレコーダー、フィールドノートと筆記具、デジタルカメラはそれぞれ別のポリ袋で密封し、ザックのポケットに入れている。ポリ袋は厚手の物を使用する。薄いものはじきに破れてしまう。沢歩きでは、ズボンのポケットは使わない。いつ水に浸るか分からないからだ。ＩＣレコーダーを頻繁に使いたいときは、ポリ袋に入れた状態で胸ポケットに収め、落ちないようにボタンを閉めている。また、長さ三〇センチほどの細ヒモで固定している。

二〇一一年からはＧＰＳも持参している。一番の目的は、地図に載っていない滝や特徴のある地形、キャンプ地の正確な位置を記録するためである。記録したものは、後日、詳細な地図を作るための資料となる。

さらに、事前に目的地や主な通過地点を入力することで、進むべき方向を確認したり、ルートの修正が可能になる。特に小さな尾根や沢が入り組んでいる稜線一帯では、ＧＰＳの有用性を実感する。

食糧

最近は主食も副食も、ほとんどドライフードを使っている。荷物の軽量化のためである。登山用品店だけでなく、スーパーなどでも多種多様な品物がある。他にはクッキーやあめ玉など。飲み物は緑茶のみ。水でも使えるティーバッグを愛用している。塩、砂糖、醤油などの調味料、食用油は一切持たない。

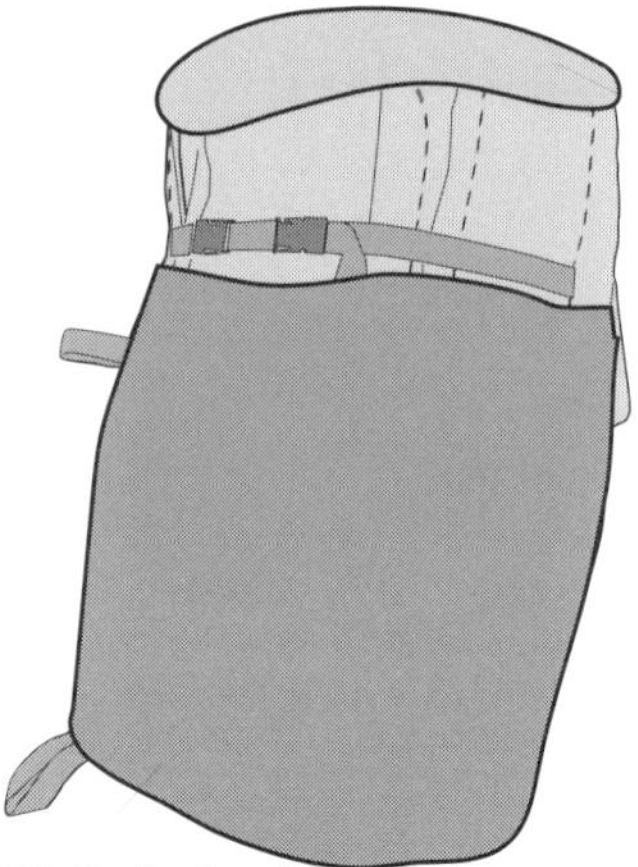

雨よけカバー

常時装着.
雨だけでなく木屑
や土の侵入を防い
でくれる

ザック

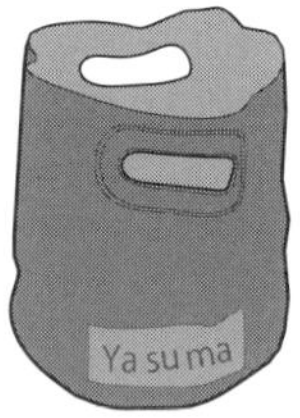

折りたたみ式バケツ

4リットル入りくらいで
十分, テントの前に置く

厚手の布カバー

自作, 常時装着. ザックが棘で破れたり, 岩で擦れたり,
泥だらけになるのを防いでくれる

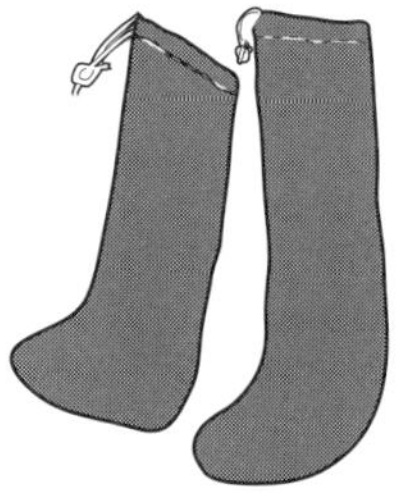

ヒルよけソックス

目の細かな布で自作

作業用ブーツ

(WOEKMAN Hyper WK-03)
西表島の沢歩きに合っていると感じる

渓流用アイゼン

(登山用軽アイゼン EVERNEW 10爪L EBW017
を改造)

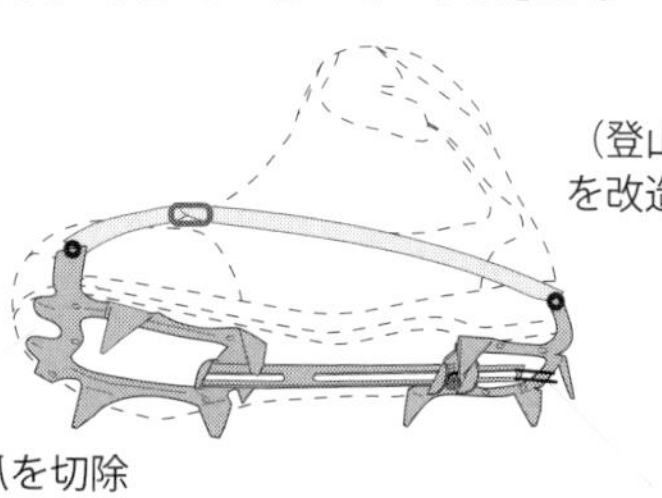

先端一対の爪を切除
(八本爪とする)

後部パーツと可動式ブリッジを
ワイヤーで固定

テントの手入れ

テントの下部 1/3, フライシート , グランドシート
は普段から防水処理を施すよう心掛ける

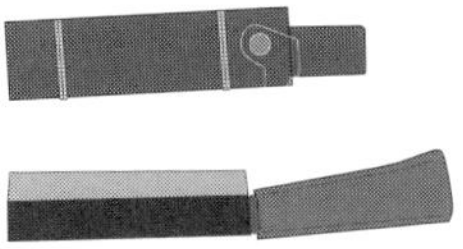

竹細工用ナタ
刃渡り 16.5 cm.

テントサイトの整地や，
蔓植物の切断に使用

ヒルよけソックス

トレッキングシューズ

あとがき

西表島のおもな沢はほぼ歩き切ったように思う。また、これまでの著書『西表島探検』、『南島探検』および本書により、それらを紹介することができた。人によっては、私の山行は無謀な冒険に映るかもしれない。しかしそれは違う。安全第一で、無理せず時間をかけて歩いてきたし、あえて危険に挑戦したことはない。これには理由がある。私が一貫して持ち続けてきた「山で死んではいけない」という信念である。

高校一学年が終わろうとする春、安倍川流域の最高峰、山伏岳に登った。帰路、コンヤ沢を下る途中で真新しい墓標に出合った。「学び舎の 園の柳は 今朝の雨に 緑芽吹けど 君は還らず」と刻まれていた。当時、静岡市長沼にあった県立工業高校の生徒が遭難し、その死を悼む心境を友人か教師が詠んだものだった。「死は親兄弟だけでなく、一生を共にするかもしれない友人まで悲しませる」。そう感じた。また、早くから「登山は他のスポーツとは違う」と思っていた。登山は勝敗がないかわりに選手交代や途中棄権もできない。無事に帰還して初めて完結するものだと思う。私は単独で山へ入る場合、嗜好品のアルコール類と携帯電話はあえて持参しない。酒で事故を起こしたなどと言われたくないし、這いずってでも自力で生還するのが当たり前だと思っているからだ。もっとも、西表島に登山の基本さえ守っていれば、生死を賭けるほど難易度の高い沢や峰はない。

ほぼ歩ききったと書いたが、ぜひ訪ねたい未踏の沢が幾つか残っている。例えば仲良川の支流である波照間森南沢とタカミチ川である。波照間森の山頂にも立ってみたい。しかし果たして実現できるかどうか。八〇歳にもなると体力的な衰えは拭えないものになっている。重い荷物を背負っての数日間から一週間の山歩きはやめようと思っている。今後は、海岸に河口を持つ小さな沢や、自動車道路から日帰り、またはせいぜい山中一泊で踏破できる沢を歩こうと思う。ただ、健康である限り西表島通いは続けたい。

どうして私はここまで西表島と関わってきたのだろうか。一九六五年、ちょうど二十歳の時だった。「ヤマネコ発見」というニュースに驚嘆して訪れた西表島。その自然にすっかり魅せられてしまった。「一生とはいわないが、自分の青春を島の研究に賭けてみよう」と思った。そして、イリオモテヤマネコを中心とした生き物の研究を三十歳代の終わりまで続けた。その後、その延長としてボルネオ島に長らく関わってきた。ＪＩＣＡ（国際協力機構）派遣の専門家としてインドネシア、ブルネイ、マレーシアの大学、研究所、役所などに籍を置き、野生動物の研究、また、研究を通して各国の研究者を育てることが仕事だった。この間、西表島は数回しか訪ねる機会がなかった。

六〇歳になって再訪した西表島。変わったことも多いが、昔と同じ魅力を感じた。私の人生を決めたのが西表島との出会いであり、今もって好きな島だから通い続けるのである。

さて、私が愛し続けた西表島の奥地、これからどんなふうに変わっていくのだろうか。私が関わってきた約六〇年間には、第一章で書いたような変化があった。しかし、今後は現状のままで大きな変化はおこらないだろう。一般の観光客は、山へ入るといっても一部観光ボートを利用したマリユドゥの滝とカンビレーの滝、またはナーラの滝、ピナイサーラの滝往復といった軽いトレッキングがほとんどだ。奥地に入ってみたい人は横断山道、古見岳、テドウ山に登ることくらいだろうか。ほぼ全域が国立公園となり、自然保護に力を入れている西表島だ。さらに、二〇二一年七月には世界自然遺産に登録された。こうなると、新しい登山コースの開設はなさそうだ。結果として、奥地の森林はオキナワジイ、オキナワウラジロガシなどが優占する気候風土に合った極相林、すなわち太古の森林に戻るように遷移していくのだろう。

入島税、入山禁止区域の設定、入山人数の制限、山中での野営禁止、単独行の禁止、ガイド同行の義務化、入山届など。西表島の入山は厳しいものになっていく。しかし、決まりは人が作るものだ。時代や、ときどきの風潮で変化していくものでもある。そういったものに関係なく、西表島の自然は真摯な探訪者をいつでも歓迎してくれるはずだ。いつの世にも好奇心と夢を持つ若者が生まれてくる。新しい挑戦を志す若者たちにとって、西表島の奥地は、魅力のある秘境として存在し続けるだろう。

「西表島の自然が、いつまでも変わらぬ姿であり続けてほしい」。多くの人が、そう願っている。しかし、それは不可能だ。なぜなら、人が手をつけなくても、人と同じように自然も生きているのである。だから私は、自分の目で見たこと、体験したことを記録として残していく。それが、その時代、その場所に関わった者に課せられた宿題であり、夢を持つ若者たちへの「メッセージ」であると、私は思っている。

行動記録

ボーラ沢遡上
→仲間第一支流下降

→仲間北西源流遡上
→トイミャーバラ川の一部
→仲良川南岸

行動記録
(2021/07/01 → 07/06. 豊原→ボーラ沢→仲間第一支流→仲間川本流の一部→仲間北西源流→トイミャーバラ川の一部→仲良川感潮域南岸→白浜. 全38.8km. 5 泊6 日の山行)

07/01（晴れ）移動距離8.9km
上原(8:05) → (バス) →豊原バス停(9:20) 南風見田の浜(10:40) ボーラ沢東側の涸れ沢遡上開始(11:30) ボーラ沢水場(16:20) .キャンプ①日目.

07/02（晴れ） 移動距離6.4km
出発(7:20) 分水嶺・仲間第一支流下降(10:20) 滝F01(13:40) 滝F02(14:05) 沢の中・岩上(14:45) .キャンプ②日目.

07/03（晴れ） 移動距離5.5km
出発(7:10) 滝F03(8:55) 滝F02(7:34) 仲間第一支流出合・仲間川(9:10) →仲間北西源流出合(12:15) → 仲間北西源流・出合滝の上(13:00) .キャンプ③日目.

07/04（晴れ） 移動距離7.9km
出発(7:10) 分水嶺・仲良川水系へ下降(9:40) →トイミャーバラ川に合流→滝仮F01(10:50) 滝仮F02(12:45) →トイミャーバラ川出合・仲良川(13:40) →仲良川上流舟着場(14:58). キャンプ④日目.

07/05（晴れ） 移動距離4.7km
出発(7:20) → (仲良川南岸) →雨乞川(12:20) .キャンプ⑤日目.

07/06（晴れ） 移動距離5.4km
出発(7:07) → (仲良川南岸) → (仲良川北岸) →白浜(11:00).

仲間川感潮域南岸→
北岸→

後湊川上流域→
赤井田川下降

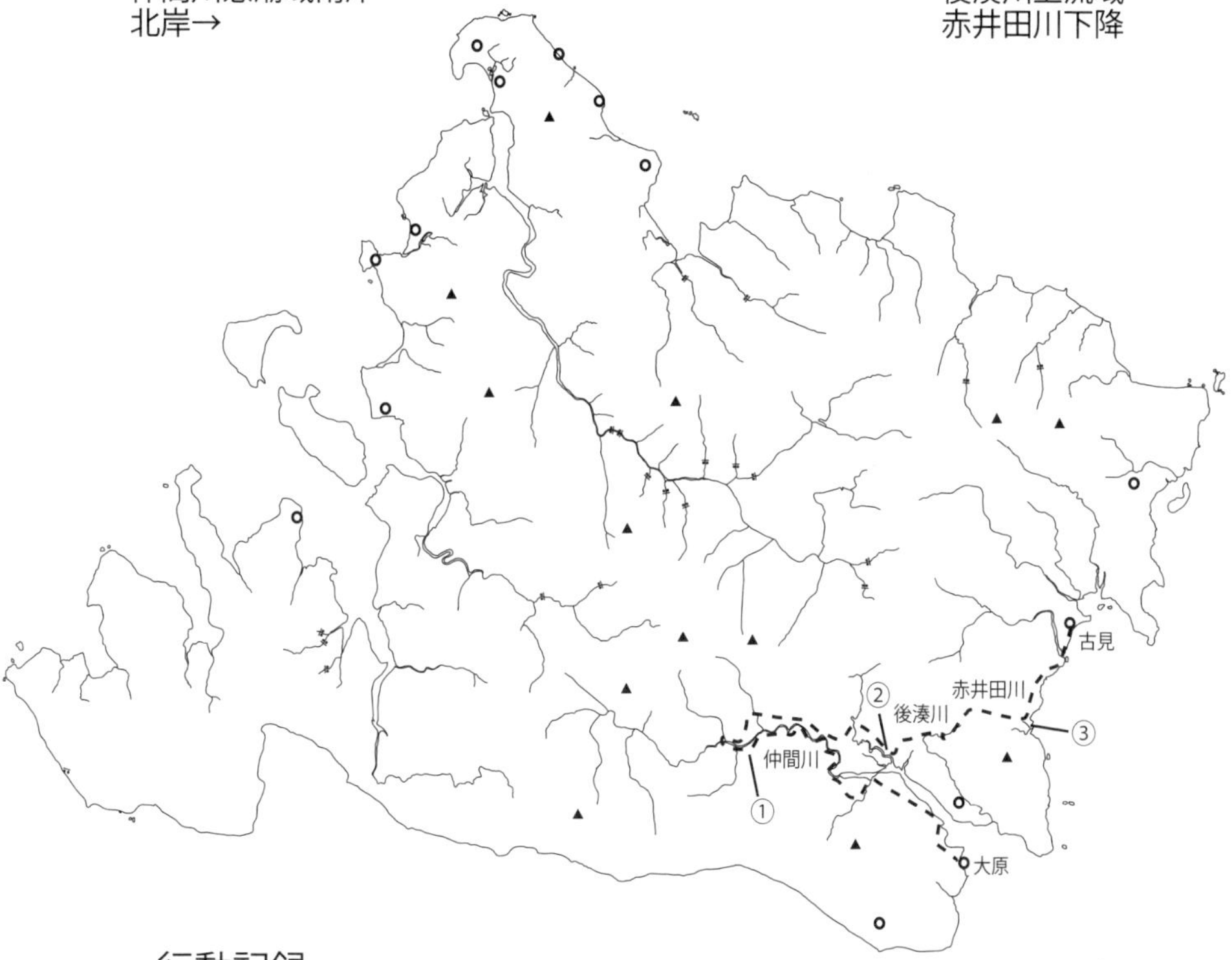

行動記録

(2022/04/19-22 . 大原→仲間川感潮域南岸→北岸→後湊川→赤井田川→古見. 全28.4km. 3 泊4 日の山歩き)

04/19 (晴れ) 移動距離9.6km
大原(9:04) ヤッセ橋(9:20) ヤッサ島奥(9:55) 仲間川南岸・ナハーブ川(10:40) 中流船着場対岸(13:34) サキシマスオウノキ巨大板根(14:34) セイゾウガーラ手前・仲間川縁(17:06). キャンプ①日目.

04/20 (晴れ) 移動距離9.5km
キャンプ①・出発(7:06) セイゾウガーラ(7:31) 仲間川感潮域上限・上流船着場(7:53)(8:00) ナームレー沢(8:04)桑木沢(9:10) ウブンドル船着場(11:09) 中流船着場(11:38)(11:58) 西船着川(13:00) モンバナレ低湿地(14:40).キャンプ②日目
.

04/21 (晴れ, 午前中にわか雨) 移動距離6.8km
キャンプ②・出発(7:16) 亜熱帯樹木展示林下限(7:26) 亜熱帯樹木展示林入口・大富林道(7:47) 大富林道起点(8:08)(8:15) 後湊川と農道の交点(8:35) 後湊川・赤井田川分水嶺(11:08)(11:25) 県道・赤井田橋(12:40) 赤井田川湿地帯(12:50). キャンプ③日目.

04/22 (晴れ, 時々にわか雨) 移動距離2.5km
キャンプ③・出発 (8:40) 赤井田川を河口まで下り, 赤井田橋に戻る(9:00) ブナレーマ橋(9:12) スオウ橋(9:25)古見・前良川(9:56).

前良第一支流遡上→

浦内源流南沢下降→
横断山道→軍艦石

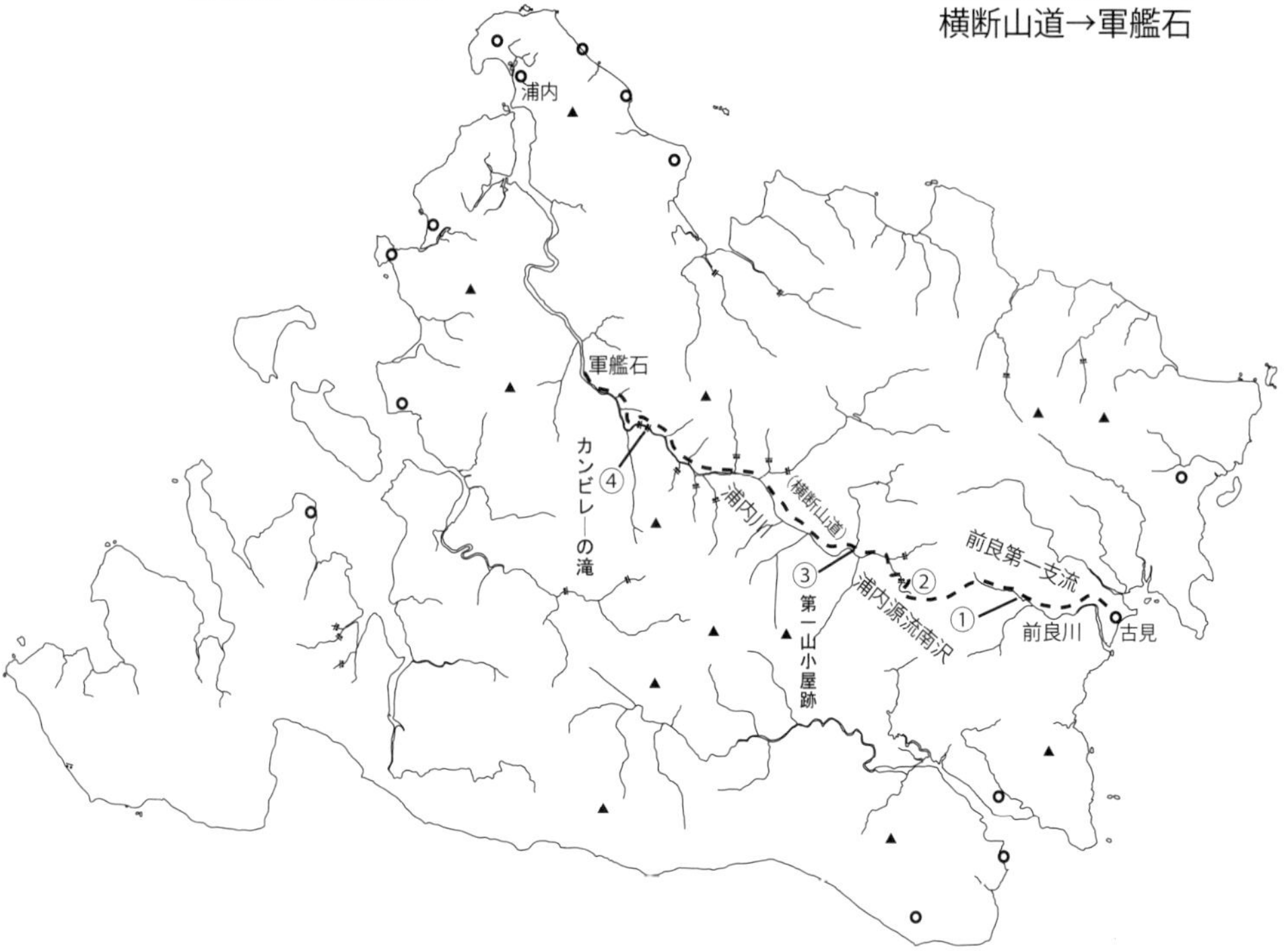

行動記録

(2022/07/21 → 07/25. 古見→前良川→前良第一支流→浦内源流南沢→ (横断山道) →浦内川・軍艦石. 全21.3km. 4 泊5 日の山行)

07/21（晴れ） 移動距離4.9km
上原(8:05) → (バス) →古見バス停（8:50) (8:54 徒歩出発) →農道終点(9:05) →取水ダム(9:16) →前良第一支流出合(14:30) →前良第一支流・大きなカーブ地点（15:00) .キャンプ①日目.

07/22（晴れ） 移動距離3.1km
出発(7:22) → 渡渉地点(9:22) →滝F02（9:31）→滝F01(9:45) →分水嶺(14:00) →浦内源流南沢・滝F01（14:34）→沢の縁(15:30) .キャンプ②日目.

07/23（晴れ） 移動距離3.9km
出発(7:43) → 滝F02(10:55) → 滝F03 上(11:05) → 二俣(12:55) →浦内源流南沢・出合近くの横断山道(14:22)→ 横断山道・第一山小屋跡(14:40). キャンプ③日目.

07/24（晴れ） 移動距離7.0km
出発(8:08) → (横断山道) →板敷川出合(13:12) →カンナバラ・第二山小屋跡(13:50) →カンビレーの滝.(16:09) .キャンプ④日目.

07/25（晴れ） 移動距離2.4km
出発(7:25) →展望台（8:22）浦内川・軍艦石(9:00)（9:40) →（観光ボート）→浦内橋（10:00）.

白浜→西海岸線南部
→ヒドリ川遡上→

ヒドリ川下降→
西海岸線南部→白浜

行動記録

(2021/10/06-09 . 白浜→西海岸線南部→ヒドリ川→稜線　往復. 全29.9km. 3 泊4 日の海岸及び山歩き)

10/06 (出発時激しい雨, 日中・夜晴れ時々雨) 移動距離8.3km
白浜(8:40) 仲良川を渡渉・南岸(10:47) カブリ崎(11:05) 元成屋村跡(12:05) 木炭浜南詰(12:46)(13:35) ヒドリ川マングローブ北端(14:17) ヒドリ川河口近くの林内(15:03). キャンプ①日目.

10/07 (晴れ, 夜時々雨) 移動距離5.1km
ヒドリ川河口近く(7:10) ヒドリ川感潮域・渓流の境界(9:30) 滝F03 下(11:25) 滝F02 下(11:50) 第2 源流下部(13:35). キャンプ②日目.

10/08 (未明雨, 晴れ) 移動距離6.7km
第2 源流下部(7:35) 稜線・クイラ川との分水嶺(10:15) 第1 源流に入る(11:40) 階段状の落水(11:13) 段々状の傾斜・落水(12:30) 滝F01・ゴルジュ(12:45) 滝F02 の上(13:10) 滝F01 の上(13:55) 感潮域・渓流の境界 (16:08).キャンプ③日目.

10/09 (未明雨, 晴れ) 移動距離9.8km
感潮域・渓流の境界 (8:30) ヒドリ川マングローブ北端(11:00) 木炭浜南詰(13:20) 元成屋村跡(14:24) カブリ崎(15:06) 仲良川渡渉・北岸(15:35) 白浜(16:08).

ヒナイ第一支流遡上
→カンナバラ沢下降

板敷第三支流遡上
→ピナイサーラの滝右岸

行動記録

(2024/06/17 → 06/20 .ヒナイ第一支流→カンナバラ沢→板敷第三支流→ヒナイ川3 泊4日の山行)

06/17（月）終日くもり
上原・出発(7:37) 船浦農道終点(9:03) テドウ山登山道分岐点(10:40) ヒナイ川(11:00) ヒナイ第一支流出合(12:10) →（ヒナイ第一支流遡上）→ 滝F07(12:21) 滝F06(12:50) 滝F03(14:15) 250m 標高地点(15:20). キャンプ①日目.

06/18（火）終日くもり
出発(7:05) 滝F02(7:50) 分水嶺(8:33) →（カンナバラ沢下降）→滝F01(9:25) 滝F02(9:50) 滝F03(10:14) 滝F04(10:30) ゴルジュ(11:00) 下のゴルジュ(12:05) 滝F05(12:45) 浦内川・カンナバラ小屋跡(13:00) 板敷川出合(13:35). キャンプ②日目.

06/19(水）晴れ
出発(7:00) 板敷第三支流出合(7:17) →（板敷第三支流遡上）→滝F06(7:20) 滝F05 上(8:05) 滝F02(8:45) 川原(9:30) 滝F01(10:10) 急峻な岩石帯(11:45) 分水嶺(13:00) →（ヒナイ西源流下降）→東源流との二俣(14:20) →（ヒナイ川本流下降）→ 220m 標高地点(15:00). キャンプ③日目.

06/20(木）未明に雨　梅雨明け　晴れ
出発(8:15) ヒナイ第一支流出合(10:50) →（ピナイサーラの滝右岸）→ピナイサーラの滝上(12:15)ヒナイ川汽水域・登山道(12:45) →（船浦湾・干潟）→海中道路西詰(14:45) →（自動車道）→上原(16:30).

アヤンダ川遡上
→ウビラ川下降
→ペーブ川遡上→パイタ川下降
→ウルチ道→網取湾

行動記録

（2024/04/08 → 04/13. 船浮→アヤンダ川→ウビラ川→南海岸→ペーブ川→パイタ川→崎山湾→ウルチ道→網取→網取湾西海岸線→宇田良浜→船浮　5 泊6 日の山行）

04/08（晴れ）
白浜→ (船) →船浮(9:05) →宇田良浜(13:05) →アヤンダ川・ウサラ道渡渉地点（15:45）. キャンプ①日目.

04/09（晴れ）
出発(7:20) →（アヤンダ川遡上）→分水嶺（11:23）→（ウビラ川下降）→南海岸(14:57) →ペーブ川河口・岩石海岸（15:13）. キャンプ②日目.

04/10（晴れ）
出発（7:17）→（ペーブ川遡上）→分水嶺（14:01）→（パイタ川下降）→標高50m 地点（15:56）. キャンプ③日目.

04/11（晴れ）
出発（7:23）→（パイタ川下降）→崎山湾・マングローブ(9:20) →ウボ川渡渉(11:00) →ウルチ浜(12:27) →（ウルチ道）→峠(14:27) →網取(16:00)(16:25) →（網取湾西海岸線）→小さな浜（17:30）. キャンプ④日目.

04/12（晴れ）
出発(6:34) →シクブァンの浜/ 干潮待ちで滞在(8:04)(14:11) →（網取湾西海岸線）→宇田良浜(15:23). キャンプ⑤日目.

04/13（朝晴れ, 午前中→夕方雷雨）
出発(13:30) →船浮（17:00）→ (船) →白浜. 金城旅館泊.

東南海岸線
南風見田の浜→大原

行動記録

(2017/06/24 . 大原～豊原～南風見田の浜～大原　全15.1km. 日帰りで往復)

06/24 (晴れ)

大原(8:40) 自動車道を歩く. 豊原(9:20) フケガーラ坂下(10:00) 南風見田の浜(10:30)(10:53) 海岸線を歩く.ヌギリヌパ･勿忘石(11:25) 石切り場跡(12:25) 南風見崎(13:22) 大原(14:10).

浦内橋→西海岸中部北→干立

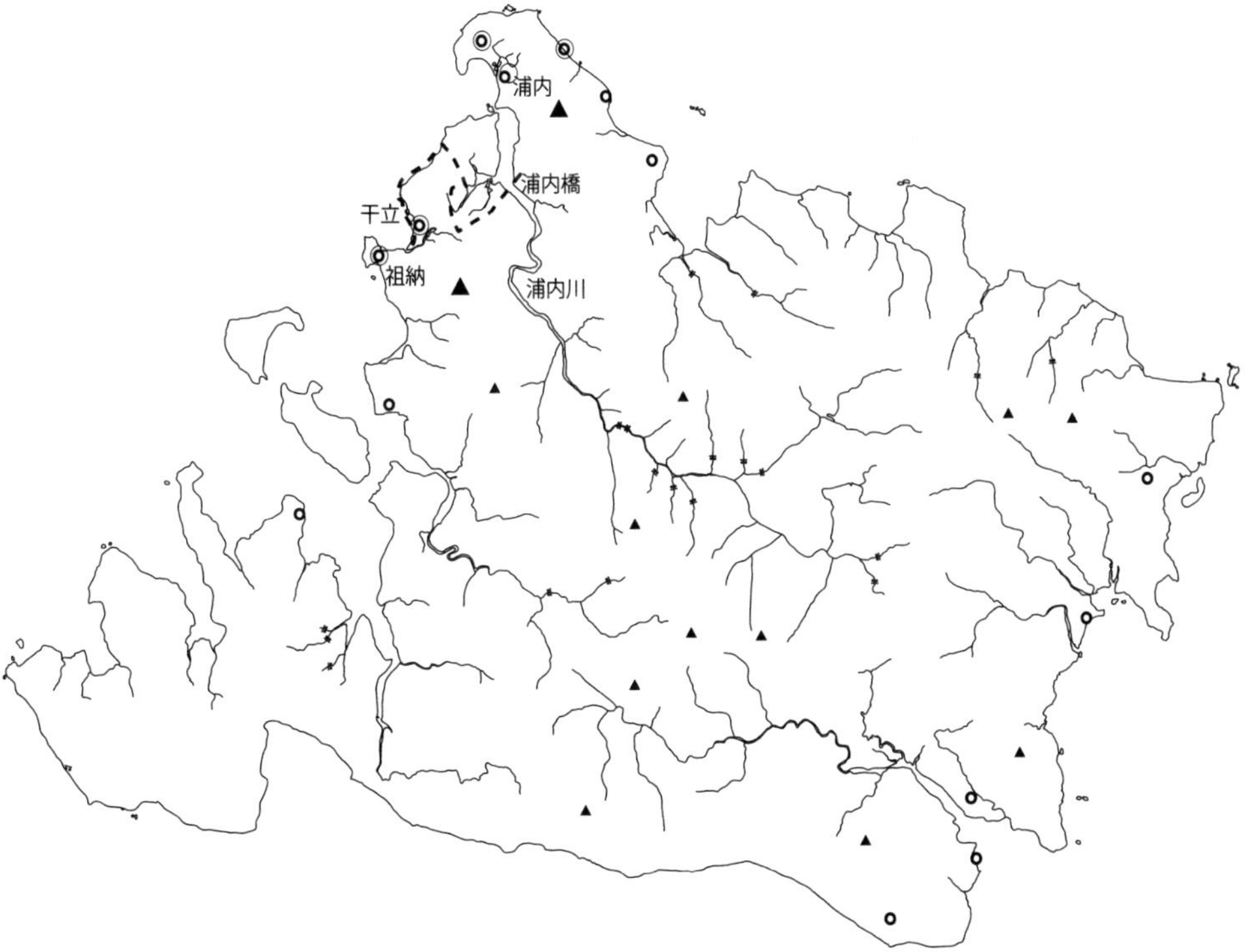

行動記録

(2022/04/25. 浦内橋→県道・多柄入口→マングローブ→峠→西海岸→干立. 全9.7km. 日帰りの山歩き)

04/25 (晴れ) 移動距離9.7km浦内橋(10:16) 県道・多柄入口(10:44) 農道終点・マングローブに入る(11:04) マングローブを出る(13:11) 鞍部・峠(16:01) 西海岸(16:09) タカラ・村落跡(16:35) 干立・与那田橋(17:40).

祖納→西海岸中部南→白浜

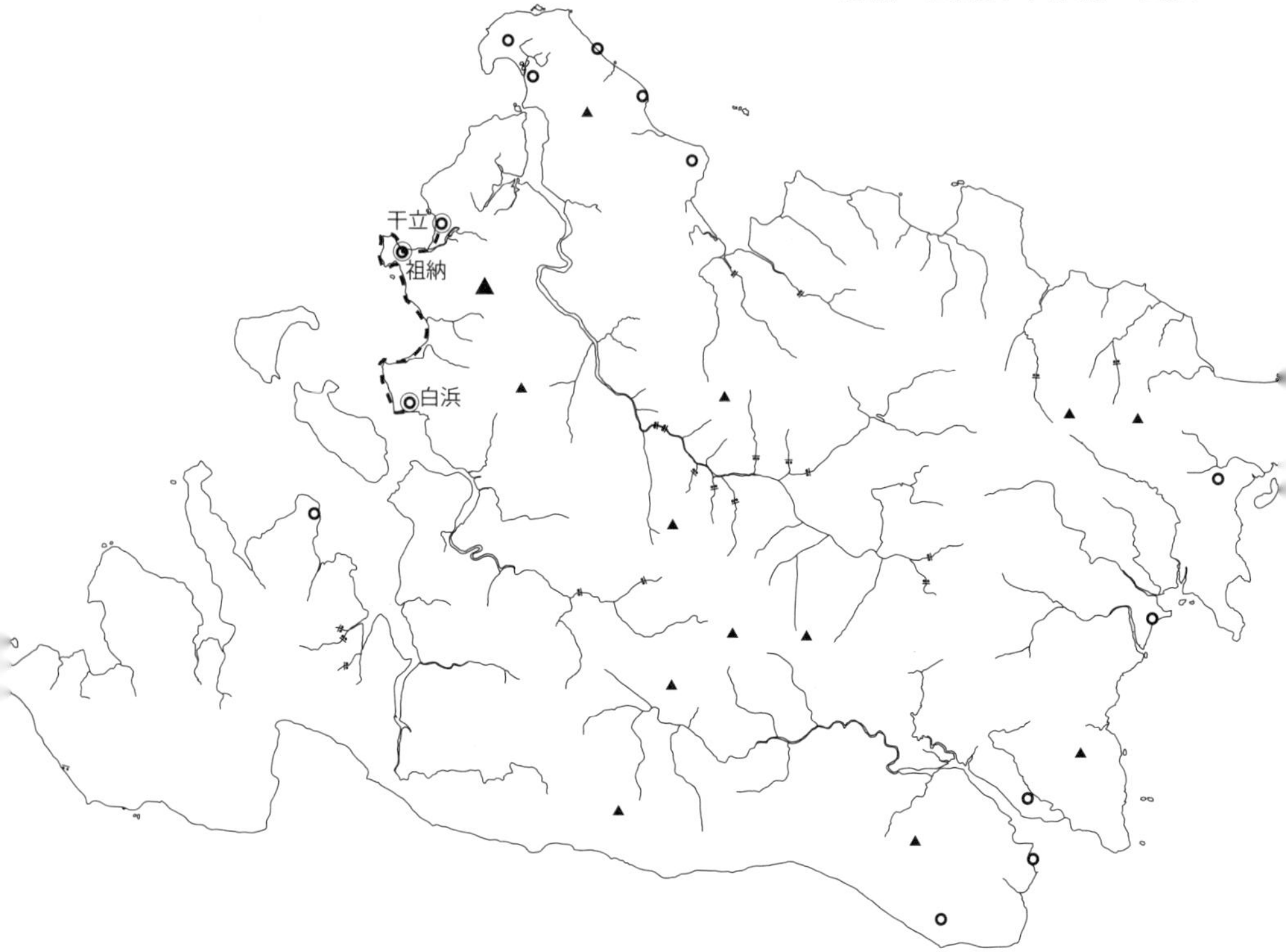

行動記録

(2022/07/28. 干立→祖納→西海岸→白浜. 全8.4km. 日帰りの海岸歩き)

04/25 (晴れ) 移動距離8.4km
上原 (9:58) → (バス) →干立 (10:18 徒歩出発) 祖納・石垣金星宅(10:46)(11:40) 北海岸・学校の西はずれ(11:48) 半島北端(12:00) 半島北西端(12:13) 半島南端(13:03) 祖納港(13:24) →自動車道を歩く→ミダラ川に降りる(14:17) ミダラ川河口(14:58) 赤崎(15:18) 白浜港(15:56) 白浜(16:22).

東海岸線と北海岸線
大富→野原→上原

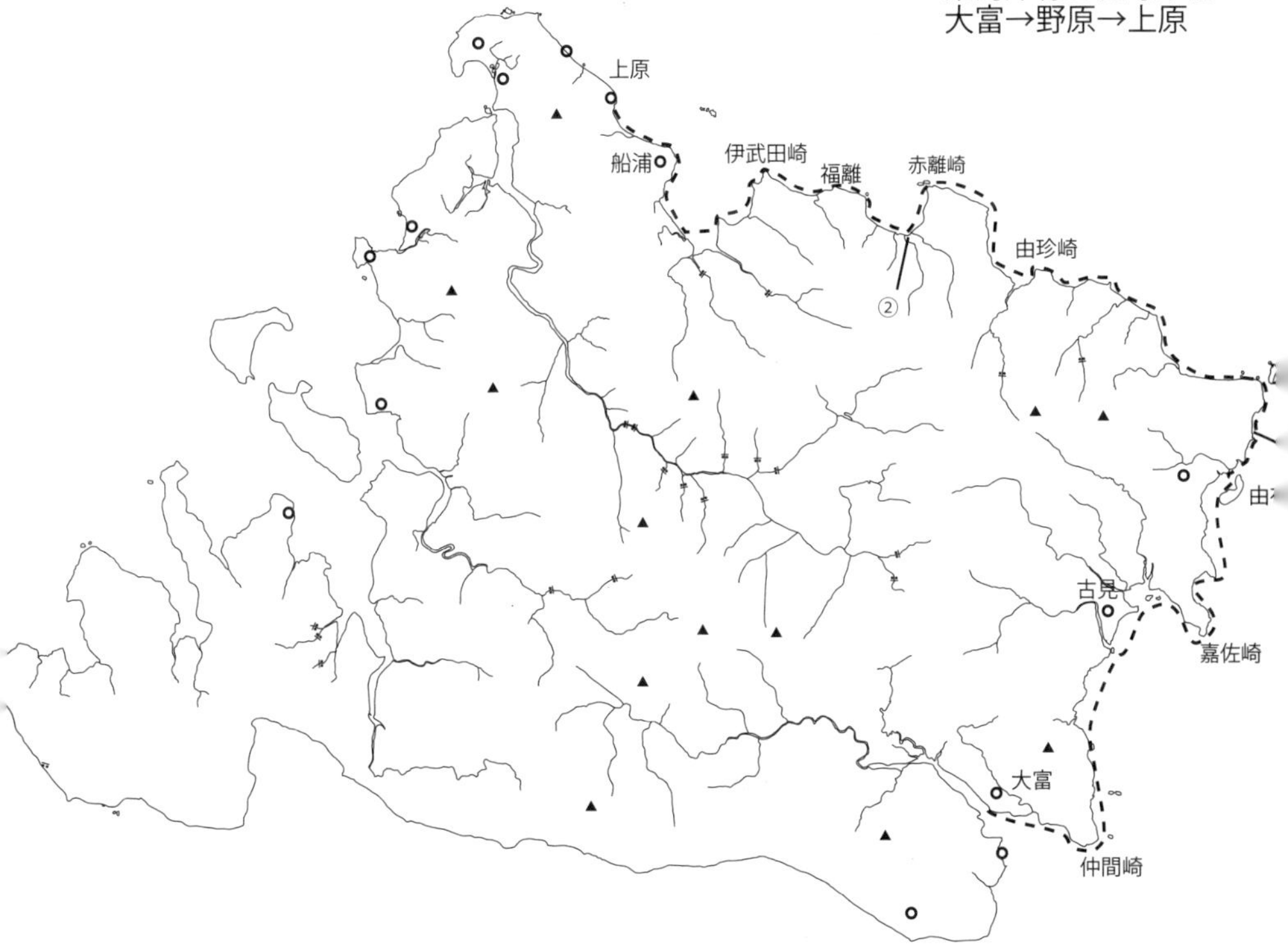

行動記録

(2021/05/07-09. 大富→古見→野原→大見謝川→船浦→上原. 全40.9km. 2 泊3 日の海岸歩き)

05/07 (晴れ)　移動距離16.0km
大富・仲間橋北詰(9:10) 仲間崎（10:15）前良川（11:40）嘉佐崎（13:15）野底崎(14:11) 由布島(15:00) 野原（16:10）.キャンプ①日目.

05/08（晴れ）　移動距離13.9km
野原（7:10）青離島(7:35) 船良川(8:14) ホーラ川(9:10) 高那川・高那村跡（9:55）由珍崎（10:25）ユチン川（10:46）赤離崎（12:25）大見謝川（13:35）.キャンプ②日目.

05/09(晴れ)　移動距離11.0km
大見謝川（9:00）福離（9:40)(10:35）伊武田崎（11:23）波の上崎（12:30）ヒナイ川・船浦橋（12:40）船浦港(13:15) 船浦崎(13:54) 上原（17:11）.

西表島の沢一覧

北海岸	ヤシミナト川		
	マーレー川		2
	ヒナイ川（鬚川）本流		2
	ヒナイ川水系	**ヒナイ第一支流**	**3**
	西田川（ニシダ川）		2
	ナダラ川		2
	クーラ川		2
	西ゲーダ川		
	ゲーダ川（慶田川）		2
	大見謝川（オーミジャ川）		2
	ヨシケラ川		
	由珍川（ユチン川）		2
	高那川（タカナ川）		
	ホーラ川		2
	ヘラ川（平川）		
	西船良川（ニシフネラ川）		
	船良川（フネラ川）		
崎山半島	ウジェラ川		
	ピーミチ川		2
	フカイ川		**3**
	ユナラ川		**3**
	ナータ道（船浮～宇田良浜）		2
	アミータ川		2
	クイチ道（宇田良浜～鹿川）		2
	ウハラシュク川		2
	アヤンダ川		**3**
	ウルチ道（崎山湾～網取）		**3**
	ウサラ道（宇田良川～崎山湾）		2
	ウボ川		2
	パイタ川(南田川)		**3**
	イドゥマリ川(伊泊川)		
	ウビラ川		**3**
	ペーブ川		**3**
南海岸	大浜沢		
	ボーラ沢		**3**
	スタダレー沢		2
海岸線	**東海岸線（大富-野原崎）**		**3**
	北海岸線(野原崎-上原)		**3**
	北西海岸線（ニシ崎-ウナリ崎）		
	西海岸線中部（浦内川-干立）		**3**
	西海岸線中部（祖納-白浜）		**3**
	西海岸線南部(白浜-ヒドリ川)		**3**
	崎山半島海岸線（網取-鹿川）		1
	網取湾西海岸線(網取-ウダラ浜)		**3**
	南海岸線（鹿川-南風見田の浜）		1
	南東海岸線（南風見田の浜-大原）		**3**
	内離島（ウチバナリ）		
	外離島（ホカバナリ）		

1　『西表島探検』（既刊）に収録
2　『南島探検』（既刊）に収録
3　本書に収録
□　未踏破、または踏破済みだが資料不足

西表島の沢一覧

東海岸	与那良川（ヨナラ川）			
	相良川（アイラ川）源流			2
	相良川～古見岳			1
	深里川（フカリ川）			2
	後良川（シイラ川）			1
	前良川（マイラ川）本流			2
	前良川水系	**前良第一支流**		**3**
	赤井田川（アカイダ川）			**3**
	仲間川感潮域両岸			**3**
	仲間川本流			1
	仲間川水系	仲間西源流		
		仲間北西源流		**3**
		仲間第一支流		**3**
		仲間山東沢		
		ナームレー沢		2
		セイゾウガーラ		2
		桑木沢（クワンギ沢）		1
		ナハーブ沢		
		西船着川（ニシフナツキ川）		2
		モンバナレ川		
		後湊川（シイミナト川）上流域		**3**
	大原川（サジ川）			
西海岸	浦内川本流			1
	浦内川水系	浦内源流東沢		
		浦内源流南沢		**3**
		浦内源流北沢		1
		桑木山（クワンギ山）北沢		1
		御座岳（ゴザ岳）北東沢		1
		板敷川（イタジキ川）本流		1
		板敷川水系	板敷第一支流	2
			板敷第二支流	2
			板敷第三支流	**3**
		カンナバラ沢		**3**
		御座岳（ゴザ岳）北沢		2
		波照間森（ハテルマ森）東沢		1
		ギンゴガーラ		1
		カーシク川		2
		メバル川（前原川）		2
		シンマタ川（新俣川）		
		ウタラ川（宇多良川）		2
	与那田川（ヨナダ川）			
	アラバラ川			2
	ミダラ川（美田良川）			
	仲良川感潮域北岸（右岸）			1
	仲良川感潮域南岸（左岸）			**3**
	仲良川水系	波照間森南沢		
		タカミチ川		
		トイミャーバラ川の一部（下流域）		**3**
		ナーミチ川		
		フカナザ川		
		アダナテ川(二番川)		2
		トゥドゥルシ川（一番川）		2
	ヒドリ川（日取川）			**3**
	越良川（クイラ川）本流			1
	越良川水系	越良第一支流		
		越良第二支流		

参考文献

安里淳、二〇二二。「波上炭坑探索記」。『竹富町史だより』（四九）四―一二。竹富町教育委員会。

石垣金星、二〇二三年。『西表島の文化力』南山舎。

石垣市総務部市史編集室、一九八九年。『八重山古地図展』石垣市。

大浜信賢、一九七一年。『八重山の人頭税』三一書房。

沖縄県教育庁文化課編、一九九〇。『沖縄県歴史の道調査報告書七 八重山諸島の道』沖縄県教育委員会。

沖縄県立埋蔵文化財センター編、二〇一三。『白保竿根田原洞穴遺跡：新石垣空港建設工事に伴う緊急発掘調査報告書』。

狩俣恵一・丸山顕徳編、二〇〇三。『琉球の伝承文化を歩く』三弥井書店。

喜舎場永珣、一九六七年。『八重山民謡誌』沖縄タイムス出版部。

里井洋一、二〇二二。「波の上炭鉱のなぞ」。『竹富町史だより』（四九）二―三。竹富町教育委員会。

笹森儀助、一九七三。『南島探験』国書刊行会。

竹富町誌編集委員会、一九七四。『竹富町誌』竹富町役場。

竹富町制施行五〇周年記念誌編集委員会、一九九八。『ぱいぬしまじま五〇』竹富町。

牧野清、一九六八。『八重山の明和大津波』牧野清。

牧野清、一九七二。『新八重山歴史』牧野清。

八重山地方庁経済課、一九六七年。『八重山開拓記念誌』琉球政府農林局農政部。

安間繁樹、二〇一一。『ネイチャーツアー西表島』東海大学出版会。

安間繁樹、二〇一六。『イリオモテヤマネコ 狩りの行動学』あっぷる出版社。

安間繁樹、二〇一七。『西表島探検』あっぷる出版社。

安間繁樹、二〇二〇。『南島探検』あっぷる出版社。

著者プロフィール

安間繁樹（やすま しげき）

1944年　中国内蒙古に生まれる。
1963年　清水東高等学校（静岡県）卒業。
1967年　早稲田大学法学部卒業。法学士。
1970年　早稲田大学教育学部理学科（生物専修）卒業。理学士。
1979年　京大学大学院農学系研究科博士課程修了。農学博士。哺乳動物生態学専攻。
　　　　世界自然保護連合種保存委員会（IUCN・SSC）ネコ専門家グループ委員。
　　　　熱帯野鼠対策委員会常任委員。
　　　　公益法人平岡環境科学研究所監事。
　　　　日本山岳会会員。
2004年　市川市民文化ユネスコ賞受賞。
2019年　秩父宮記念山岳賞受賞。

初めての西表島は1965年7月、20歳。島の自然に魅せられ、若い頃は琉球列島の生物研究に没頭、特にイリオモテヤマネコの生態研究を最初に手がけ、成果をあげた。
40歳からは、おもに国際協力機構（JICA）の海外派遣専門家として、カリマンタン、ブルネイ、サバに足掛け25年、正味16年間居住、ボルネオ島の動物調査および若手研究者の育成に携わって来た。
定年後も西表島とボルネオ島へ通い続け、研究そのものではないが、両島の自然と人々の営みを、着せず飾らず、あるがままに記録し続けることをライフワークとしている。

主な著書　琉球列島関係

『西表島探検』『イリオモテヤマネコ狩りの行動学』『南島探検』（あっぷる出版社)。『ネイチャーツアー西表島』『琉球列島――生物の多様性と列島のおいたち』（東海大学出版会)。『西表島自然誌』『石垣島自然誌』（晶文社)。『動物がすき イリオモテヤマネコをとおしてみえたこと』(福音館書店)。『マヤランド西表島』(新星図書)。『野生のイリオモテヤマネコ』(汐文社)。『やまねこカナの冒険』『闇の王者イリオモテヤマネコ』（ポプラ社)。

ボルネオ島関係

『キナバル山』（東海大学出版会)。『ボルネオ島アニマル・ウォッチングガイド』（文一総合出版)。『ボルネオ島最奥地をゆく』（晶文社)。『カリマンタンの動物たち』（日経サイエンス社)。『熱帯雨林の動物たち』(築地書館)。『失われゆく民俗の記録』(自由ヶ丘学園出版部)。

その他

『ヤスマくん、立ってなさい』（講談社)。『アニマル・ウォッチング』（晶文社)。
「熱帯雨林のどうぶつたち」2010年より96回にわたりネットマガジン『どうぶつのくに.net』に連載。
「熱帯の自然誌」。2016年より100回にわたり連載。(『文化連情報』日本文化厚生農業協同組合連合会)。

秘境探検　西表島踏破行

2024年11月10日　初版第1刷発行

著　者　安間繁樹

発行者　渡辺弘一郎

発行所　株式会社あっぷる出版社
〒101-0065　東京都千代田区西神田2-7-6
TEL 03-6261-1236　FAX 03-6261-1286
http://applepublishing.co.jp/

装　幀　佐々木正男

組　版　Katzen House　西田久美

印　刷　モリモト印刷

西表島の最深部へ。安間繁樹の本

西表島探検　亜熱帯の森をゆく

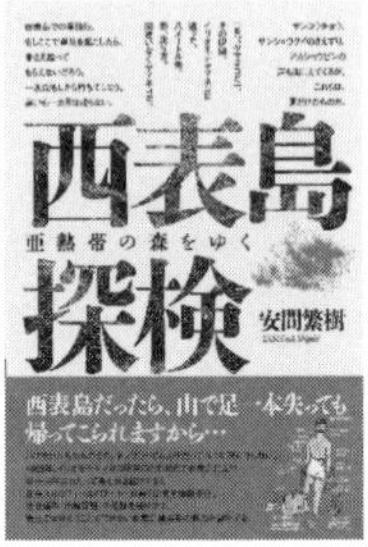

「西表島だったら、山で足一本失っても帰ってこられますから」。西表島の最奥地をたった一人で歩き続ける。西表の自然と人に魅せられた動物生態学者による、西表島の自然のすべてを知るための本。詳細地図、装備一覧など資料も収録。

A5判並製344頁／カラー口絵8頁
定価：本体2400円＋税／ISBN:978-4-87177-342-3

南島探検　西表島の沢を歩きつくす

千を越える滝、無数の沢をもつ島、西表。森に埋もれる山道、行く手を阻むツルアダンやリュウキュウチクのブッシュ。沢から沢へ、分水嶺を越え誰も訪れることのない稜線をゆく。人間を圧倒する西表島の自然と歴史を辿る旅。所要時間を含めた行動記録も収録。

A5判344頁／カラー口絵8頁
定価：本体2500円＋税／ ISBN：978-4-87177-354-6

イリオモテヤマネコ　狩りの行動学

1965年、未知のヤマネコが発見されたというニュースを聞いて島に向かった若き研究者は、その後直接観察という手法で、世界で初めて自然環境の中でイリオモテヤマネコの捕食行動を記録した。フィールドワークの楽しさ、すばらしさを教えてくれる本。

A5判240頁／カラー口絵8頁
定価：本体2500円＋税／ ISBN：978-7-87177-335-5